国家社会科学基金一般项目"出版经纪人研究"（13BXW015）
浙江越秀外国语学院出版基金资助

# 出版经纪人研究

杜恩龙　邓元宏　著

科 学 出 版 社

北 京

# 内 容 简 介

出版经纪人在欧美国家是一个比较成熟的职业，介于出版社和作者之间，英美 90%以上的大众类书稿是经过出版经纪人之手出版的。出版经纪人是欧美出版产业重要的、不可缺少的环节。本书对出版经纪人的历史、功能、存在必要性、收支情况、运营模式、素质以及养成路径、经纪人与作者和出版者的关系、相关法规、国际著名出版经纪公司等作了全面的考察，同时，对我国出版经纪人行业的发展提出了建议。全书既有理论分析，又有大量鲜活的案例分析，且具有很强的可操作性。

本书适合从事版权贸易人员、编辑出版专业学生、对欧美出版运营以及中国"出版走出去"感兴趣的读者阅读。

**图书在版编目（CIP）数据**

出版经纪人研究 / 杜恩龙，邓元宏著. —北京：科学出版社，2022.3
ISBN 978-7-03-071686-6

Ⅰ．①出… Ⅱ．①杜… ②邓… Ⅲ．①出版业－经纪人－研究
Ⅳ．①G23

中国版本图书馆 CIP 数据核字（2022）第 032766 号

责任编辑：张 宁 赵 洁 / 责任校对：贾伟娟
责任印制：徐晓晨 / 封面设计：蓝正设计

科 学 出 版 社 出版
北京东黄城根北街 16 号
邮政编码：100717
http://www.sciencep.com
北京虎彩文化传播有限公司 印刷
科学出版社发行 各地新华书店经销
*
2022 年 3 月第 一 版 开本：720×1000 1/16
2022 年 3 月第一次印刷 印张：15
字数：303 000
定价：98.00 元

（如有印装质量问题，我社负责调换）

# 目　　录

# 绪　　论

新时期，我们的党和政府提出建设文化强国的伟大目标，建设中国特色社会主义理论中包含很多文化方面的论述，出版是文化建设的重要方面，是重要的舆论阵地，也是内容创新的核心领域，是文化行业之根，很多文化行业是由图书版权衍生出来的，比如影视、戏剧等，出版产业在新时期中国特色社会主义建设中发挥着重要作用。

出版虽然是一个古老的专业，和人类文明发展几乎是同步的，但是，现代出版起源于欧洲，欧洲出版界摸索、积累了很多成熟的做法。这些做法十分珍贵，我们完全可以采用"拿来主义"的做法，对其进行借鉴。我国出版研究界长期存在"重内轻外"的倾向，很多研究缺乏国际视野，这种倾向的突出表现就是我们对欧洲出版业的很多问题缺乏研究，比如现在连一部完整的英国、法国、德国出版史都没有。对于出版经纪人这一问题，国内的研究也很粗疏，对欧美出版经纪人的成熟做法与经验缺乏研究，没有弄明白其中的运行规则与规律。本书就是想在这一方面有所成就。出版经纪人是一个实践性很强的职业，我们需要弄明白欧美出版经纪人的运营模式，为国内出版经纪人的发展提供借鉴，使我们少走弯路。应该说，我国出版经纪人行业发展一直很缓慢，还很不成熟，没有形成一套成熟的做法，在出版产业中所发挥的作用有限，急需借鉴欧美国家的成熟经验和做法。把这些知识和做法介绍到中国来，可以直接促进中国出版经纪人行业的发展。当然，中国和欧美的文化背景不一样，出版管理体制不一样，企业形式不一样，在借鉴的过程中，我们还需要具体问题具体分析，取其精华，去其糟粕。

## 第一节　我国出版经纪人问题研究现状

出版经纪人，英语表述为 literary agent 或 literary agency，也叫著作权经纪人、文学经纪人、版权代理人、作家代理人、文学代理人等，是欧美出版市场较为活跃的一个群体。出版经纪人连接作者与出版商，对出版业的发展起到了很大的促进作用。出版经纪人制度诞生于 1875 年的英国，之后在欧洲和美洲各国推广开来。出版经纪人代理作者的版权事宜，向出版社等机构推销版权，并从作者的版税或稿酬中抽取佣金。很多经纪人有自己的经纪公司。我国出版经纪人的历史还很短，20 世纪 90 年代后期才逐渐开始出现。

整体来看，我国对出版经纪人的研究起步晚，研究成果不多，系统性的研究成果基本缺失。发表在《出版广角》2002 年第 8 期，杜恩龙的《国外的出版经纪人》是能够检索到的最早的一篇关于出版经纪人的学术性文章，文章对出版经纪人存在的必要性、主要工作职能、出版经纪人与作者的结合方式等作了分析。2003 年 10 月《编辑学刊》发表的北京大学教师许欢的《欧美出版经纪业的特点及发展趋势》一文对出版经纪人存在的必要性、职责、与作者出版者的关系进行了系统研究。2004 年 1 月发表在《编辑学刊》，由许欢老师撰写的《撩开出版经纪人的面纱》一文，对我国出版经纪人存在的问题进行了深入探索，并提出了发展我国出版经纪人的一些策略和方法。2005 年武汉大学夏红军的硕士学位论文《出版经纪人发展研究》对出版经纪人的概念、历史发展、存在必要性、发展现状、存在的问题、政策建议等方面进行了研究，涉及的方面较多，但是不够深入，对出版经纪人作者群的建立、主要收入来源、欧美出版经纪人的企业形式等没有涉及。2008 年华东政法大学李康的硕士学位论文《我国出版经纪人法律问题研究》较为全面地对出版经纪业务涉及的法律问题进行了研究，但是没有涉及欧美的出版经纪人相关法律问题。新世界出版社的姜汉忠先生是国内著名的出版经纪人，他撰写的《版权贸易十一讲》一书于 2010 年 12 月出版，书中涉及了很多出版经纪人的问题，他对国内出版经纪人发展较为缓慢、不成气候的主要原因的探讨非常独到。2012 年发表在《科技与出版》的中国传媒大学教师苏贵友的《在华境外专业版权代理机构对国内版权代理业的启示》一文专门探讨了国外版权代理机构在华的发展情况。整体来讲，我国对出版经纪人的研究论文有一些，但不多，新闻报道性的文字较多，截止到目前还没有见到有研究性专著。国内关于出版经纪人的研究缺乏系统性，不透彻，对国外尤其是欧美出版经纪人的第一手资料使用较少，很多方面存在空白，比如关于欧美著名出版经纪公司的个案研究等。

## 第二节　研　究　方　法

（1）文献分析法。笔者通过搜集世界各地的出版经纪人的文献以及各种数据库获得了很多期刊、报纸的相关文章，还通过互联网发现了一些出版经纪人、经纪公司的网站，比如英国的作者经纪人协会（Association of Authors' Agents，AAA）、美国的作者代理人协会（Association of Authors' Representatives，AAR）、英国的柯蒂斯·布朗经纪公司（Curtis Brown Ltd.）、创新精英文化经纪公司（Creative Artists Agency，LLC，CAA）、威廉·莫里斯·安多瓦经纪公司（William Morris Endeavor Entertainment，LLC，WME，也译作威廉·莫里斯·奋进经纪公司，简称"威廉·莫里斯经纪公司"）、国际创新管理经纪公司（International Creative Management Associates，LLC，ICM）、三叉戟经纪公司（Trident Media Group，TMG，也译作"特里登媒介集团"）、中国的台湾光磊国际版权经纪有限公司（简称"光磊国际"）的网站和一些出版经纪人的个人博客，这些资料比较鲜活。笔者还发现了一些视频资料，并在此基础上对这些文献进行分析，发现规律性的东西，提炼观点。

（2）比较法。对比中国与欧美出版经纪人的相同和不同，发现各自的优势和存在的不足。

（3）访谈法。通过访谈来获取出版经纪人的第一手资料。课题组成员通过北京国际图书博览会多次采访欧美出版经纪人和中国的版权代理机构，比如安德鲁·纳伯格联合国际有限公司（Andrew Numberg Associates International Limited，ANA，简称"安德鲁版权代理公司"）、大苹果版权代理公司、博达版权代理有限公司、法国黎赫版权代理公司（Livre Chine）等，获得了很多第一手的资料。

## 第三节　主要研究工作与创新点

### 一、梳理了出版经纪人发展简史

本书首先梳理了出版经纪人的产生和发展历程。出版经纪人最早产生于英国，一位名叫亚历山大·波洛克·瓦特（Alexander Pollock Watt）的人，受一个朋友的委托同出版社谈书稿的出版生意，很成功，朋友也很满意。于是，瓦特灵机一动，开展了专门的出版经纪服务，确立了出版经纪的收费标准（为作者报酬的 10%）。瓦特还成立了世界上第一家出版经纪公司 A. P. 瓦特有限公司（A. P. Watt Ltd.）。这一模式随后在欧洲大陆和美国得以推广，但是法国、德国的出版经纪人的地位和出版商对经纪人的接受程度一直不如英国、美国。

其次，本书把英国出版经纪人的发展历史分为三个阶段。就世界范围内来看，各国出版经纪人发展严重不平衡，很难做一个统一的阶段性划分。英国是出版经纪人的发源国，也是出版经纪行业最成熟的国家，本书把英国出版经纪人的发展历史分为三个阶段，其他国家可以以此为参照。具体的阶段划分如下：第一阶段，起步和发展阶段，时间是 1868～1974 年，标志事件就是 1868 年 11 月 1 日，奥托·略文施泰因（Otto Loewenstein）在柏林市成立了他的"文学交易所"；接着更多的德国文学代理机构迅速组建起来。①英国 A. P. 瓦特有限公司的成立，标志着出版经纪行业的诞生。这一阶段结束的标志事件是 1974 年在伦敦成立了专业的文学经纪人协会——英国作者经纪人协会。第二阶段，成熟和繁荣阶段，时间是 1974～2007 年，标志事件是英国作者经纪人协会的成立，它的成立标志着出版经纪行业的成熟。这一阶段结束的标志事件是 2007 年企鹅出版集团（Penguin Group，简称"企鹅"）007 系列小说数字版权事件。第三阶段，数字出版阶段，时间是 2007 年至今，标志事件是 2007 年企鹅 007 系列小说数字版权事件，这一事件标志着出版经纪行业开始进入数字时代。

对于中国来说，出版经纪人传入中国是 20 世纪 90 年代末期的事情，时间还比较短。其实，如果单纯从经纪人的角度来讲，中国的经纪人早在春秋战国时期就已经产生，在唐宋得到发展完善。我国古代一直把经纪人称为牙人、牙侩等，宋代政府专门颁布了《牙保法》，规定大宗的非现金交易必须有牙人参与。牙人经国家考核通过持牙牌上岗，而且需要向政府交押金（实际上最早的经纪人职业保险金），一旦违规，政府要扣除押金，并且要惩罚牙人。在北宋张择端的《清明上河图》中就有几个牙人，他们非常容易辨认，袖子特别长。在虹桥左桥头有两位，在图中的最繁华的孙羊正店边上十字街口有三位。这种

---

① [德]劳滕贝格，[德]约克. 汉译德国出版词典. 曹纬中等译. 北京：中国书籍出版社，2009：37 页.

服装大概是牙人在宋代的职业装。元明清牙人制度更加系统，分工更加明确，成为社会经济活动中必不可少的一环。

现在英美等国出版经纪人不需要考试，不需要职业资格，不需要学历，任何人都可以从事这项工作。但是，一般来讲，出版经纪人大多来自出版社编辑、律师、作者等。尤其是编辑和律师是主要的来源。这些人精通出版流程、了解出版规律和习惯、熟悉出版法律法规，而这些工作对于出版经纪人的职业发展来讲至关重要。

如今，在欧美国家，出版经纪人已经成为出版产业链中必备的一环。在欧美国家，对于大众图书来讲，作者向出版社直接投稿基本是死路一条，出版社编辑将这些自投稿视为"烂泥堆"，一般不予理睬，往往是出版社安排专人打开包裹，装入制式化的退稿函，直接回邮作者。出版社乐于接受出版经纪人的推荐，很多出版经纪人都有自己经常合作的出版社编辑，他们之间互相信任。编辑相信出版经纪人的眼光。出版经纪人实际上在很大程度上替代了编辑对稿件的初选、初审工作，这是编辑工作社会化的一种体现。

## 二、提炼了出版经纪人的职业特点

出版经纪人职业特点鲜明：第一，出版经纪人是中介，但又不是完全中立的，他们是站在作者一方与出版机构以及其他版权使用方进行合作，把作者利益最大化视为目标。第二，出版经纪人的经纪行为是一种代理行为，要受到有关代理的法律法规的约束。第三，他们是以收取作者佣金为主要收入的群体。第四，他们的业务会向上下游延伸，他们会策划选题，对作者的创作生涯进行规划，他们会策划、设计营销方案，从而干预出版社的销售等工作。第五，他们具有敏锐的文化嗅觉，能够通过策划选题引领文化潮流。出版经纪人是文化的弄潮儿，有些时候甚至是社会潮流的策划者、制造者。第六，他们的策划能力、谈判能力、稿件修改能力、图书营销能力高超。第七，他们是创作、出版两个方面的精通者。他们既了解创作规律，也了解出版规律，对两个方面都施加自己的影响。第八，出版经纪工作是一种文化工作，也是一种服务，而且重在精神服务。出版经纪人给作者提供的服务主要是一种精神服务，是关于作者书稿的服务，而作者的书稿就像是自己的孩子，是他们的心肝宝贝儿。经纪人与作者之间的交流都是基于作者内心深处的交流，他们很容易成为好朋友，甚至知己。中国古代有一位诗人写了一句诗"文字缘同骨肉深",可以形象地概括经纪人与作者之间的关系。第九,出版经纪人的经纪工作具有挑战性,要求从业者具备多种素养,但是也具有趣味性。第十,出版经纪人的成就感很强。

## 三、出版经纪人存在必要性分析

本书分析了出版经纪人存在的必要性,出版经纪人的出现是社会分工的体现,是作者创作的需要,作者可以专门致力于写作,不用再为烦琐的出版事务烦心,干自己擅长的事情;使作者权益最大化;有利于培养健康的出版市场;出版社编辑的繁重工作需要被分解,出版经纪人承担了原来由编辑承担的工作,比如稿件的初审、加工等。

## 四、弄清了出版经纪人和经纪公司的运营模式

### (一)出版经纪人的基本素养与技能的分析

本书对出版经纪人的基本素养与技能进行了认真深入的分析,做了系统归纳。出版经纪人一般都精通出版流程、了解出版规律和行业习惯、熟悉出版法律法规;具有敏锐的出版市场嗅觉,对出版市场发展了如指掌;善于发现优秀稿件、优秀作者;善于推销书稿;精通谈判技术,能够准确把握出版单位的需求;新闻信息敏感度强,能够利用新闻炒热手中的稿件,或者策划、游说重大新闻当事人写作书稿;对出版相关法律法规掌握精到,能够有效消除稿件中的违法问题,比如诽谤、污蔑他人等,有效规避法律风险。

### (二)出版经纪人的作者队伍建设

出版经纪人的主要工作是发现需要代理的作者,也就是作者队伍的建设。他们发现作者的方法很多。第一,阅读报纸、期刊、网络文章等,发现优秀的作者,然后联系代理,如果作者还没有经纪人,就可以提出代理要求,签约后,该作者就成为自己的客户。第二,从老经纪人那里接手。有些老的出版经纪人要退休,新的经纪人如蒙信任,就会接手一批作者,为自己带来稳定的收入。第三,挖角。在欧美出版经纪人行业,挖别人的作者被视为一种可耻的行为,但是,却有一个出版经纪人专门挖别人的作者,他就是被称为国际"超级经纪人"的安德鲁·怀利(Andrew Wylie)。怀利的稿件推广能力极强,为很多作

者挣到了很高的利益，旗下汇聚了包括超级畅销书《撒旦诗篇》（*Ayat Shaytaniyyah*）的作者萨尔曼·拉什迪（Salman Rushdie）在内的几百位畅销书作者。第四，出版单位推荐。在欧美主要出版市场，大众类图书90%的书稿是由出版经纪人来代理的。出版社不愿意和这些稿件的作者直接来谈出版事宜，为什么？因为作者不懂出版社的业务，编辑往往需要费很多口舌来解释很简单的事情，即使这样，也常常难以消除作者产生的被欺骗的疑虑。因此，即使那些找上门来的作者，如果他的稿件被认可，准备出版，出版社的编辑也会给这位作者安排一位出版经纪人。和出版经纪人来谈稿件出版，虽然价格会高一些，但是双方沟通非常方便。所以，出版社的编辑也会为出版经纪人介绍一些作者。第五，老客户（作者）的推荐。一些老的作者也会给出版经纪人介绍新作者。有些出版经纪人使作者的权利得到最大限度的实现，这些人十分信任自己的经纪人，一旦遇到自己的作者朋友需要找出版经纪人，他们就会推荐自己的出版经纪人，这样就会形成作者的汇聚，出版经纪人的作者队伍越来越强大。第六，其他经纪人介绍。有些出版经纪人由于已经代理了足够多的作者，没有能力代理新的作者，遇到找上门来的作者，就会推荐给其他的经纪人。当然，这些经纪人要有很好的口碑，有很强的书稿推广能力等。优秀的经纪人旗下不仅有著名作家，而且会有一个一定规模的作家队伍。这些作者的书稿每年会给经纪人带来可观的收入。越是有名的出版经纪人越能得到著名作者的青睐。比如美国出版经纪界的大腕罗伯特·布鲁斯·巴奈特（Robert Bruce Barnett），他是威廉姆斯和康诺利律师事务所（Williams & Connolly LLP）的律师，2017年6月被美国前总统特朗普解雇的美国联邦调查局前局长詹姆斯·科米（James Comey）就曾与巴奈特合作，把自己的书稿交给巴奈特来打理，据说预付版税高达1000万美元。巴奈特代理的客户都是顶级人物，比如微软创始人比尔·盖茨（Bill Gates）、美国前总统乔治·W. 布什（George W. Bush）和比尔·克林顿（Bill Clinton）、克林顿夫人希拉里·黛安·罗德姆·克林顿（Hillary Diane Rodham Clinton）、美联储前主席艾伦·格林斯潘（Alan Greenspan）、英国前首相安东尼·查尔斯·林顿·布莱尔（Anthony Charles Lynton Blair）、《华盛顿邮报》著名记者鲍勃·伍德沃德（Bob Woodward）。美国前总统贝拉克·侯赛因·奥巴马（Barack Hussein Obama）及其夫人的稿件得到了有史以来最高的预付版税，高达6000万美元。美国律师都是按小时收费，巴奈特向来以要高价出名,每小时收费 950 美元。该人还曾被评为全美最优秀的百名律师之一。因为代理业务精熟,很多名人要求由他来代理自己的版权。在一定程度上,只要能被巴奈特代理,稿件就会得到出版商的疯抢,预付版税就会一路走高。

很多经纪人都有自己的自媒体平台,如博客(Blog)、脸书(Facebook)、推特(Twitter)账号等,他们在这些自媒体上刊发广告,常年招募作者。美国还有各种作家手册,上面刊载很多出版经纪人的广告,上面有经纪人或经纪公司的代理类别,有电话、地址、邮箱和自媒体联系方式,一些新作者往往通过这种途径寻找经纪人。

### (三)出版经纪人的主要职责分析

推销书稿。对于出版经纪人来讲,每个人都有自己的客户名单,这些客户名单分为 A 名单、B 名单,A 名单主要是那些大型出版社,这些出版社愿意为优秀书稿出大价钱。优秀书稿,尤其是有畅销潜质的书稿首先被推荐给 A 名单中的出版社,如兰登书屋(Random House, Inc.)、西蒙和舒斯特出版公司(Simon & Schuster, Inc.)等。如果 A 名单的出版社没有接受书稿,然后再推荐给 B 名单中的出版社,这些出版社大多是中型出版社。有些大学出版社被出版经纪人列入 B 名单。大学出版社一般以出版学术图书为主,这些书畅销的可能性不大,出版经纪人一般不愿代理。部分大学出版社也出版普及类大众图书,它们有可能被出版经纪人列入 B 名单。

有些书稿比较抢手,出版经纪人为得到高价,往往会举办拍卖会,邀请对书稿感兴趣的出版社在规定时间内出价,一般来讲谁出价更高,谁就能获得授权。当然,出版经纪人也会有保留条款,他们有权决定不是出价最高的出版商获得授权。因为,他们也要考虑出版商的品牌、推销能力等因素。

优秀的经纪人一般不会向小型出版社推荐书稿。但是,一些刚刚入道的经纪人,为了积累个人代理的业绩,往往愿意向小型出版社推荐书稿。在欧美,小型出版社对出版经纪人常常是爱少恨多,很多小型出版社的总编辑、社长不愿见到出版经纪人,他们接受不了出版经纪人索要的高价。同时,他们也害怕出版经纪人抢走他们的作者。这些小型出版社大多喜欢自己发现作者,但是,一旦它们的书畅销,肯定会有经纪人来代理这些畅销书作者。这些小的出版社开出的价格往往难以满足出版经纪人的要求,自己开发的作者被出版经纪人抢走，怎能叫人不生气。

其他职责还有审读书稿，发现作者稿件中的问题，并提出修改意见，这些修改意见包括要适应市场，避免产生诽谤、侮辱他人，避免触犯民族、宗教禁忌，保证作品结构的完善等。起草合同，出版经纪人需要起草各种各样的出版合同，有些时候出版社会提供格式合同，出版经纪人要对合同条款逐一审核，对那些有损作者利益的条款提出修改意见。

出版经纪人还负责对作者创作生涯的规划。在这里，出版经纪人很多时候扮演的角色是作者的辅导员、培训师，甚至保姆，有很多作者对经纪人的培养和规划十分感激，他们之间往往形成长期的合作关系。一般来讲，作者对市场需求了解较少，出版经纪人会根据他们对市场需求的精到把握，要求作者创作相应的作品。出版经纪人还会策划、督促、配合出版商搞一些营销活动，包括签售、让作者上电视接受采访等。有些出版社的编辑自己策划选题，也要求合作的出版经纪人代为物色作者，这些作者当然也由这位经纪人代理。

出版经纪人还会代理作者监督出版商的销售数据，并且及时从出版商那里支取应得报酬，在扣除自己的佣金后，支付给作者。

出版经纪人还有义务协调作者与出版商的关系，在作者和出版商之间出现裂痕时负责调解弥补。对于那些政要、社会名流，或者因为没有时间写作，或者不能写作的作者，出版经纪人需要为其物色代笔人。

### （四）世界上著名的出版经纪人与经纪公司分析

本书选择了欧美国家最为著名的出版经纪人和出版经纪公司，对其服务模式进行了研究，可以为中国的出版经纪公司和经纪人发展提供一定参照。比如A. P. 瓦特有限公司、柯蒂斯·布朗经纪公司、彼得-弗拉瑟-登乐普经纪公司（Peters Fraser & Dunlop Group Ltd.，PFD）、黑斯经纪公司（A. M. Heath & Co. Ltd.）、舍尔·兰德经纪公司（Sheil Land Associates Ltd.）、阿特肯·亚历山大经纪公司（Aitken Alexander Associates Ltd.）、三叉戟经纪公司、作者之家经纪公司（Writers House，LLC）、玛丽·鲁索夫联合经纪公司（Marly Rusoff & Associates，Inc.）、创新精英文化经纪公司、国际创新管理公司、佛里欧文学经纪公司（Folio Literary Management，LLC）、卡门·巴尔塞斯文学经纪公司（Agencia Literaria Carmen Balcells）。这些公司的运营各具特点，经过分析和研究，我们提出了自己的观点，如普遍公司化的趋势、出版经纪与文化经纪融合的趋势、出版经纪公司注重作品的国际版权开发、出版经纪公司都在积极尝试开发电子书版权和网络传播等。

同时也对我国台湾的一些著名的出版经纪公司进行了研究，包括大苹果版权代理公司、博达版权代理有限公司、光磊国际版权经纪有限公司等。

### （五）分析了出版经纪人与作者代理关系终结的几种情况

本书也考察了出版经纪人的客户（作者）跳槽的情况，并分析了原因。一些作者也会更换出版经纪人，有很多出版经纪合同是短时间的，有效期为3～4年。合同到期，自动解约。双方都可以选择新的合作伙伴。巴奈特的经纪合同大多是3～4年的有效期。作者更换出版经纪人有时候是因为作者地位变了，感觉原来的经纪人已经不再适合自己，于是就会更换为更优秀的经纪人。比如，奥巴马未做参议员以前有一位叫简·迪斯特尔（Jane Dystel）的版权经纪人发现了奥巴马，策划并说服奥巴马写了《奥巴马回忆录：我父亲的梦想》（*Barack Obama*：*Dreams from My Father*）。2004年奥巴马做了参议员，简·迪斯特尔鼓动奥巴马再版旧书，并且再写一本新书。但是，奥巴马找到闻名美国的出版经纪人巴奈特做自己的出版经纪人。巴奈特为奥巴马争得了七位数的预付款（美元）。出版经纪人手下往往有多位作者，有时候一些过气的作者不免被轻视。当作者认为出版经纪人对自己和作品缺乏热情、推销不力时，也会主动结束合作。有些出版经纪人旗下的作者被其他经纪人看中，也会有挖墙脚的行为，安德鲁·怀利就擅长此道，这种情况下，双方也会结束合作。有些时候，出版经纪人发现代理的作者的作品实在难以卖出去，也会听任作者跳槽到其他出版经纪人那里。

### （六）出版经纪人与中国出版"走出去"关系研究

出版经纪人水平的高低直接关系到中国文化"走出去"战略的实施，因为中国文化"走出去"的主要路径之一就是出版走出去。我们的国家一直鼓励中国出版"走出去"，但是我们走出去的步伐一直不太理想。这实际上在一定程度上是因为国内缺乏具有国际知名度的出版经纪人。我们的出版物与欧美的出版物实际上差距并不太大，关键是我们国内的出版经纪人在国际上的知名度还不高，很多还没有融入欧美主要的出版经纪交流圈。托比·伊迪（Toby Eady）是英国乃至欧洲的大牌出版经纪人，在出版经纪人圈子中影响很大，拥有自己的版权代理公司。大家对他的眼光都很信任，一旦被伊迪看中的稿子，其他国际经纪人就会跟进。中国的《于丹〈论语〉心得》就得益于他的代理，得以在欧洲出版，最后被翻译成 14 种语言，首次签约出版商就支付了 10 万英镑的预付款。这在中国的版权输出历史上是少见的。中国最著名的出版经纪人是谭光磊，来自我国的台湾地区，他在 2013 年成为全球稿件销量最多的出版经纪人。为什么能够做到这一点？谭光磊说就是要融入国际出版经纪人交际圈。国内著名版权代理人姜汉忠先生想结识伊迪，给他写过很多信，但都没有回音。后来，一位日本的出版经纪人答应帮忙，但是要求提供很多资料，姜汉忠先生戏称比"政审"都严。就这样经过多次催问，伊迪才答应与姜先生见面。可见中国出版经纪人融入国际出版经纪交流圈有多难。他们对陌生人基本上是不搭理。

加快出版经纪人队伍建设，努力推动出版经纪人业务国际化，是中国建设文化强国、出版强国的重要措施。

### （七）对我国当前出版经纪人现状进行了深入分析

我国当前的出版经纪人还很不成熟，这些人的职业素养还不够，职业技术程度还不高，数量也太少，在出版活动中的影响力有限。大多数出版经纪公司为国有出版经纪公司，它们由于体制原因活力不足。现在出版管理部门有版权代理公司，但很多代理公司没有开展过具体业务。全国最知名的中华版权代理有限公司在国际上有很高的知名度，代理成功的案例很多。但其余民营出版经纪公司规模过小，服务不规范，没有形成品牌知名度。另外，境外的版权代理机构如安德鲁版权代理公司在中国的分支机构表现很不错，服务的专业化程度很高。我国台湾地区的大苹果版权代理公司、博达版权代理有限公司、光磊国际都有很好的口碑。国内的一些出版社的编辑、民营出版公司、数字出版平台也兼做出版经纪业务，但是还不够专业，难以把作者利益放到首位，对作者版权的开发力度还不够。

同时本书还探讨了中国出版经纪人不发达的原因。

## （八）出版经纪人涉及的法律法规

本书集中对欧美国家涉及出版经纪人的法律法规进行了梳理，并进行了研究分析。除了法律管理，英美法系国家与大陆法系国家的出版法不一样，涉及出版经纪人的法律规定也不一样。不知何故，在法国、德国出版经纪人并不发达，直到现在很多法国出版单位、作者都不愿意接受出版经纪人，在东亚地区的有些国家也很少有出版经纪人的参与。

## （九）首次提出出版经纪人管理规范化的问题

本书对出版经纪人的行业管理也进行了研究，并提出了一些观点。中国出版协会管理很有效，具有半官方色彩，权威性也很高，但是几乎不涉及出版经纪人业务。现在中国还没有专门的出版经纪人协会。与之相对，欧美各国对出版经纪人的行业管理很到位，尤其是英国、美国的出版经纪人协会，其管理很规范。本书通过对欧美出版经纪人协会、相关法律的分析，提出了组建中国出版经纪人协会的建议，并对协会管理基本原则提出了系统的建议，比如，不能双向代理、忠实保护作者利益、公平竞争（不得诋毁同行）、合理收费、对经纪人进行培训等。这些建议可以直接为中国出版经纪人协会的组建提供帮助。

## （十）纠正了一些习以为常的错误译法

比如国内很多人把英国的"作者经纪人协会"译为"作家代理人协会"，把美国的"作者代理人协会"翻译成"作家代理人协会"，这是不合适的，author是作者，而不一定是作家，作家在英文中被翻译成 writer。把协会名字翻译成"作家代理人协会"就大大限制了它们的管理范围。作者可以是任意图书作者，而作家仅仅是文学类作者。

基于以上研究内容和创新之处，本书具有以下价值和意义。

第一，通过本书可以发现我国出版经纪人发展中存在的问题，提出发展策略，指导出版经纪人的发展实践。我国出版经纪产业还很不成熟，存在很多问题，亟待研究。很多经纪公司经营惨淡，难以维持。一些境外机构进来后，发展也很不理想。在政策方面我们没有颁发出版经纪人职业资格证，个人从事出版经纪业务还处在法律的边缘地带。通过研究我们发现了问题的症结，提出了发展建议。

第二，促进出版产业发展。出版经纪人是出版产业的重要环节，这一环节的薄弱严重影响整个出版产业的发展，希望通过我们的研究引起各界的重视，推动国家关于促进出版经纪人发展政策的颁布，推动出版经纪行业的发展，从而促进出版产业的发展。

第三，为国内出版经纪人的发展提供借鉴。通过对国外的出版经纪人、经纪公司的个案研究，我们发现、提炼了其成功做法，为国内出版经纪人发展提供经验借鉴。同时也为后来的研究者提供相对全面的、系统的资料。

第四，促进我国版权贸易的输出。我国版权贸易长期入超，我们的图书版权输出很少，虽然原因是多方面的，但其中一个主要原因是出版经纪业务不发达，缺乏对外版权推广人才，与国际出版经纪人组织没有建立多种方式的合作关系，国外的出版经纪业务无法与国内对接。希望通过该项研究改进我国出版经纪界与国际出版经纪界的交流，推动我国版权输出。

## 第四节　对出版经纪人发展的政策建议

第一，建议国家尽快出台出版经纪人相关法律法规。我国现有法律法规对出版经纪人业务规范针对性不够，往往需要《中华人民共和国民法典》《经纪人管理办法》来调节。国家工商行政管理总局①于 2004 年 8 月 28 日颁布《经纪人管理办法》，于 2016 年 4 月 29 日废止。相对来说《经纪人管理办法》对规范出版经纪人行为较为直接，它的废止让出版经纪人的行为规范面临更多的挑战。整体来讲，现行法律法规对出版经纪人的职责、责任、义务规定不清或者不细致，出版经纪引发的纠纷适用的条文容易产生争议。如果颁布专门的法律法规，就会有效减少纠纷，也会提高纠纷解决的效率。

第二，鼓励成立出版经纪人协会，加强出版经纪人行业自治和自律。行业自治、自律是行业规范的重要手段，也是国际习惯做法。英国作者经纪人协会、美国作者代理人协会对出版经纪人的管理都很好，它们都有严格的行业规约，对于一些违反行业规约的行为人和组织，它们会根据情况给予不同程度的制裁，出版经纪人一般不敢违反行业自律规约。这样就大大减少了出版经纪纠纷

---

① 2018 年 3 月改组为国家市场监督管理总局。

的数量，提高了行业整体执业和道德水平。

第三，增加对出版经纪人的培训频次，提高出版经纪人的执业水平。过去，国家新闻出版广电总局尽管开设了一些培训班，但是，总体来讲，国内对现有出版经纪人的培训次数不多，水平有待提高。很多经纪人未经培训就上岗，完全是自我摸索，失败在所难免，行业整体水平有待提高。国家应该鼓励出版协会、高校举办出版经纪人培训班，加大培训力度，整体提高出版经纪人行业水平。

第四，建议在大学出版专业开设出版经纪人课程。现在很多大学开设了编辑出版专业，但是开设出版经纪人课程的院校很少。据调查，现在只有北京印刷学院一家开设相关专业。这是远远不够的。随着互联网的发展，数字出版风起云涌，版权变得更加多样化、复杂化，这是作者难以招架的，也是难以把控的，社会迫切需要高素质、高水平的出版经纪人，大学应该担当此重任。

# 第一章  出版经纪人概念及历史考察

## 第一节  出版经纪人的概念及职业特点

### 一、出版经纪人的概念

出版经纪人，也称文学经纪人、作家经纪人、文字作品代理人、文学代理人、版权经纪人、版权代理人、作家代理人等。出版经纪人以向作者收取佣金为条件，为代理寻找合适的出版商并代表作者处理与出版、改编有关的事项，参与对作者写作生涯的规划以及作者作品的策划、审稿、修改及宣传推广等工作。出版经纪人是作者作品从创作到出版全过程的重要参与者，也是连接作者与出版商的"中间人"，更是作品走向市场的守门人（gate-keeper）。

他们是文化中间人，也是商业中间人，以获取作者的佣金为主要收入形式；他们是"保姆"，对作者事务几乎无所不管；他们是"教练"，是作者职业生涯规划师；他们是"桥梁"，是"媒人"，是"催化剂"。他们视野开阔，能够把握全局，是站在文化市场山尖上的人，是准确把握文化市场脉搏的人，是文化市场的弄潮儿。

出版经纪人与演艺经纪人、体育经纪人、文物经纪人、艺术品经纪人一样，是文化经纪人的一种，属于文化行业中的一支，带有文化属性，是文化产业的推手、催化剂，对文化市场的丰富和发展起着重要作用。

虽然很多时候出版经纪人被称为版权代理人，但是出版经纪人与版权代理人这两个概念是有区别的。出版经纪人与版权代理人在一定程度上职能相似，在实际中经常被混用，但又不是一个概念，其业务与版权代理业务有相同的部分，但又不完全重叠。版权代理人更多的是代理已完成、已产生的作品版权（合同有约定的也可代理未产生的作品的版权），而出版经纪人往往在作品未产生前就与作者建立合作关系并开始展开业务，当然他们也代理已产生作品的版权，他们是对作者的全方位代理；版权代理人仅仅代理作品的版权，与作者的合作通常从推销版权环节开始，对作者的创作设想及创作过程很少参与，但出版经纪人更多的是对作者及其版权的经营，往往从作者有选题的想法开始，一直到营销成书都全程参与，除了负责推销作者作品的版权，还对作者的创作起着催化作用；版权代理人在版权交易中会尽力追求自身利益的最大化，但出版经纪人与作者处于同一利益阵营，会在交易中尽力争取作者权益的最大化；版权代理人的业务针对作品，代理单一作品或几部作品的部分权利；而出版经纪人的业务针对个人，包含一个作者的几乎全部作品和作品的全部权利，业务范围也往往比出售版权更为广阔；版权代理人的工作大多是遵照合同履行约定，被动成分多一些，出版经纪人的工作更为主动。这二者的区分很大程度上取决于合同的约定，二者之间是互动的，也是有可能相互转化的。出版经纪人包含行纪和代理两种形式。从法律角度看两者有显著差异，那就是行纪时经纪人是对外签约的主体，对所签合同承担法律责任；代理时是以被代理人为签约主体，经纪人不对所签合同承担法律责任，相关法律责任由被代理人承担。

出版经纪人也不同于中间商。中间商是肩挑两头，起居间、撮合作用，挣的是差价，经纪人代表委托人工作，挣的是佣金；中间商自负盈亏，而经纪人不会赔钱，只会赔时间。而且出版经纪人并不完全"中间"，他们虽是连接作者与出版商之间的桥梁，但他们不中立，出版经纪人从作者的稿酬或版税中赚取佣金，受作者委托，对作者负责，把为作者争取最高利益视为目标。

有人说出版经纪人实际上是打工者，为作者打工，这种说法没有错，出版经纪人的主要经济收入正是作者支付的佣金；但从另一方面来看，作者在一定意义上也是在为出版经纪人打工。出版经纪人一旦与作者达成协议，就会对作者的整个创作过程进行干预，有时候出版经纪人会把控方向、纠正细节，作者需要努力按照出版经纪人的要求进行创作。在销售、推广环节，基本上是由出版经纪人全权负责，很多时候作者要听从经纪人的安排从事签售、演讲、接受访谈等。客观、准确地讲，作者和出版经纪人之间应该是一种合作关系，他们相互协商、互利共赢。

出版经纪人与出版商、编辑之间，也存在着一种互利关系。这可能有些不好理解，出版经纪人与作者站在同一方，难道不应该与出版商互为对立方吗？

实际上，虽然双方在版权所得利益的分配中处于对立方，一方争取更多的利益分成比例，另一方的利益就会受损。但在其他方面，出版商和出版经纪人在一定意义上是互惠的。例如，出版经纪人向出版商推荐代理的版权，可以从中赚取佣金，出版商和编辑也免于亲自挖掘优秀作者约稿或发现优秀作品，也不必和不太懂行情和规范的作者直接洽谈出版事宜，减轻了不少工作量，也有利于提高效率。

本书中使用的出版经纪人概念既包括自然人，也包括法人。也就是既包括出版经纪人个人，也包括出版经纪公司，只有在特别的时候才并列使用这两个概念。

本书中涉及很多关于版权代理的问题，关于版权代理相关专业名词较多。比如主代理、次代理（复代理），主代理是指代理人直接接受作者委托，代理作者的版权，次代理一般是代理其他版权代理机构的版权。次代理一般在海外，因原版权公司在相关国家没有分支机构，故需要委托他们进行代理。我国的中华版权代理有限公司的很多业务属于次代理，代理很多其他国家版权代理机构的版权。对于具体的版权代理公司来讲，很多公司既做主代理，也做次代理，例如安德鲁版权代理公司、大苹果版权代理公司等版权代理公司，业务比较综合。国内有些版权代理公司手中没有版权，而是接受出版社委托寻找版权，然后取得授权或转让。有些版权代理公司只做一头代理，也就是只代理委托人的权利；有的公司做两头代理，既代理作者权利，也代理出版社次版权权利。但在英美，按照英国作者经纪人协会、美国作者代理人协会的规定，两头代理是不被允许的。

版权经纪人有时也被称为文学代理人，其实文学代理人不仅活跃在出版领域，更是在整个文化产业领域都有其身影，包括代理影视版权、舞蹈版权、音乐剧版权等。

出版前代理，也叫大版权代理，包括图书版权以及图书出版后的衍生权利，衍生权利都是基于图书出版才产生的。出版后代理，也叫小版权代理，代理的是图书版权的衍生权利，也就是附属权利。

## 二、出版经纪人的职业特点

在一定意义上，出版经纪工作是编辑工作的外化，所以，编辑工作的职业特点出版经纪人一般也都具有。杜恩龙曾写过一篇题为《图书编辑工作的七大魅力》的文章，其中对编辑职业特点的概括有些也很适合出版经纪职业。因此出版经纪人的职业特点主要有以下几点。

第一，出版经纪人是中介，但又不是完全中立的，他们是站在作者一方与出版机构以及其他版权使用方进行合作，以为作者争取最大化利益为目标。出版经纪人具有中间性、间接性，他们不是创作者，不创作作品，他们也不是出版者，不出版图书，而是居于二者之间的群体，以促成二者交易并从中获取佣金为目的。

第二，出版经纪行为是一种代理行为，要受到有关版权代理的法律法规的约束。出版经纪人通过书面或口头与作者达成经纪关系，经纪人应该忠实于作者，严格按照约定的范围代理版权，不得越权代理，也不得与出版商、电影公司等版权使用方串通，做出有损作者利益的事情。

第三，他们是以收取作者佣金为主要收入的群体。他们的利益与作者利益完全一致，他们按比例从作者稿酬中提取佣金，把作者利益最大化，也就是把他们自己的利益最大化。

第四，他们的业务会向上下游延伸，他们会策划选题，对作者的创作生涯进行规划，他们会策划、设计营销方案，从而干预出版社的销售等工作。

第五，他们具有敏锐的文化嗅觉，能够通过策划选题引领文化发展风潮。出版经纪人是文化的弄潮儿，有些时候甚至是社会潮流演变的策划者、制造者。

第六，他们策划能力、谈判能力、稿件修改能力、图书营销能力高超。他们会根据发展潮流的发展策划选题，交给作者来完成。在选题策划方面他们甚至超过作者和编辑。他们掌握谈判技巧，知道如何在谈判中居于优势地位。他们对作者交来的稿件进行审读，并提出修改意见。他们通晓图书市场规律，知道如何营销图书。

第七，他们是创作、出版两个方面的精通者。他们既了解创作规律，也了解出版规律，对两个方面都施加自己的影响。

第八，出版经纪工作是一种文化工作，也是一种服务，而且重在进行精神服务。出版经纪人给作者提供的服务主要是一种智力、经验、理念与品牌方面的服务，而作者创作的作品就像是他们的孩子，是他们的心肝宝贝儿。经纪人与作者之间的交流都是基于作者内心深处的交流，很容易成为好朋友，甚至知己。清代有一位文人叫龚自珍,他在《己亥杂诗》中写过这么一句,叫"文字缘同骨肉深",形象地概括经纪人与作者之间的关系。

这种交往也会让经纪人受益无穷,作者都是各行各业的专家、精英,经纪人交际圈就像刘禹锡在《陋室铭》所说的:"谈笑有鸿儒,往来无白丁。"我国还有一句俗话"听君一席话,胜读十年书"。这里的"君"是什么人?是名人、专家、学者。出版经纪人在和这些文化高人交流的过程中会受到很多启发,这对其增加见识极为有益。

名人、专家、学者都很想让自己的作品面世,经纪人来负责联系出版事宜,推进作品出版,当然是一件正中下怀的好事,作者一般都乐意接待。名人接受代理一般是令经纪人兴奋的事情。经纪人想见到什么名人一般都可以见到,在与名人的交往中,还会受益匪浅。有些事情自己摸索几天甚至更长时间都弄不明白,这些高人一点拨,可能就让人恍然大悟。这样的工作是有意义的。如果不是有经纪人的身份,往往无缘见到这些名人、专家、学者,他们很可能没有时间接待你,正是因为是经纪人,约见名人、专家、学者才变得那样容易成为现实。

第九,出版经纪工作具有挑战性,要求从业者具备多种素养,但是这份工作也具有趣味性。争取与作者达成合作、成为作者的经纪人是一种挑战,作者的脾气个性各不一样,要想成为他们的经纪人,首先要取得他们的信任,取得一个陌生人的信任谈何容易,当然是一种挑战。把书稿版权高价卖出也是一个挑战,出版商都是很精明的商人,如何让他们出高价买稿子,也是让出版经纪人伤脑筋的事情。图书出版后,经纪人还要配合出版商做好营销工作,世界上每年上百万种新书问世,很多图书出版后连一点动静都没有,出版经纪人怎样制造动静,引起读者的注意,更是一种挑战。当作者和编辑产生矛盾以后,经纪人还要居中调解,让他们化干戈为玉帛,也是一种挑战。可以说,经纪人的工作处处存在挑战。当然,挑战也给他们的人生增加了乐趣。迎接挑战,战胜挑战,就会让他们产生愉悦感和成就感。刚刚战胜一个挑战,新的挑战又不期而至,经纪人的业绩都是在不断战胜新的挑战中累积起来的。

第十,出版经纪人成就感很强。一个作者一生创作的书稿是有限的,一部书稿的创作时间少则几个月,多则几年,甚至十几年,所以作者的成就感来得不会太频繁。但是出版经纪人不一样,他们旗下往往有几十位甚至几百位作者,这些人每一本书的成功出版都含有经纪人的心血,有他们的策划、修改建议、营销方案等,这都会给出版经纪人带来成就感,一个出版经纪人一年可能成功销售几十种甚至上百种图书的版权,一个作者无法完成这样的工作量,也就没有这样的成就感。当然,这两种成就感不具有可比性。但是,当出版经纪人发现自己代理的图书顺利出版,被人捧读、被人推荐,甚至成为畅销书时,他们的成就感可能丝毫不亚于作者。

第十一,出版经纪人的社会地位很高。图书是人类精神文化的凝结,也是最新精神成果的凝结,长期以来人们将出版图书视为神圣的事业。出版经纪人永远站在时代文化发展的高峰,是文化发展的推手,作者当然乐于接受他们的建议。出版经纪人是一个令人尊敬的行业。长期做下去,出版经纪人会积累一大批作者或者出版商朋友,构建自己的朋友圈,这些作者朋友可能遍及各个行业,当有什么事情需要作者帮忙时,就十分便利。

## 第二节　出版经纪市场的主体形式

出版经纪公司,顾名思义就是签约出版经纪人、主营出版经纪业务的公司。其可以有多种形式,如个人独资企业、合伙制企业、股份公司等。

### 一、个人独资企业

个人独资企业运作最为灵活,个人做主,负担公司的盈亏,如果公司的资产不足以抵销债务,个人要用自己的资产弥补,个人的所得税申报需要加上公司收益,减去公司亏损。小规模的出版经纪机构最适合个人独资企业形式。个人独资企业开设较为方便,门槛低,随意性强。因资金规模小,抗风险能力较弱。一旦经营失败,不利于保护经纪人的个人财产。

### 二、合伙制企业

合伙制企业是由两个或两个以上的合伙人一起投资建立的企业,共同投资,共担风险,共享收益,需要有合同约定合伙的形式,纳税也不同于独资企业,在美国有单独的税务申报表,比独资企业复杂。合伙制企业的投资往往很少,规模也较小,但是开设比较容易,手续简单,运营较为灵活。在实际情况中,一般小型的出版经纪机构多采用这种形式。这种企业形式和个人独资企业一样，抗风险能力较低。

## 三、股份公司

股份公司是一种由多位股东投资组建的公司，股份公司有权享受特别税减免。股东不需要用出资以外的资产对公司的亏损负责，可以更好地保护股东的利益。但是政府对此类公司监管较严，需要一些证书，纳税较多，很多小型公司因此放弃这种形式。现在欧美的大多数出版经纪公司都是有限责任公司。英国的柯蒂斯·布朗经纪公司、创新精英文化经纪公司、威廉·莫里斯经纪公司、国际创新管理经纪公司、三叉戟经纪公司等都是有限责任公司。

据估测，纽约、伦敦、巴黎、法兰克福、洛杉矶各有 100 家以上的版权经纪行，纽约最多，超过 200 家。大型经纪公司已经公司化，产权、经营规范化，雇员众多，分工明确。但大部分的出版经纪公司规模小、底子薄，只要有办公桌、电话机、传真机、电脑就行，并以合伙方式运营，类似合作企业、合伙企业（毕吕贵，2002）。伦敦最大、最多元化的代理行之一柯蒂斯·布朗经纪公司，它的员工总数也仅有 65 人，包括 33 个代理人，其中 10 个是图书代理人（汤普森，2016）。根据对《北美经纪人》第五版中收列的出版经纪公司的调查，有 90% 的经纪公司的客户在 100 位以下，而有超过一半（57%）的公司现有客户不超过 50 位（史晓芳，2011）。有些大型综合性文化经纪公司下设出版经纪业务部门，比如美国最大的三家经纪公司——创新精英文化经纪公司、威廉·莫里斯经纪公司、国际创新管理经纪公司都有专门的出版经纪业务部门，它们是大型的跨国股份制经纪公司，国际知名度很高，在国际市场上影响力巨大。

在美国从事出版经纪行业不需要入行考试，也不像律师、医生、按摩师、会计等职业需要从业资格证。成立出版经纪公司门槛也很低，几乎不需要太大的投资。在英美，自由编辑、作者、编索引的人、评论家等很多在家里办公，出版经纪公司在家里开办的也很常见，一台电脑、一台打印机、一部工作电话，就可以开始营业了。为了打消作者认为经纪人在家里办公不正规、不敬业的顾虑，很多经纪公司选择在商业区租一个邮箱，显得更正式、更商业化一些。当然，也有租用办公楼开展业务的，成本就会高一些。开办经纪公司需要营业执照，每年或每两年更新一次。在美国最好还要到商业促进局（Better Business

Bureau，非营利性组织）注册，注册手续很简单。很多人对陌生公司不了解，就会到商业促进局调查，如果已经注册且没有投诉信，就可以断定这家公司是合法的，并仍在营运当中。

# 第三节　出版经纪人的历史考察

## 一、出版经纪行业始于英美，然后普及到西方世界

人类社会是一个复杂的系统，这个复杂系统能够正常运行，主要在于社会分工，各行各业各司其职，社会才能平稳运行。人类社会早在原始社会就已经有了社会分工。随着社会的发展，社会分工越来越细。社会分工有利于人们把一种工作做好、做细，一个行业的人通过交换来获得其他行业生产的产品。

19世纪80年代随着工业化的发展，西方社会的分工越来越细，在作者与出版社之间逐渐诞生了一个新兴的行业——出版经纪人。可以说，出版经纪人是顺应社会分工发展的产物。

关于出版经纪人发展阶段的划分，世界各国的发展差异很大，很难做出统一的划分，即使做了划分，也可能是削足适履，难以适应每一个国家的具体情况。但是，如果不做划分，又很难给大家一个完整的印象。因此我们这里的阶段划分主要根据英国的情况来进行，兼及美国和其他国家的情况。因为出版经纪人发端于英国，在英国的发展也最为成熟，最具代表性，所以可以大致参考一下。

### （一）起步和发展阶段

起步阶段时间是1868～1974年。标志事件就是1868年11月1日，略文施泰因在柏林市成立了他的"文学交易所"；接着更多的德国文学代理机构迅速组建起来（劳滕贝格和约克，2009）。1875年英国A. P. 瓦特有限公司成立。这些机构的成立标志着出版经纪行业的诞生。这一阶段结束的标志事件是1974年伦敦成立了专业的文学经纪人协会——作者经纪人协会。专业行业协会的成立标志着产业规模达到了一定的量级，是走向成熟的标志。

这一时期，出版经纪人的规范尚在摸索之中，比如出版经纪人往往是双向代理，既代理作者版权事宜，又代理出版商事宜。出版商对出版经纪人的接受

度还不是太高，尤其是在早期，很多大中型出版商甚至排斥出版经纪人。

企鹅创始人艾伦·莱恩（Allen Lane）的叔叔约翰·莱恩（John Lane）也是一位出版商，他的出版社名叫博德利·海德（Bodley Hyde）。约翰·莱恩痛恨新出现的文学经纪人，因为他们扰乱了出版商跟作者之间那种令人愉快的合作关系——或者说打破了出版商对作者们实施霸王条款的能力，也不可避免地打破了他自身的优势（杰里米·刘易斯，2015）。

有人认为出版经纪人首先诞生于德国，也有人认为英国人瓦特是第一位职业出版经纪人，他原本是爱丁堡的一个书商，后来移居伦敦，在斯特拉恩出版公司当审稿人和广告经理。19 世纪 70 年代公司经营陷入困境，他转行开始做广告经纪人。瓦特的一个朋友，诗人兼小说家乔治·麦克唐纳（George MacDonald）委托他销售自己的作品。瓦特接受了委托，他的初衷只是为了帮朋友的忙，但通过这件事，瓦特发现了其中的商机。1875 年瓦特成立了一家文学经纪人公司——A. P. 瓦特有限公司，并初次提出出版经纪人向作者收取10%的佣金的标准。

略文施泰因的"文学交易所"和 A. P. 瓦特有限公司的成立标志着出版经纪人行业的诞生，意义重大，如果没有略文施泰因和 A. P. 瓦特的行动，这个行业的诞生可能要推迟很长时间。

A. P. 瓦特有限公司在其成立后的 30 年中一直是世界上最大的文学经纪公司，现在也仍是世界上最成功的文学经纪公司之一。1914 年 A. P. 瓦特去世，其子 A. S. 瓦特（A. S. Watt）继续父亲的事业。A. P. 瓦特有限公司曾把许多世界上著名的作家纳入自己的旗下，如沃尔特·贝赞特（Walter Besant）、托马斯·哈代（Thomas Hardy）、鲁德亚德·吉卜林（Rudyard Kipling）、阿瑟·柯南·道尔（Arthur Conan Doyle）、赛珍珠（Pearl Buck）、G. K. 切斯特顿（G. K. Chesterton）、罗伯特·格雷夫斯（Robert Graves）、内尔·舒特（Nevil Shute）、W. 萨默塞特·毛姆（W. Somerset Maugham）、拉斐尔·萨巴蒂尼（Rafale Sabatini）、马克·吐温（Mark Twain）、P. G. 伍德霍斯（P. G. Wodehouse）、威廉·勃特勒·叶芝（William Butler Yeats）、赫伯特·乔治·威尔斯（Herbert George Wells）等（张宏，2011），几乎代理了 19 世纪最主要的作家。他的成功给了很多人启发，一些人纷纷开始从事出版经纪业务，比如艾伯特·柯蒂斯·布朗（Albert Curtis Brown）等。出版经纪人逐渐增多，出版经纪行业逐渐形成，相互促进下，出版经纪人的职能也越来越强化，1880～1920 年，出版经纪人已成为英国图书交易的中心环节（Gillies，2007）。

美国最早的一位职业出版经纪人是保罗·里维尔·雷诺兹（Paul Revere Reynolds），他最初在波士顿为出版商洛斯罗普（Lothrop）工作，之后于 1891年搬到纽约，并开始为英国出版商卡塞尔（Cassell）做美国代理人（Hepburn，1968）。当时他的职责主要是寻找可能有兴趣在美国出版卡塞尔书籍的美国出版商以及向卡塞尔推荐他们可能感兴趣的美国图书，不久他就开始发掘可能有兴趣让卡塞尔出版其作品的美国作家。到 1895 年，他已经独立为作者工作，把他们的书推荐给出版商，他完成的每单交易收取 10%的佣金。和瓦特一样，雷诺兹在早期的职业生涯中既为出版商代理，又为作者工作。他认为自己是中间人、文学市场经纪人，为文学资产的卖家和买家安排生意，而不在意他们是谁（汤普森，2016）。

由此可见，初期的出版经纪人实际上是双向代理，既代理作者的作品版权，并为版权寻找合适的买主，为作者服务，又为出版商服务，代出版商寻找优秀的作者或作品版权。这一阶段的出版经纪人与现在发展相对成熟的出版经纪人相比，中介性质更为突出，而并不专为某一方服务、为某一方争取权益。到了19 世纪末，随着出版经纪人队伍的壮大、业务的成熟，他们逐渐意识到是作者雇用了他们，为其支付佣金，于是转向专为作者服务，忠诚于作者，为作者争取利益的最大化。这种合作带来了作者与经纪人的双赢，也更有利于出版业的平衡发展，因此，这样的业务模式延续到了今天。

决定单向服务于作者并不影响出版经纪人与出版商搞好关系，毕竟出版商才是将作者作品的版权转化为金钱的人。但是，出版商们却并不买出版经纪人的账。起初，许多出版商都对这个新兴行业持消极态度，他们认为出版经纪人从自己和作者的收益中"抢"走了一杯羹，是寄生虫、血吸虫，打破了出版业内的平衡，并不乐意接受这一群体。英国出版商威廉·海涅曼（William Heinemann）这样评价瓦特："这是中间人的时代，他就是寄生虫，他总是很活跃。后来在我的生意里我不得不给他一些关注，他把自己称作著作权代理人。"（汤普森，2016）美国出版商亨利·霍尔特（Henry Holt）1905 年发表在《大西洋月刊》（Atlantic Monthly）的一篇文章指出，出版经纪人带来了"文学作品的商业化"，他认为经纪人是吸附于作者的血吸虫，吸取了远远超出他们的服务所应得的那部分血肉（丹尼斯等，2005）。

　　然而，作者群体对出版经纪人群体的接纳程度却超出了出版商的预判。作者不仅没有与这些"血吸虫"对立起来，反而逐渐与他们建立起了合作机制。因为出版经纪人的出现对出版业产生了切实的、巨大的影响，还帮助作者扭转了其在版权交易中的地位，改变了作者与出版商之间的力量格局，作者从中受益极大。

　　出版经纪人的出现，帮作者提高了稿酬收入，在一定程度上改变了作者受出版商压榨却无力抗争的局面，出版商也不再能单方面大比例占有版税所获得的收益。19世纪出版业还在盛行版权买断的稿酬计算方式，查尔斯·约翰·赫法姆·狄更斯（Charles John Huffam Dickens）、马克·吐温、奥诺雷·德·巴尔扎克（Honoré de Balzac）、乔治·伯纳德·萧伯纳（George Bernard Shaw）等大家每部作品的稿费也仅仅只有50～100英镑，每年收入不超过1000英镑。到了20世纪，作者的稿酬就已经有了大幅度的提升。西蒙和舒斯特出版公司出版的《第二十二条军规》（*Catch-22*），交稿时作者J. 海勒（J. Heller）得到了750美元，出版后结算时又得到了750美元。1993年，此书的续集尚未动笔，作者已得到了75万美元的定金。作者的稿酬收入发生了如此大的变化，出版经纪人起着重要作用。作者的收入提升，经纪人的佣金收入自然也随之提高，因此经纪人对于促进版权价值提升十分卖力。出版商再想通过信息不对称欺瞒作者已经不可能，改变这一情况的正是出版经纪人。

　　此外，出版经纪人的出现还使作者这个群体开始意识到其作品的商业价值，开始与出版商做斗争以争取更大的权益。1891年《国际版权法》（*International Popyright Protection Act*）在华盛顿通过，足以证明出版经纪人的努力对增强作者维护自身权益的意识和斗争能力产生了切实的影响。随着版权价值的提高和出版经纪人影响力的逐渐增强，出版商被迫开始接受未脱稿的提案，即从接收成稿到开始接收提案、大纲等未完成的稿件，这种情况在20世纪之后更是普遍应用开来。19世纪后期，出版社开始预付版税，出版经纪人还促成了大众图书版税率的标准化（丹尼斯等，2004）。这些情况的改变无一例外都是出版经纪人参与、争取的结果。

　　随着影响力逐渐增大，其队伍也在逐步壮大，迫切需要一个行业组织对行业进行规范，也需要这个组织为行业成员争取、捍卫利益。1974年在伦敦成立了专业的文学经纪人协会——作者经纪人协会。作者经纪人协会的成立标志着这个行业已经完成初级的发展阶段，开始进入成熟阶段。

## （二）成熟和繁荣阶段

时间是 1974~2007 年英国企鹅 007 系列小说数字版权事件结束。1974 年在伦敦成立了作者经纪人协会，这是出版经纪人走向成熟的标志。这一阶段出版经纪人业务模式逐渐成熟，出版业对出版经纪人的接受度很高，出版经纪人已经得到大中型出版商的普遍认同。在大中型出版社，大众类图书作者自投稿一般不再被接受，都是要通过出版经纪人的推荐，才有可能被接受，出版经纪人基本垄断了这一类的稿件来源。有些没有出版经纪人的作者，出版商甚至代为寻找一位出版经纪人。这一阶段出现了很多超级经纪人。出版经纪人在和出版商谈判的过程中显得更加强势，也更加有利。出版经纪人的佣金也提高了，提成比例到了 15%左右，而且逐渐成为行业标准。

进入 20 世纪以后，零售连锁书店兴起，图书的销售量激增，版权的价值越来越高，出版经纪人在出版业扮演的角色也越来越重要，尤其是畅销书作者的经纪人，在与出版商的谈判中更是处于越来越强势的地位。在出版经纪人的帮助下，作者获得的预付款屡创新高，在版税分配中也能争取到更有利的份额。除此之外，出版经纪人还加速了出版业对图书附属权利的开发，图书改编成电影、电视剧、广播等的附属权利转化成了实实在在的收益，从而进一步扩大了版权的吸金潜力，增加了作者及其作品的卖点，大大提高了版权的价值，这使得作者及经纪人的地位得以进一步提高。

到了 20 世纪 70 年代及 80 年代，一些超级出版经纪人开始出现。以莫顿·詹克罗（Morton Janklow）和安德鲁·怀利为代表，他们反对出版经纪人作为出版商与作者之间的协调人，认为经纪人应坚决地站在作者一方，不怕得罪出版商，以为作者争取最高预付款为目的，敢于对出版商说不。这种业务理念与娱乐明星的经纪人较为类似，经纪人与明星或作者站在统一战线。只是娱乐明星收入很高，其经纪人抽取一定比例的佣金，收入自然也很高，这是大多数出版经纪人远远比不上的。

出身于律师的莫顿·詹克罗受自己的朋友比尔·萨菲尔（Bill Safire）所托，为其准备写作的关于尼克松的一本书寻找出版商。萨菲尔长期给尼克松撰写演讲稿，了解那时刚曝光的水门事件的内幕，他准备写作的书一时成为出版热门。纽约很多出版商主动提出出版此书，但詹克罗对他们提交的合同很不满意，于是，他邀请几个出版商到他的办公室看萨菲尔写的提纲。之后出版商开始竞争，最后这本书得到了 25 万美元的版权费用，这在当时是一个很大的数字。这可能也是版权拍卖的较早案例。然而等这本书写完，水门事件已经过去了一段时间，不再是热点，出版商开始退缩，不想出版这本书，而且想要回自己的钱，詹克罗大怒，威胁要告出版商。出版商很吃惊，他们说，在此以前，还没有人能逼着出版商出版一本书。詹克罗说："你们不必出版这本书，只要付款就可以了，我会找其他出版商出版这本书。"最后，通过仲裁，詹克罗获胜。此事之后，很多作者打电话给詹克罗抱怨："你知道吗，我的代理人从来不会这么做。他是我和出版商之间的调解者，他不会维护我的利益。"（汤普森，2016）因为此事，詹克罗声名大盛，客户大增，詹克罗只好开了一家出版经纪人公司，专门做起了出版经纪业务。詹克罗发现，读者找书很少是找出版社，而是找某个作者的书，所以他认为同出版商相比作者应该处于强势地位。他还发现，出版业习以为常的一些做法不利于维护作者的权利，比如，出版合约中一般都会约定，作者写好的稿件必须达到出版商的要求才能出版，可是稿件能不能出版仅凭出版商单方面的评价，过于主观、不够公平，詹克罗认为应该有一个客观的标准，而且这个标准应该写进合约，只要达到合约要求，出版商就不能拒绝出版。

　　詹克罗这些敢于"得罪"出版商的行为，颠覆了作者与出版商之间的传统关系——从前出版商是王，如果自己的作品有机会被出版商看中，作者会非常感激。现在作者是王，出版商就是被经纪人和作者利用的工具，帮他们把书送入市场。

　　詹克罗还把出版经纪人的佣金标准提高到了作者所获稿酬的 15%，并逐渐成了业界标准。此外，詹克罗会专门安排人力致力于代理外国版权、电影版权、电视剧版权等。他的公司名称为詹克罗和内斯比特（Janklow & Nesbit），他旗下的作者有很著名的商业小说作家，如丹尼尔·斯蒂尔（Danielle Steele）、朱迪斯·克兰茨（Judith Krantz）、杰基·柯林斯（Jackie Collins）等。

　　另一个超级出版经纪人是安德鲁·怀利，他父亲是霍顿·米夫林·哈考特出版公司（Houghton Mifflin Harcourt）的编辑。传统的出版经纪人非常忌讳挖别人的客户，而怀利丝毫不顾忌这些，他专门寻找那些作品能够持久销售的作者，哪怕知道作者已签约了其他经纪人，也会明目张胆地给作者打电话挖人。怀利以从其他经纪人旗下挖作者而闻名，甚至被称为"豺狼"。怀利对于某些出版经纪人要忠于出版社的主张感到十分震惊，相反，他主张：作者雇用经纪人，经纪人就应该使作者的权益最大化，如果你不能使你的作者权益最大化，别人挖你的作者就是正当的。他最大限度地争取预付款，他对出版商只付给商业小说家高版税的行为愤愤不平，主张自己代理的常销书作者也应该获得这样的预付款，但实际结果并不是这样。他说："我们被指责作为代理过于积极地为菲利普·罗斯、萨尔曼·拉什迪、苏珊·桑塔格争取过多的钱。但出版社根本没有付很多钱给他们，出版社付了很多钱的是丹尼尔·斯蒂尔和汤姆·克兰西。汤姆·克兰西一本书就能拿到 3500 万美元，迈克尔·克莱顿的一本书是 2200 万美元，而菲利普·罗斯一生才挣得 2200 万美元。但是，二十年之后书还在卖着的只会是菲利普·罗斯。"（汤普森，2016）怀利坚持认为，争取最高的预付款，会使出版商重视这本书，付出的预付款越多，出版商的压力就越大，也就会更加重视这本书，增加印数、重视宣传等都是可能的。怀利的这些观点和做法确实点中出版行业的问题所在，只对畅销书作者付高额预付版税是不公平的，常销书作者才更应该得到高额预付版税，是他们的图书对人类的思想和文化产生深远影响，而那些畅销书往往是烟花，瞬间绽放很精彩，但是很快就过时，在人类的文化史上留不下半点踪迹。但是，出版商更看重畅销书，因为畅销书可以在短时间内制造轰动效应，带来巨大的现金流，对出版商的品牌美誉度有很大的提升作用。常销书虽然是出版商维持长期运转的基石，但是出版商往往不愿意为此付出更多的预付金，在出版界人们对于这种做法已经习以为常，怀利让人们开始重新认识这一问题。怀利干练、大胆的作风令很多作者大感兴趣，汇聚于他旗下的作者多达 750 多人。怀利旗下的作者真可谓是众星闪耀，其中包括很多国际一流的畅销书作者，如菲利普·罗斯（Philip Roth）、豪尔赫·路易斯·博尔赫斯（Jorge Luis Borges）、美国作家索尔·贝罗（Saul Bellow）、萨尔曼·拉什迪、维迪亚达·苏莱普拉萨德·奈保尔（Vidiadhar Surajprasad Naipaul）、亨利·基辛格（Henry Kissinger）、鲍勃·迪伦（Bob Dylan）等。

不可否认的是，出版经纪这个新兴行业发展十分迅速。19 世纪末英国境

内的出版经纪公司尚未超过 6 家，但是到了 1946 年就已经达到了 35 家，1966
年增至 55 家，1986 年增至 84 家，1995 年已超过 138 家，2003 年共有 183 家
（寇德江，2009）；美国 1965 年有 118 家出版经纪公司，1980 年时为 242 家，
1999 年达到了 1046 家（寇德江，2008）。19 世纪 90 年代英国只有 20 多个出
版经纪人，而到了 20 世纪 80 年代、90 年代出版经纪人数量激增。英国于 1974
年在伦敦成立了专业的文学经纪人协会——作者经纪人协会，美国也于 1991
年成立了作者代理人协会。作者经纪人协会以出版经纪机构为单位吸纳会员，
截至 2018 年，共有 98 家会员，会员机构规模不等；作者代理人协会以出版经
纪人个人为单位吸纳会员，截至 2018 年，共有 384 名会员。但协会的规模并
不代表行业的整体规模，有不少出版经纪公司或出版经纪人未加入协会之中，
其中不乏著名的机构和经纪人。有人估计美国约有 1500 个出版经纪人："他
们中的 97% 都在纽约，这里是主流出版的中心所在。"（汤普森，2016）

　　英国著名社会学家、传媒研究专家约翰·B. 汤普森（John B. Thompson）
认为代理人激增的原因主要有两点：第一，出版行业兼并重组日益频繁，编辑
流动性变大，作者和编辑的关系随着出版单位的重组就要发生变化，这时经纪
人逐渐成为作者"在出版业第一个接触到的人"，这些作者对出版业所知甚少，
经纪人代理他们打理出版业务；第二，20 世纪 70 年代及更早的时候，代理人
是作者的一个额外选择，有很多做大众出版的作者直接与编辑合作，没有代理
人作为中介，而到了 90 年代末，代理人成为必需，如果一位作者想要在一家
大众出版社出书，那么就需要一个代理人（汤普森，2016）。逐渐地，许多大
型的出版社不再接收作者的自投稿，只选择有出版经纪人推荐的作品；有些没
有经纪人的作者其作品被出版社编辑看中，编辑也会建议或推荐一位经纪人给
作者。这似乎不太容易理解，出版社为什么非要作者找经纪人？经纪人的介入
只会提高预付款等条件。编辑这样做，大概是因为与作者直接谈出版细节可能
存在一定的困难，作者只是善于创作，对出版业内的很多事情并不了解，编辑
要想使作者明白，需要花费很多时间和口舌，即使这样，到头来作者也很可能
觉得吃了出版社的亏。与其这样，还不如与经纪人打交道，专业性更强，沟通
解释工作由经纪人来做也提高了效率。这种情况下，形成了对出版经纪人的巨
大需求。

　　与这种需求相适应，许多原来在出版社供职的编辑转而当起了出版经纪

人，他们有出版经验，了解出版流程，有作者队伍，也有出版商资源，干起来很容易入道。20世纪70年代，有些律师也加入了出版经纪人的队伍。"合约谈判是出版经纪人的一项重要工作，但现代著作权日益复杂，附属权利也渐趋多元，使得出版合约谈判难度增加，经纪人必须具备法律知识方能胜任。有鉴于此，部分出版经纪公司便开始聘用有法律背景的人才。"（夏红军，2006）知法懂法、了解合同等法律文件、能够拿起法律的武器维护作者的权益是律师作为出版经纪人的优势。前文提到的莫顿·詹克罗就曾是优秀的律师。

基于上述情况，出版业对出版经纪人的依赖程度越来越高，出版经纪人对出版业的影响也越来越大。在过去，挖掘优秀作者一般都是编辑的工作，而现在这个任务更多是由出版经纪人来承担了。"很多时候，是代理人，而不是编辑或出版商，发现有前途的新人或新作者，代理人与他们一起将一个构想或初稿转变成编辑或出版商认为有意思的项目或有可能会成功的图书。"（汤普森，2016）出版社的编辑书目也更多地来源于出版经纪人的推荐。这种编辑工作的外移，一方面减轻了编辑组稿工作的负担，有利于编辑做好案头、营销等工作；另一方面也使得编辑的职能发生转移和弱化。出版经纪人在很大程度上把控了出版商的稿件来源，又掌握了作者资源，这使得他们在业内的地位大大提升。事实上，编辑和出版经纪人各司其职、"各事其主"，是行业细分的正常趋势。出版经纪人对文稿做市场价值、文学价值的初步判断，在一定程度上减少出版的风险；编辑负责出版发行事宜，两者合作有利于出版业的良性发展。

这种经纪行为迅速在欧美世界普及，首先在英语国家中通行，发展程度较高，在德国、法国出现较晚。

美国人罗伯特·巴奈特是目前世界上最负盛名的出版经纪人之一，但有趣的是他并不乐意让别人称自己为"经纪人"。在踏入出版界之前，巴奈特是一名律师，直到现在他也仍然从事这份职业，而且是华盛顿极其有名的律师，在"华盛顿最好的律师"名单上排名第一。因为律师的身份，巴奈特与美国政商界名人保持着紧密的联系。1984年，美国的女性政治领袖杰拉尔丁·安妮·费拉罗（Geraldine Anne Ferraro）搭档沃尔特·弗雷德里克·弗里茨·蒙代尔（Walter Frederick Fritz Mondale）参选总统，但是不幸失败。费拉罗决定写一本回忆录来讲述她竞选背后的故事，但她不知道该怎么出版，所以她请巴奈特做她的代理律师，帮助她与出版商联系。由此，巴奈特开始接触出版经纪人。

1985 年，巴奈特开始成为出版经纪人，为当时的里根政府管理和预算办公室主任大卫·斯托克曼（David Stockman）的回忆录《政治的胜利》（*The Triumph of Politics*）组织了一场拍卖会，最终将版权以 200 万美元的价格卖给了哈珀出版社（Harper Publishers），这是当时哈珀出版社在其 168 年的历史上（截至 1985 年）所支付预付款最高的一本书。

之后，受到人脉圈子的帮助，作为出版经纪人的巴奈特旗下客户越来越多，且大多是名流。他旗下的客户包括贝拉克·奥巴马、米歇尔·奥巴马（Michelle Obama）、比尔·克林顿、希拉里·克林顿、乔治·W. 布什、劳拉·W. 布什（Laura W. Bush）、鲍勃·伍德沃德、莎拉·希思·佩林（Sarah Heath Palin）、理查德·布鲁斯·切尼（Richard Bruce Cheney）、芭芭拉·史翠珊（Barbra Streisand）和几个美国前国务卿以及许多参议员，还有约旦王后努尔（Queen Noor，原名 Lisa Najeeb Halaby）、英国查尔斯亲王（Prince Charles of UK）、英国前首相布莱尔，除此之外，他的旗下还汇集了很多知名记者、小说家、商界领袖、体育明星等。

巴奈特被称为"当今世界出版业内最大口的狮子"，以要价奇高且总能得手而著称。在他的运作下，不算版税，比尔·克林顿以《我的生活：克林顿回忆录》从克诺普夫书局（Alfred A. Knopf）拿到了 1000 万美元的预付稿酬，西蒙和舒斯特出版公司为《亲历历史：希拉里回忆录》（*Living History by Hillary Rodham Clinton*）向希拉里·克林顿预付了 800 万美元，布莱尔的回忆录也被他以 800 万美元的价格售出，而 2006 年企鹅与美联储前主席格林斯潘签下价值 850 万美元的自传合约，背后的推手也是巴奈特，合约的签订被业界指为"无理性地一掷千金"。巴奈特帮助作者拿到的预付款大多都是出版业界少见的高价，一位经验丰富的书商说："与一般的版权经纪人相比，巴奈特总是能让出版商付更多的预付款，花更多的钱。我不知道为什么会这样，但我们付给巴奈特的钱几乎是其他同等价值的书的两倍。"

目前美国最受欢迎的前三位出版经纪人分别是安德里娅·桑伯格（Andrea Somberg）、戴安娜·福克斯（Diana Fox）、克里斯塔·戈林（Krista Goering）。其中，安德里娅·桑伯格代理的作者高达 67 人。

英国著名作家玛丽·卫斯理（Mary Wesley）的儿子托比·伊迪是欧洲顶级的出版经纪人之一，尤其擅长国际代理，以代理现代中国作品而著称。他还是欧洲出版经纪人网络中的骨干人员，只要是他认可的书稿，其他国家的经纪人都愿意跟进。我国的超级畅销书《于丹〈论语〉心得》的版权就是由他出售到西方的，这本书被译成 14 种语言出版，创造了一次卖到 10 万英镑的奇迹。他的公司托比·伊迪文学代理联合有限公司（Toby Eady Associates）不仅让旅英中国作家的图书进入世界主流英语图书市场，还会进一步将这些作品推向世界（王坤宁，2010）。

伊迪把客户看得很重要，有自己独特的关系维系方式。为了保证与客户的关系，他麾下只有包括伯纳德·康沃尔（Bernard Cornwall）、约翰·凯利（John Carey）以及欣然（出版《中国的好女人们》一书）、梁伟、吴帆等 6 位华人作家在内的大约 30 位作家。他曾表示，他和客户的关系是非常私人的，他为客户的希望、梦想和恐惧承担责任。伊迪每年只做 4 本书，对书稿质量严格把关，仔细打磨，绝不为了快而牺牲质量。有一本书，他竟然打磨了 7 年才出版。伊迪 1968 年开始做出版经纪人，2017 年去世，一生都在从事出版经纪工作，凡是他策划、代理的作品一般都能卖到几十万册。他是全球最具创意的出版经纪人之一，在国际范围内有重要影响力，曾被我国国务院新闻办公室聘为文化顾问。

美国著名的经纪公司威廉·莫里斯经纪公司不仅从事演艺经纪业务，也从事出版经纪业务。2005 年耶鲁大学法学院教授杰德·鲁本菲尔德（Jed Rubenfeld）写了一本小说《谋杀的解析》（*The Interpretation of Murder*）。作者是以 1909 年 8 月 29 日西格蒙德·弗洛伊德（Sigmund Freud）曾经协同卡尔·荣格（Carl Jung）到达纽约市曼哈顿一事为背景加以创作，让弗洛伊德卷入一场杀人案。最先读到文本的亨利·霍尔特公司（Henry Holt & Company, Inc.）社长约翰·史特灵（John Sterling）非常看好这本书。但是，时代华纳出版社（Time Warner）出价 120 万美元想购买包括海外版权的出版权。威廉·莫里斯经纪公司代理了鲁本菲尔德的版权，它们认为这本书的价格不止这些。史特灵提出 80 万美元购买美国国内版权的报价，威廉·莫里斯经纪公司接受了。威廉·莫里斯经纪公司共卖出了 31 种海外版权，总计 100 万美元，加上史特灵的 80 万美元，共收获 180 万美元。这还不包括电影改编权的版权费。亨利·霍尔特公司为此书投入 50 万美元的宣传费用，包括花费 1.7 万美元印制 1 万本试阅本，还花费 1 万美元建立专属网络，还安排作家午餐、与媒体见面等。史特灵首印 18.5 万册（苏拾平，2008）。

德国出现出版经纪人的时间较晚，但德国出版组织十分重视这个行业的发展。德国法兰克福书展（Frankfurt Book Fair）近年启动了一个后备力量资助项目（Fellowship），邀请各个国家在出版业做了三至五年的编辑或版权经理人，让他们在书展前的一个星期甚至提前十天相聚在一起，带他们参观德国优秀的出版社，带他们在德国旅游，让他们了解德国出版业，然后还给他们提供相互讨论的机会，最后还邀请他们重点参加法兰克福书展的各项有意义的活动（吴伟和潘世勋，2012）。

法国出版界长期以来对出版经纪人有些排斥，法国出版商大多是直接和作者打交道，不需要经纪人。很多法国的出版商认为，发现人才更重要，通过中间人就少了这份快乐。但近些年，法国也开始逐步发展出版经纪行业，但尚属新兴行业。皮埃尔·阿斯蒂尔（Pierre Astier）曾是法国一位当代艺术策展人、杂志创办者，2004 年成为一位出版经纪人，并创立了阿斯蒂尔-佩彻文学与电影经纪公司（Astier-Pecher Literary & Film Agency），代理社会科学、人文、旅行、心理学、侦探、历史、惊悚等类作品的版权，他本人代理了来自马来西亚、爱沙尼亚、土耳其、保加利亚、马其顿等国家的作者。

欧美国家的出版经纪人大都按照英美出版经纪人的收费标准，从作者稿酬中提取一定比例作为佣金。这种经纪行为已经逐渐发展成为一种较为成熟的经纪模式，出版经纪人、经纪公司也成为出版社与作者之间不可缺少的桥梁。据统计，在欧美国家，超过 90% 的图书都是通过出版经纪人包装推出的。

（三）数字出版阶段

时间是 2007 年至今。在 2007 年之前，数字出版在世界范围内发展很快，但是很多出版商不愿承认数字版权的现实，甚至认为数字版权不是一种独立权利，他们认为传统合同中含有了所有的版权。出版经纪人对数字版权是不是一项独立权利也是意见不一。英国企鹅一直是伊恩·弗莱明（Ian Fleming）007系列小说（14 套书）的出版商，这套书的版权价值为每年 300 万英镑，企鹅一直认为自己签订的出版合同包含数字版权。当时 007 系列小说的版权归一个文化音像管理公司代理，2007 年这家公司明确企鹅不拥有这套书的数字版权，他们已经把 007 系列小说的数字版权授权给以作者名字命名的伊恩·弗莱明出版公司（Ian Fleming Publications），2007 年 11 月通过英国亚马逊公司（Amazon.co.uk）和水石书店网站（Waterstone.com）发行，企鹅错失良机。整个事件的发生过程，包括 J. K. 罗琳（J. K. Rowling）、萨尔曼·拉什迪等著名畅销书作者及其代理人都十分关注。这件事情，使得数字版权作为一种独立权利得到确认，这些作者的经纪人就可以单独销售图书的数字版权，而没必要经过原出版商的同意。《哈利·波特》（Harry Potter）系列小说的出版商布鲁姆斯伯瑞（Bloomsbury）在取得授权时也没有强调包含数字版权，罗琳和她的经纪公司克里斯多夫·里特文学经纪公司（Christopher Little Literary Agency）即单独考虑数字版权的授权。这件事情在世界范围内产生重大影响，成为国际版权界的一件大事，也成为数字版权领域的标志性事件。图书的数字版权得到了世界出版商的普遍认可，很多出版商、出版经纪人开始在合同中明确是否授予数字版权，出版经纪人开始认真对待数字版权。007 系列小说数字版权事件使得出版业和出版经纪人开始接受数字版权的现实。数字出版阶段版权形式更加多样化，数字出版平台形式多样，内容多样，版权形式日新月异，数字音频版权、数字视频版权、数字动画版权、数字游戏版权等种类繁多，图书内容的多元价值开发成为潮流。数字版权交易在出版经纪人的业务中的比例逐渐上升。这对出版经纪人既是一种业务拓展，可有效增加作者的版权收入；同时也是挑战，他们要面临更加复杂的版权业务。对出版经纪人来讲，他们实际上进入了一个数字出版的新时代。

　　三个阶段的划分仅仅是从一般意义上来讲的，实际上出版经纪人在各国发展是极不均衡的，英国、美国发展较快、比较成熟，法国、德国发展相对迟缓。至今，德国出版经纪人仍然不怎么活跃，大多数出版商仍然直接和作者联系。

　　在亚洲，韩国的出版经纪人较为活跃。韩国 1987 年 10 月 1 日加入世界版权公约（Universal Copyright Convention，UCC），1988 年 1 月 1 日开始放开版权代理公司的注册。在此之前，韩国基本没有出版经纪人的存在。比较著名的有斯诺恩公司（1988 年成立）、DRT 公司（1990 年成立）、英普里马·韩国公司、埃里克·杨公司、图书邮寄公司、胡萝卜经纪公司（Carrot Korea Agency）等。韩国胡萝卜经纪公司的白银英为打开我国台湾地区的版权市场，三年在台湾投入 6 万美元，最后终于占领了台湾市场。

　　日本的出版经纪人比较活跃，中国在日本开设的汉和、向远以及韩国的爱力阳版权代理公司都是日本主要的海外版权代理公司。一位日本版权经纪人连续参加法兰克福图书博览会 15 次，第 16 次才做成版权生意。

日本本土的日本著作权输出中心（JFC）1984 年创立，至 2013 年左右已经向海外输出 13 000 多种版权，遍及 40 多个国家。酒井著作权事务所也是一家著名的版权代理机构（田雁，2014）。

阿拉伯国家普遍缺乏出版经纪人，在中东地区最大的书展阿布扎比国际书展上，出版商甚至见不到出版经纪人的踪影。

在非洲，大多数国家没有出版经纪人。拉美国家的出版经纪人也很少。

## 二、出版经纪行业在中国的发展

出版经纪人属于经纪人的一种。经纪人这一行业在中国历史悠久，在农村集市交易中早就存在了，经纪人就是那些"在袖筒里捏手指头的人"。

在中国，古代经纪人性质的称谓最早出现在春秋战国时期，称为"质人"，属于政府设置的官职，可查的文献为《周礼》。质人又称牙侩、牙郎、牙子、市牙、市牙子、牙保等。

"驵侩"一词出现在先秦两汉之际，指居间说合促成牛马交易的人。《吕氏春秋·观表篇》记载："赵之王良，秦之伯乐、九方堙，尤尽其妙矣！"相马名手伯乐，实际上就是一个促成马匹交易的经纪人。"驵"字代表了牙人交易的主要对象为马、驴、牛等。《汉书》颜师古注："侩者，合会两家交易者也；驵者，其首率也。"

唐代称经纪人为"牙人"、"市牙"或"牙子"。牙人在规范市场和与少数民族"互市"中发挥了重要作用。他们是官方认定的经纪人，拥有官府发给的许可证。唐代国际贸易发达，在边关设置番市，需要大量的牙人居间说合、促成交易。安禄山从 15 岁就开始做牙人，通六种民族语言，一直做了十多年，后来和同是牙人的史思明一同参军。安禄山因为做牙人的缘故，特别善于揣度人心，再加上体力好，勇于作战，获得军功升为节度使，后来深得杨贵妃的喜欢。

到宋代，繁荣的商业活动推进了社会生产，对经纪人的需求量很大，牙人代为管理市场的职能被继续沿用下来，宋代政府明确了牙人有监督商人交易和代政府收税的职责。

张择端《清明上河图》中的虹桥和孙羊正店边的十字街口都有几位牙人，他们的服装特征就是袖子特别长，他们的服装可能是专门的职业装。袖子长是职业的实际需要，他们通过在袖子里摸手指头来决定商品价钱的多少，并不让外人知道。这种做法在 20 世纪 80 年代的农村集市中还在延续。宋代牙人也称市侩、驵侩，需要在官府登记注册，由政府颁发"身牌"，并交付一定的押金才可居间活动。这种押金实际上就是后来欧美出版经纪人协会要求的出版经纪人缴纳的职业保险金。宋代牙人分工很细，买卖房屋、租赁房屋的是"庄宅牙人"，代理税务的牙人称为"揽户"。根据北宋的赊买赊卖法规定，凡是非现金支付的大宗交易，必须有牙人作为担保人，并签订三方合同。宋代为规范牙人活动，专门颁布《牙保法》。牙人还是交易证人、合同担保人、受委托的代理人等（韩立新等，2018）。

明清两代有了"官牙"和"私牙"之分。"官牙"隶属于封建官府。买办经纪人为私人则称为"私牙"（韩立新等，2018）。明清两代通过京杭大运河从南方向京城运输粮食，粮食到通州后都需经过粮食牙人进行评级后才能入仓。

在我国，虽然一般的经纪人历史悠久，但是出版经纪人行业的萌芽则是很晚的事情。中国的出版经纪人在 20 世纪 80 年代才开始出现，而且发展缓慢，远落后于西方。在很长一段时间内，国外的出版经纪人制度已经步上了专业化、规范化的轨道，国内的出版经纪人制度却尚未建立起来，出版经纪人对我国出版界来说还是一个新名词。因为国内出版业发展程度不高、作者收入较低、市场需求较小等，出版经纪人制度的建立面临许多质疑和阻碍，还需要一定的时间来发展、成长。

但是不可否认的是，国内已经出现了出版经纪人的雏形，出版经纪人制度也已经萌芽。虽然没有欧美国家那样成熟的出版经纪机构，但是国内已经成立了一些版权代理机构，从事版权代理业务。1988 年我国第一家版权代理公司——中华版权代理有限公司成立，这是一家非营利机构。20 世纪 90 年代中国作家协会成立了文化经纪人服务中心，但由于市场不成熟，中心不久就夭折了。之后，广西万达版权代理公司、上海市版权代理公司、北京版权代理有限责任公司陆续成立。截至 2002 年底①，国家版权局共批准成立了 28 家版权代理公司，除了 3 家影视代理、2 家音像代理外，其余主要代理图书版权。每年成功代理的版权以中华版权代理有限公司居多，平均一年版权代理合同有 200 多项，每项合同可能包括许多种图书。北京版权代理有限责任公司次之，每年成功代理的有 400 种图书。广西万达版权代理公司一年有二三百项合同，保守估计有 300 多种图书。上海市版权代理公司每年成交的有二三百种图书。20 世纪八九十年代，我国台湾地区的版权代理活动也十分活跃，博达版权代理有限公司、光磊国际等版权代理机构成立，代理了许多优秀的图书版权。总体来看，版权代理机构代理海外版权居多。2015 年《中华人民共和国职业分类大典》首次将版权专业人员列入，表明国家已经开始将版权代理列入正式职业。

国内许多出版社、出版公司也开展了版权代理业务，例如北京精典博维文化传媒有限公司、上海最世文化发展有限公司、二十一世纪出版社等。出版社和编辑开始做出版经纪人的工作，接受作者的委托以帮助作者推销版权、开发附属权利，甚至参与作者的创作，为作者做事业规划、形象定位等，出现了"一半经纪人，一半出版商"的模式，并且十分常见。出版社编辑所"扮演"的经纪人并不收取作者的佣金，自然也不像出版经纪人一样极力地为作者争取权益，他们本质上追求的还是为出版社创造利润。他们帮助作者将版权推销至海外，或者开发版权的附属权利，为的是开发作品的价值，最大限度地帮助出版社获利。而这与出版经纪人的经营目的是不一致的。

这些国内的版权代理机构和代理人代理作者版权还处于初级阶段，大多代理一种或几种版权，对作者版权进行全方位代理的还很少，对作者创作生涯的影响还很有限。虽然我国的"版权代理"和欧美国家的"出版经纪"在业务的开展方式和性质上并非严格意义上的一致，但同样以版权代理为方式、版权交易为出口，有助于版权交易顺利、高效地开展，推动了优秀图书版权的传播，推动了图书业、出版业的发展。国内版权代理机构和代理人的业务开展方式可以被认为是出版经纪人开展业务的一种形式，国内目前的行业现状也可以看作是"版权代理"向"出版经纪"的过渡，显示出了国内出版经纪行业的萌芽趋

---

① 由于之后国家未进行过官方统计，该数据为所查寻到的最新国家统计数据。

势，或许也是国内出版经纪行业探索、发展并逐步走向成熟的一个进程。

当然，国内也有一些先行者创办了出版经纪公司或做了职业出版经纪人，尝试开辟国内出版经纪行业的新天地。杨文轩专门成立了旨在推新人、打造经纪平台的墨客网，路金波也建立了自己的"富豪作家俱乐部"。傅兴文则成了一名职业出版经纪人，签约了汪兆骞、叶辛、张抗抗、袁伟时等名家。然而目前来看，国内按照欧美出版经纪行业规范开展业务的经纪人仍然少之又少，还并未形成一定的规模。

但是，国内出版经纪人制度产生的趋势仍然存在并且强化着。2013 年莫言宣布委托其女儿为自己的经纪人，王朔、蔡骏也曾大呼想要一个经纪人，不少知名作家为出版事务所累，开始产生对出版经纪人的需求；许多业内专家、学者也在呼吁加紧建立出版经纪人制度，推动中国图书版权走向世界。随着中国经济社会的发展，出版业和出版市场的繁荣，我国对出版经纪人的需求可能会越来越高涨，职业出版经纪人很可能也将成为国内出版业不可或缺的组成部分。

## 第四节  信息时代对出版经纪人的影响

信息时代的到来，给社会各方面都带来了巨大的变革，出版经纪行业也没有例外，出版经纪人的业务内容、开展方式等多方面都受到了影响。

### 一、积极影响

#### （一）改变联络方式，拓展业务范围

之前，为了方便联络，出版经纪人代理的客户大多与经纪人所处的地理位置相近，出版经纪人推荐稿件也会先考虑附近的出版社，因为这样洽谈出版事宜更为便捷，所以出版经纪人的人脉也主要分布在周边区域。那个时候，尽管通过电话可以实现快速的交流，但这种不能见面的交流有时不够深入；而信件和登门拜访的联系方式更能有效解决问题，却需要花费大量的时间，延缓业务的进展。作者提交书稿、经纪人向出版商提交申请信和样章等，则需要通过邮寄，不仅耽误时间，还可能会寄丢。信息时代带来的便利改变了这一状况，也改变了出版经纪人常用的联络方式。现在出版经纪人与作者或出版商之间常常

通过 E-mail、视频电话等方式进行交流，传递书稿、洽谈事务都变得简单、快捷，而且不受地域距离的限制，因此出版经纪人甚至可以把业务拓展到海外。

之前，出版经纪行业的业内会议召开次数有限，因为把来自各地的出版经纪人聚集起来并不容易，而且时间需要提前敲定，以便通知到各位成员并为其留出准备时间。这样的会议时效性不强，因此遇到突发性事件和临时性政策时，协会的反应速度往往较慢，解决这类问题的功能不强。但是进入信息时代，举行视频会议、电话会议是常见的事，遇到突发事件可以随时召开紧急会议商量对策或下达指令。也不必费力协调统一的时间召集成员们参加会议，可以通过直播或将会议录像上传至协会公共邮箱、云盘等网络空间与成员们共享，非常便捷。

## （二）改变了出版经纪人获取信息的方式

在网络普遍应用之前，出版经纪人主要依靠电视、报纸、广播等媒体新闻，业内图书、期刊，以及业内人士间的人际传播获取行业信息。但出版业的动态是丰富的，也是瞬息万变的，以这些方式获取的信息却不够全面，也不够及时，很可能使出版经纪人做出片面的甚至错误的判断。但在信息时代，出版经纪人可以通过互联网获得海量的、即时的信息，能够详细、准确、动态地了解出版业的情况，有利于出版经纪人全面地、多角度地了解业内动态，也有利于其对出版潮流做出更准确的判断，从而更好地开展业务。例如大数据分析等新兴技术不仅能够为出版经纪人提供全面的信息，还能够为他们做出科学的分析给予强大而有效的助力。

利用互联网除了有利于获取业内动态信息，出版经纪人还可以在自媒体平台等网络平台上发掘优秀的作者，吸纳新的客户；也可以在社交平台与作者、出版商、编辑、同行等业内人士沟通交流，有利于出版经纪人随时随地获得最新的业内动态，及时调整业务计划，同时，也有利于提高与这些业内人士的熟悉度，培养彼此之间的信任和感情，建立更广阔的人脉网；网络平台更是成为经纪人打广告、做推广的优质平台，广告信息传播快、覆盖广，效果亮眼。

除此之外，信息时代这种海量的、即时的、多样化的、不受空间和时间限制的、交互性强的阅读方式，有可能让各种各样的信息之间产生"化学反应"，带给出版经纪人新的思考，给予他们新思路、新创意、新灵感。这样，出版经纪人可能在作者进行选题构思的时候提供更有新意的建议，能够更好地把控作者的写作方向，和作者共同打造出让读者眼前一亮的作品。如此，也有利于出版业的繁荣和发展，有利于文化的多样性发展。

### （三）增加了业务量

在出版经纪人利用网络获取海量信息、享受方便快捷的同时，互联网也在客观上增加了他们的业务量。

在之前，每一封申请信都需要作者手写或印刷出来，再邮寄给出版经纪人，费时费力还需要不少费用。因为这些原因，那个时候作者投递申请信是相对慎重的，一般只投递给少数几个主要的目标经纪人。但进入信息时代，作者可以以 E-mail 的形式把申请信发给出版经纪人，成本低、速度快，而且可复制性强，可批量处理。仅仅需要几秒钟，作者就可以把申请信发到很多经纪人的邮箱里，所以有许多作者会同时申请多位经纪人。因此，出版经纪人每天会收到较之前成倍的作者申请信，在其中挑选适合代理的作品是一项相当繁重的工作。这种情况下，许多出版经纪人会在行业名录、网站、社交平台的个人条目中注明接收申请的要求，一般情况下，出版经纪人都拒绝作者直接将完整稿件发来，而是要求作者提交一份申请信，有的也会要求提交作品的大纲等。总之，为了减少工作量，起初出版经纪人不会阅读全稿等烦琐的文件，而是阅读申请信、大纲、目录等简洁又能反映作品主题和价值的文件，对作品有了兴趣或者代理意向，才会要求作者提交样章或全稿。

同时，作品的版权开发、宣传推广、稿酬约定等方面也会有更多的事务需要出版经纪人去处理；出版经纪人自我推介、招揽客户也出现了更多的方式和途径。出版经纪人要想在激烈的竞争中不被淘汰，需要考虑越来越多的事项，也需要做更多的工作。

但是，尽管工作量在增加，在网络的帮助下，出版经纪人的工作效率也在提高。同样的道理，由于传输、沟通、检索等渠道的畅通，出版经纪人得以在同样的时间内做更多的事。他们可能会代理更多的作者，处理更多的业务，或许也能够赚到更多的佣金。

### （四）改变了版权开发的广度和深度

互联网现在已经成了人们日常生活中必不可少的元素，人们在阅读时也不再仅仅满足于纸质书这一单一形式，同时也会阅读电子书，而且有越来越多的人体会到了新阅读方式的便利性。需求的上升使大量的文学网站涌现，电子书也成了出版业的一大热点，数字版权随之成了出版经纪人版权开发的新方向。

数字版权内涵也很丰富，包括电子书版权、网络第一连载权、网络第二连载权、电子游戏改编权、网剧改编权、网络形象使用权等，电子书版权、电子游戏改编权等可能还会分成手机版、pad 版，或者安卓版、iOS 版等。数字版权扩展了图书版权的广度和深度，也对出版经纪人开发版权的业务提出了新的要求。

同时，信息时代里，图书版权与影视作品、网络游戏、自媒体社交、周边产品等也有了更密切的联系，产业价值链向更深、更广延伸。将图书改编拍成电影、电视剧，或根据图书内容和人物形象开发网络游戏，成了现在业界的一种习惯性延伸。这样的融合性操作进一步延展了图书版权，也为版权赋予了新的、更多的价值。因此，出版经纪人也要注重开发这些版权的附属权利，它们有可能为作者和出版经纪人带来比卖书更多的财富和权益。反之，如果出版经纪人忽视了这部分的版权开发，无论是对自己还是对作者和作品，都有可能造成不小的损失。从市场表现来看，各种版权呈现形式的走红都有可能带动其他产品的热销，由图书改编而成的电影、电视剧或网络游戏走红，带动了图书的再销售，或者是让默默无闻的图书一下子变成了畅销书，这在业界已不是个例。当然，一部畅销书改编成的影视剧或游戏，也会比其他的独立的影视剧或游戏拥有更多的"粉丝"基础，自然也会受到来自读者、观众以及业界更多的关注，发展起点更高，也更有利于创造经济价值。所以，出版经纪人的目光不能再局限于仅仅出售图书出版权，而是要注重版权开发的广度和深度，这些附属权利之间拥有相互促进、"联合吸金"的神奇能力。如果出版经纪人忽视了版权附属权利的开发，可要亏大了！

（五）推广宣传方式多元化

随着互联网的普及和利用率的提高，出版经纪人推广图书版权的方式不再仅仅局限于报纸、杂志、广播、电视等传统媒体，而更注重借助网络的力量，通过新媒体进行宣传推广。国外的出版经纪人会在推特、脸书等社交平台上发布自己代理的书稿和已出版图书的信息，为图书做宣传，吸引出版商了解未出售的版权，也吸引读者关注新书。经纪人还会为作者建立作者平台，帮助作者吸引粉丝。国内的微信公众号、微博自媒体上也常见图书的广告，这都是图书推广宣传方式多样化的表现。这种网站、自媒体宣传，花费很少、传播速度快、覆盖面广，但是也需要特殊的宣传技巧，否则推送的信息会被淹没在互联网的汪洋大海之中，这也是对出版经纪人的一个挑战。

### （六）提高效率

高效是信息时代的关键词之一，也是互联网给出版经纪人的工作带来的突出变化之一。互联网的普遍应用，使得出版经纪人在搜集信息、查阅数据时可以在更短的时间内获得更多的内容，节省了时间，提高了效率。出版经纪人还能够在旅途中、休息时随时随地办公，甚至在同一时间段处理多项事务。有了网络的帮助，接收邮件、联系出版商、投递稿件等都非常便捷，信息反馈的间隔缩短，即时性大大增强，出版经纪人得以把更多的时间有效地利用起来。互联网带来的便利大大提高了出版经纪人的工作效率，为其在有限的时间里开展更多业务提供了可能。

### （七）推动建立出版经纪人网络

信息时代的到来，使得信息的通达程度大大提高。信息传播渠道的通畅、传播路径的丰富，使得海量的信息能够在短时间内在全球范围内传播、分享，打破了时间和空间对信息传输和交流的限制，人类社会迎来了信息全球化。信息全球化削弱了各个国家出版行业之间的隔阂，促进了文化的交融和认同感，推动了各国文化的输入、输出。各国之间的文化有了更多的互动与交流，图书贸易有了更多的往来，自然地，各国的出版经纪人之间也展开了更多的交流、合作。加之网络通信的便捷，各国出版经纪人之间可以轻松实现即时的通信交流、信息分享，随时可以互相了解代理的版权或者洽谈合作事项。由于出版经纪人之间的合作，各国之间的版权交易更为活跃，进一步推动了文化的全球传播，形成了良性的循环。

同时，在这样的趋势下，出版经纪人网络逐渐建立，出版经纪人行业形成了自己的圈子，搭建了行业内的全球人脉网。他们会举办全球性的业内会议，共同探讨并解决行业内出现的问题，着力推动行业的健康发展，同时共同致力于深化在版权海外推广上的合作。

## 二、消极影响

数字时代在给出版经纪人带来积极影响的同时，也带来了一些消极的影响。出版经纪行业属于中介行业，互联网的一个特点就是去中介化，很多网站是垂直型的，比如网络文学网站起点中文网、红袖添香等，都是作者直接面对读者。另外，自出版业务（Self-publishing）发展很快，现在已经有很多自出版平台，国内的网络文学网站都是自出版平台，国外的比如 Smashwords、亚马逊（Amazon.com）旗下的 Create Space、企鹅旗下的 Author Solutions、苹果公司的电子书自助出版工具 iBooks Author 等都为作者提供专门的自出版服务，这些平台出版速度快，作者自主性强，作者可以直面读者，可以随时看到读者的评论并和他们互动。很多年轻作者在自出版平台上出版自己的作品，并且通过亚马逊、巴诺（Barnes & Noble）网络书店销售电子书，他们不再为寻找出版经纪人而烦心。自出版平台分成比例远远高于传统出版，传统出版版税一般为 10%～15%，而自出版平台的分成比例一般都在 35%以上，有些甚至是把超过一半的收入给作者。这些自出版平台销售数据透明，作者可以随时查看，让作者放心。很多作者不再需要出版经纪人，这是对出版经纪人的最大挑战。

当然，有些作者通过自出版获得成功以后，其衍生版权的开发还是需要经纪人的帮助的，他们自己往往难以胜任这些任务，在这一点上他们和传统作者没有什么不一样。所以出版经纪行业从业者也不必太悲观。

英国作者经纪人协会已经针对自出版等新媒体的版权代理情况制定了新的规则，即《新经纪业务指导》（*New Brokerage Business Guidance*），可见在自出版领域中还是需要经纪人的。

有些出版经纪人面对冲击，也开始直接从事数字出版业务，比如著名出版经纪人安德鲁·怀利于 2018 年 10 月启动数字图书品牌"奥德赛精选"（Odyssey Editions），抛开出版商直接为作者制作电子书，独家授予亚马逊 Kindle，每本电子书售价为 9.99 美元，为期两年，给作者的分成高达 60%～63%，是现在出版公司给作者分成的三倍以上。兰登书屋、麦克米伦出版有限公司（Macmillan Publishers Limited）纷纷谴责怀利的公司直接参与数字出版。

# 第二章 出版经纪人存在的必要性分析

## 第一节 欧美国家出版经纪人存在的必要性

对于欧美国家来讲，出版经纪人行业并不是偶然出现的，而是在出版市场繁荣发展的基础上，为满足市场需求，随着行业细分而萌发的，是社会分工细化的一个必然结果。欧美的出版业为出版经纪人提供了市场空间和需求，出版经纪人在这里有其存在的必要性。

### 一、作者需要出版经纪人

#### （一）出版经纪人的推荐是作品博取编辑青睐的重要保障

怀揣作家梦想的人很多，部分畅销书作者的成功故事更是给这些人以幻想，他们期望着自己有一天也能成为一位畅销书作者，名利双收。但事实上，只有非常小的一部分作者能够成为畅销书作者，甚至不是每一位作者都能成为"作家"，成功出版作品并非想象中那么简单、那么一帆风顺。许多作者满怀激情地把稿件投给出版社，却久久得不到回音。这是因为，一些大型出版公司一周之内就能接收到上百部自投稿，如果一一审阅，将对出版社的人力、物力造成很大的压力，带来不小的消耗。再加上对新人或者名不见经传作者的偏见，出版社编辑很少翻看自投稿。因此，许多自投稿压根没有上过编辑的办公桌，根本不曾被审阅。在西方出版社，编辑们对自投稿是非常不重视的，自投稿甚至被编辑们称为"烂泥堆"，出版的可能性微乎其微。渐渐地，一些大中型出版公司甚至有些名气的小型出版公司都明确声明拒绝自投稿，并且有越来越多的出版公司开始效仿这样的政策（Mariotti & Fife，1995）。

在这样的背景下，许多优秀的自投稿被埋没。美国著名畅销书作家汤姆·克兰西（Tom Clancy）曾经将其处女作《追踪红十月号》（*The Hunt for Red October*）投给好几家出版公司，但都被拒绝了。后来美国海军学院出版社（Naval Institute Press）看中了这本书，于 1984 年 10 月出版精装本，定金 5000 美金，初印 1.5 万册。5 个月内共售出 4.5 万册，这对精装本处女作来说，已经相当不错了。此时，时来运转，出现奇迹。华盛顿院外活动分子南茜·雷诺兹（Nancy Reynolds）向里根总统游说、推荐这本书，并送了 2 册作为礼物。里根读后，大为赞赏，并建议各级官员特别是军官认真阅读。里根的评论通过《时代周刊》（*Time*）等媒体转向公众，这本新书随即上榜，又售出精装本 32 万册。伯克莱出版有限公司（Berkeley Publishing Ltd.）先行购买了该书的平装本出版权，仅花费 4.95 万美元，却收获了 230 万册的销量。此后，普特南出版集团（Putnam Publishing Group）以三部小说预付 300 万美元的高价，将克兰西召入帐下，使其成为美国排名前几位的畅销书作家（毕吕贵，2002）。直到现在，汤姆·克兰西还是美国炙手可热的畅销书作家。从现有的文献来看，没有证据显示他有出版经纪人，有人推测可能没有出版经纪人是他前几次投稿失败的主要原因。但是如果当时那部《追踪红十月号》因为他没有出版经纪人而未能出版，对他本人和出版业来讲都是不小的损失。

汤姆·克兰西类似的事件并不少见，但如果作者有一个出版经纪人，情形就可能大不一样。有经纪人的作者在作品完成后，会首先把稿件送到出版经纪人的手中，由经纪人先行审阅，并提出修改意见。因为作者知道，出版经纪人了解出版市场的行情、变化、走势，了解出版商的需要，也摸准了编辑们的口味，他们知道怎样调整、修改作品能让作品更容易被出版商接受，从而卖一个更好的价钱。出版经纪人为了提升作者作品的出版价值，使其得到出版商的认可，并最终成功出售，会不遗余力地为作者出谋划策，尽量使作品完美无缺。有时，对一些不尽如人意的作品，出版经纪人甚至会建议作者大规模删改，更有甚者会建议推翻原稿，转换思路及叙述方式等，重新写作。经过出版经纪人之手的稿件都会或多或少地更贴近出版商的出版要求，也更符合编辑的判断标准，更容易被编辑看中。而且，出版经纪人一般会根据出版商的出版偏好投稿，将合适的书稿投给适合的出版商，争取让书稿符合出版商和编辑的"胃口"，这样成功率会大大高于作者如无头苍蝇般乱投稿。投递稿件之前,出版经纪人会给目标出版社的编辑写推荐信,推荐作者的作品。当编辑对书稿内容感兴趣,就会要求审读全稿。编辑们也知道,书稿送来前,出版经纪人会对书稿的内容质量和出版价值进行评判和把关,由出版经纪人推荐的书稿具有一定的品质保证。所以,与对待自投稿的态度不同,编辑会认真地审读这些被出版经纪人推荐来的书稿,自然这些稿件成功出版的概率就会大大增加。因此,可以说出版经纪人成了作者将作品送到编辑办公桌上的第一道保障。

罗琳曾经将后来成为全球超级畅销书的《哈利·波特与魔法石》(*Harry Potter and the Sorcerer's Stone*)投给了 12 家出版社,却惨遭 12 家出版社全部退稿。罗琳无奈寻求出版经纪人的帮助,克里斯多夫·里特(Christopher Little)接受了她的委托,成了她的经纪人,帮助她将书稿推荐给了出版社。最终,布鲁姆斯伯瑞出版社(Bloomsbury Publishing)出版了这本书,成就了这部堪称出版业传奇的作品,如果当初罗琳没有寻求出版经纪人的帮助,这部旷世畅销书有可能被淹没得无声无息,这该是出版业多大的损失啊!英国作家詹姆斯·赫里欧(James Helio)也是如此,他曾把他的处女作《若它们开口能言》(*If Only They Could Talk*)投给多家出版社,但都被退稿。后来,他听从了妻子的建议,将这部书稿寄给了出版经纪人杰奎琳·科恩(Jacqueline Cohen),科恩接受了委托,并将书稿推荐给了出版社。不久后,詹姆斯·赫里欧就接到了一家出版社同意出版这本书的回信。这本书出版后连续销售量达到百万册以上,而詹姆斯·赫里欧也因此成名。他最受欢迎的 12 本书在全球的销售量已经达到了 6000 万册以上,如果当时没有这位出版经纪人的帮助,詹姆斯·赫里欧很可能就被埋没了,仍然是籍籍无名。

目前,欧美国家的出版行业内已经形成了这样的习惯性操作:新作者要想成功出版作品,就要与出版经纪人合作。有了出版经纪人的帮助,出版事宜往往事半功倍。美国著名畅销书作家罗伯特·路德拉姆(Robert Ludlum)曾表示,任何一个作家当然都有一个最原始的起点。这个起点通常取决于出版界的某个人对一个名不见经传的作者的充分信任和赏识,仅就他自己而言,则是小说经纪人,扮演着重要角色的经纪人开启了他的写作之门(约瑟夫,1999)。可见出版经纪人对于帮助作者尤其是新作者步入作家生涯产生着多么大的影响。

## （二）出版经纪人能为作者争取最大限度的权益

许多作者虽然是写作的能手，却不擅长在与出版商的合同商洽中为自己争取权益。大多作者对合同问题马马虎虎，以至于争取不到有利于自己的方案，或者对出版商无端怀疑，导致合作破裂。

在一定程度上，出版商与作者处于利益的对立面，在图书所得利润一定的情况下，厚此则薄彼。因此，许多作者对出版商都存在着不信任的情绪，总觉得被出版商"坑"了，面对合同条约也总是不能放心。这样的心态很影响双方合作的推进，出版商也会反感与这样的作者合作。当然，事实上也确实存在许多出版社压榨作者稿酬的情况，也有出版社欺负作者对出版合同不甚了解而暗占便宜。

这些问题在作者雇用了出版经纪人之后都会迎刃而解。出版经纪人从作者的稿酬或版税中抽取佣金，与作者"处于同一阵营"，会尽力为作者争取最大限度的权益。认真、仔细地审读出版合同，并就具体条款与出版商谈判、协商是出版经纪人重要的工作内容之一。出版经纪人熟悉出版合同，了解相关法律，处理起来更为专业、高效，通常也不会出现疏漏或其他失误。且他们了解市场行情，知道代理的书稿价值多少，会选择更合适的出版商、更有利的出版方案，而不会被出版商"忽悠"。

斯蒂芬妮·梅耶（Stephenie Meyer）完成《暮色》（*Twilight*）的创作后，与出版经纪人乔迪·雷默（Jodi Reamer）签订了经纪合约。经纪人将《暮色》推荐给了利特尔&布朗出版公司（Little，Brown Book Group），利特尔&布朗出版公司愿意出价 30 万美元购买版权。但是出版经纪人认为这本书的价值远不止这些，于是就拒绝了。当时，作者认为出版经纪人拖了自己的后腿，她觉得自己作为新作者，处女作有知名的出版公司愿意出版已经很不错了，而且出价还不低，不应该拒绝。但作者没想到的是，出版经纪人乔迪·雷默拒绝了30 万美元的报价后，马上通知利特尔&布朗出版公司这本书的版权值 100 万美元，利特尔&布朗出版公司没有马上答应这个要价。于是，出版经纪人为《暮色》举行了小型的版权拍卖会，当时有 8 家出版公司参与了竞标，最终利特尔&布朗出版公司以 75 万美元拿下了版权，还与作者签订了之后三本书的合约（赵杏，2010）。事实上，基于对出版市场行情的了解，结合自身版权贸易的经验，出版经纪人比作者本身更了解作品版权的价值，也更讲究与出版商交易的策略，会为作者争取到其应得的权益，并尽力为作者扩大权益。虽然出版经纪人会分走一部分作者的稿酬收入，但其为作者争取到的利益则要远高于此。著名的英国恐怖小说家詹姆斯·赫伯特（James Herbert）想必深有体会。詹姆斯·赫伯特的第一本小说《老鼠》（*The Rats*）出版后，初版的 10 万册在短短 3 周内全部售罄，后又重版了 30 多次，毫无争议是一本畅销书。但是，当时出版公司只付给了他 150 英镑的预付版税。詹姆斯意识到，这样的预付版税与这本书的版权价值并不相匹配，出版商与他签订的出版合同是不合理的。于是，当那位出版商的编辑又想利用他对出版市场行情不了解的弱点，企图再次以低价取得他的第二部作品《雾》（*The Fog*）的版权时，他拒绝了。这时，他意识到他需要找一位专业的出版经纪人，以便知道自己的书稿究竟价值多少，以及出版商究竟应该向他付多少版税。

之前，欧美国家出版商与作者之间的利益分配情况和国内情况一样，也是不对等的。出版商占得图书出售所得利益的大部分，而作者只能分到一小部分，可能出版社获利几百万，作者只得到几万甚至几千的稿酬。然而，经过出版经纪人的努力，作者所得利益有了质的飞跃。托马斯·哈里斯（Thomas Harris）在出版经纪人莫顿·詹克罗（Morton Janklow）的帮助下，以 75 万美元将《沉默的羔羊》（*The Silence of the Lambs*）的版权出售给了圣马丁出版社（St. Martin Press），之后还将另两部既无纲要又无书名、尚在构思当中的小说以 525 万美元的价格售出。20 世纪 80 年代以来，西方出版界预付版税超过 100 万美元的图书屡见不鲜，有的预付版税甚至高达 800 万美元。1995 年，兰登书屋支付给科林·卢瑟·鲍威尔（Colin Luther Powell）的回忆录的预付款为 650 万美元；通用电器公司总裁的回忆录仅在北美发行的版税价格就是 728 万美元；西蒙和舒斯特出版公司预付给希拉里回忆录的费用则达到了 800 万美元（夏红军，2006）。

出于种种原因，在欧美国家，出版经纪人已成为作者们的好伙伴。"大多数一流作家们，当然不能是全部，他们都有自己的经纪人。"（约瑟夫，1999）当然即使是在这些国家也并不是每一位作者都认可这一行业。一部分作家赞同经纪人的介入，而另一部分作家则像躲避瘟疫一样对待经纪人。综合分析考虑利弊，应该以实际情况而定，这些实际情况包括一个作家是否需要一位经纪人去帮助其处理与出版商之间的问题，作者是否有自信心、出版知识、商业敏感和判断力使其足以面对出版商。（约瑟夫，1999）但是没有出版经纪人的作者相对占少数，没有出版经纪人的畅销书作者比例更是很小，美国的一位出版经纪人曾做过一项相关的调查，发现当时那几年的头号畅销书中只有两本是未经出版经纪人推荐的。

## （三）出版经纪人能为作者分忧，使其能专心于自己的创作

### 1. 帮助作者打通并选择稿件发表的渠道

随着出版科技的发展和阅读方式的变革，文稿的发布平台越来越多，投稿的渠道也就越来越多。除了传统的纸书以外，手机图书、E-Book、有声图书、电子杂志、文学网站、各类阅读 APP 等电子平台也吸引了许多读者。数字阅读方式发展很快，并且大有赶超传统阅读之势。于是，作者作品畅销、广受关注、赚取高稿酬的梦想不再单单依靠出版纸书来实现。因此，越来越多的作者开始将作品通过各种渠道投给各种平台。然而，发现平台、寻求渠道，再加上与各种平台负责人、编辑的商洽，单单投稿这一环节的事务就成倍地增长，给作者带来了沉重的负担。同时，各平台之间存在着激烈的竞争，纷纷争夺内容资源，对不同的作品有着不同的出版条件及稿酬方案。例如独家出版、独家首发、独家连载、第二连载、多家发布、全网发布等，各种出版形式背后是不同的利益方案，作者要综合权衡作品的传播范围、平台的影响力、自身的经济收入等多个方面的因素。选择什么样的平台、以何种形式发布，以及如何处理自己的权益，再加上传统纸书的出版事务，这些问题处理起来需要占用作者大量的时间和精力。且作者不熟悉相关的程序和模式，易出错漏。作者聘请专业的出版经纪人来管理和规划这些事务更为稳妥，出版经纪人往往能通过自己的人脉，帮助作者打通推销稿件的渠道，他们与各出版社、出版平台保持着联系，由他们出面接洽出版事务会更方便、更快捷。同时出版经纪人能够在法律许可的范围内，对版权做合理的、利益最大化的开发规划，为作者争取最大的利益，同时为作者分忧，让他们专心写作，不必再为自己不擅长的事情费心。

### 2. 帮助作者规划版权开发事宜

目前，由于作品发布的平台和发布的形式越来越多、发行的范围越来越广、作品的使用外延越来越宽，版权内容也越来越丰富。出版权包括了简体字版权、

繁体字版权、其他语种翻译权、电子版权等，还涉及影视改编权、信息网络传播权、形象使用权、表演录音权等附属权利。出版合同中对权利及利益的约定也越来越细化、越来越复杂，于是作者也将面临更复杂化的版权授予方案，有更多不同种类的合同需要接洽、签署。而且，有些时候，出版商会在出版合同中模糊这些权利的分界，与作者签订一个涵盖很广的版权合同。这其实是出版商给作者设置的"陷阱"，因为出版商之后可能并不会运作相关的版权项目，但如果作者没有发现这里的漏洞而与出版商签约，就算相关的项目没有启动，作者也无法再将相关的版权授予其他出版社，作者的利益将会受到很大的损失。比如，出版合同中约定了作品的中文版权，广义上其中包含了中文简体版权、中文繁体版权、中文电子版权等，但签约后出版社可能只出版中文简体字纸书，但作者并不能再授权其他出版社出版中文繁体字纸书及中文电子书。这相当于作者将一些版权送了出去，不仅会影响作者的版权收入，也会影响作品的开发。

因此，如何管理和规划自己作品的版权、怎样更好地分配这些权利、哪种分配方式能获得更高的效益、怎样授权更有利于作品的发展、如何与出版商约定授予的权利等，将成为作者需要仔细思考的问题。这对作者来说无疑是巨大的挑战，常搞得他们迷迷糊糊、焦头烂额，而职业出版经纪人能从专业的角度为作者规划好版权事务，为作者选定最适合作品、最有利于作品发展、能为作者争取最高权益的出版方案，减轻作者的负担，为其解除忧虑。

**3. 帮助作者处理稿酬事务**

传统出版一般实行稿费制，基本稿酬给付后印数稿酬采用递减原则，一般数量很少，支付方式相对简单。现在大多实行版税制付酬方式，版税多少与出版商和作者之间约定的版税率以及印刷量或销量相关，很可能需要分阶段付酬。这就需要作者关注图书的销量，定期收取稿酬，其中也少不了与出版商的交流协商。这些事务看似简单，但也会牵扯作者一部分精力。如若稿酬方面出现问题，还会影响到作者的心情和思路，对其创作产生消极影响。因此，由出版经纪人帮助作者处理稿酬事务有利于保护作者，作者省心了，才能更专注于创作。

而且，随着数字阅读的兴起，点击分成制度、广告收益分成制度等新的付酬方式也开始流行。由此，作者的稿酬分配模式、获取稿酬的方式越来越多样化，稿酬计算方式越来越复杂，收益到账的时限也将有很多分别，稿酬相关事务越来越繁重。在出版商与作者的谈判中，也将对合作条件、版税及分成方案等事宜做更多、更细致的约定，对谈判人员提出了更专业的要求，由专业的出版经纪人代作者来负责更为稳妥。

**4. 代表作者与出版商谈判**

涉及利益的分配，利益双方往往要反复协商才能最终确定分配方案。正如我们平日费尽周折与商家讨价还价一样，出版商与作者也通常要通过多轮的商洽、谈判来确定出版方案及利益分配方案，双方都希望能争取到更有利于自己的方案。若这些谈判、交涉都由作者亲力亲为，势必会牵扯作者大量的时间和精力，还会严重影响作者的心情、信心甚至创作灵感。更何况作者的专长是写作，对于出版规程、出版行业操作习惯、市场行情等可能并不熟悉和了解，对于谈判可能也并不擅长，有时候并不能很好地应对谈判中出版商方面的"攻势"，导致争取不到理想的出版方案。但是出版经纪人了解这些出版业内的规范和规矩，对作品的价值也了然于心；同时，出版经纪人往往都是谈判高手，他们经常与出版商打交道，熟悉与他们谈判的模式和套路，也掌握了一定的谈判技巧。因此，由出版经纪人代表作者与出版商谈判有利于更好地维护作者的权益，争取到更利于作者方的出版方案。

另外，在现实中，作者往往不能客观地认识自己作品的价值，这对谈判进程会产生一定的阻碍作用。有些作者对自己的书稿盲目自信，在谈判和商洽时提出过高的稿酬要求，结果将出版商吓走，导致谈判破裂；有些作者却对作品缺乏自信，觉得只要能出版就好，哪怕出版商将稿酬压得很低也默默接受。此外，还有许多作者耻于言利，不好意思也不知道怎样与出版商谈判，在利益的分配中处于下风。出版经纪人则了解出版市场的行情，对于自己代理的书稿价值心中有数，既不会乱要价导致谈判破裂，也不至于被出版社的编辑们"蒙骗"。

## 二、出版社需要出版经纪人

### （一）出版经纪人是稿件过滤器

许多出版社尤其是大型的、知名的出版社，收到的稿件远远超出了编辑们所能承受的工作强度，且稿件质量良莠不齐，其中90%以上都不具有出版价值，若编辑亲自审阅、筛选每一部稿件，会耗费大量的时间和精力，还极有可能做很多无用功，耽误工作进度，影响工作效率。因此，大多数出版社的编辑甚至不会翻阅自投稿，即使翻阅也就是前几页，加上一封格式化的退稿信就退稿了。这种操作习惯虽然节省了人力，但也会导致一些优秀稿件被埋没，无形中给出版社带来损失。因此编辑们需要可以充当"稿件过滤器"的出版经纪人。

在作者的稿件投至出版社之前，一般都要先经过出版经纪人的审读，经纪人会客观地审视稿件，对稿件的价值进行判断，对没有出版价值的稿件加以淘汰或提出修改意见，并与作者协商修改，直至稿件符合一定的质量标准、在一定程度上满足出版的要求。事实上，这可以看作是出版经纪人从编辑那里承接了一部分案头工作，他们在编辑审读稿件的前一环节就对稿件进行了过滤，只将有出版价值的书稿推荐给编辑。这实际上是为出版社把了第一道关，既减轻了出版社编辑的工作压力，又帮助出版商降低了出版的风险，也避免了出版社因忙不过来而错过优秀的书稿。

英国出版经纪人德博拉•罗杰斯（Deborah Rogers）曾向乔纳森•凯普出版社（Jonathan Cape）的编辑汤姆•麦奇勒（Tom Maschler）推荐布鲁斯•查特温（Bruce Chatwin）的书稿，虽然寄去的只是一篇描写游牧民者的文章，但汤姆•麦奇勒却马上与查特温签了约。汤姆•麦奇勒认为，在他接触过的所有英国文学经纪人中，若论质量把关，罗杰斯应该是最不可能看走眼的一位（麦奇勒，2008）。后来汤姆•麦奇勒出版了查特温的《在巴塔哥尼亚高原上》（*In Patagonia*），他十分喜欢这本书，并表示这是他迄今最喜爱的著作之一，大概也是查特温的书中他最喜欢的一本书（麦奇勒，2008），麦奇勒对罗杰斯的信任来自过去的合作经验，是罗杰斯用自己推荐的书稿证明了自己的卓越眼光，也征服了麦奇勒。虽然这只是个案，但是大多数出版经纪人都具备类似的能力，这也是他们存在的原因之一。

（二）与出版经纪人打交道更方便快捷

一部作品从有意向出版到最终出版，这中间有许多事务需要双方达成共识，如授予的版权范围、稿酬、首印数、宣传方式等，其中很多都涉及双方的利益格局如何确定，相当烦琐，时常需要反复磋商。因此，在欧美，更多的出版商愿意与出版经纪人共同处理这些事务，而不是直接与作者接触。编辑们也认为与不懂出版业务、不了解市场行情的作者打交道无形之中会浪费很多口舌。有时候，即便其解释很周全，也可能成为"无用功"，甚至使作者产生误解，好像受到了出版商的欺骗，被压低了版税等。也有些作者过于自信，盲目提出高首印量等要求，编辑们不得不再花费时间让作者认清现实，还要考虑到作者的情绪而委婉加以劝说。与其这样，还不如与老道的出版经纪人打交道。出版经纪人了解行业操作规范，了解市场行情，与出版商交流起来没有障碍，专业、直接、高效，基本不会产生误解。而且出版经纪人并非当事人，编辑们可以直接提出自己的意见，无须拐弯抹角，说服作者的工作可以交给经纪人去做，这样能大大减轻编辑的工作负担。因此，出版社通常乐意接受出版经纪人的推荐，也需要出版经纪人发挥在其与作者之间通达信息、说服协商等作用。

### （三）出版经纪人能帮助出版社发掘优秀作者和作品

出版经纪人对作者的动态有着敏锐的嗅觉，当他们发觉优秀作者在创作新作品或是有部很有出版价值的书稿即将面世时，便会积极地联系作者寻求合作，争取代理权。他们手中掌握着很多作者和作品资源。同时，他们十分关注出版市场的变化，当新的出版流行趋势或社会热点出现时，经纪人们会主动出击，寻找写作风格和方向与趋势相适的作者，帮助他们策划选题并进行创作；也会主动联系社会热点的中心人物，劝他们将热点事件的相关内容写成书稿出版。

从这一角度来看，出版经纪人也同时扮演了书探（Literary Scout）的角色。书探也是西方出版市场中的一个中介群体，他们是在全球范围内搜集图书信息、介绍媒体对图书评价并帮助客户促成版权交易的职业化群体。书探往往受雇于出版商、电影制片商以及其他对图书信息有兴趣的个人或组织，出版经纪人为了解其他国家的出版状况，及时发现优秀稿件，也会聘请书探。书探工作的主要内容是寻找畅销书籍、提供图书交易信息、评估图书市场趋势、撰写有关行业报告等。一旦图书确定出版，书探还需要帮助客户制定竞争策略，引进版权，达成交易。

出版经纪人向出版商推销书稿，事实上也是在向出版商推荐优秀的作者和稿源。出版经纪人的工作，让出版商和编辑得以不用亲自约稿和挖掘优秀作者，就能拿到质量有保证的书稿，减轻了出版社和编辑的工作量和工作压力。而且，以一家出版社的人力物力不可能发掘并联系到每一位合适的作者，但却有可能接到多位出版经纪人推荐的多部优秀书稿。这给了出版社更多的选择，在一定程度上有利于提高其竞争力，尤其是对于实力不那么雄厚的出版社来讲，出版经纪人的出现能够为他们提供更多的机遇，有利于帮助他们在市场竞争中取得更多的主动权。

出版经纪人的这种功能在挖掘未成名但很有潜力的作者以及本不是作者的社会热点人物时体现得尤为突出。例如，美国前总统克林顿与莱温斯基的绯闻曝光后，出版经纪人们纷纷前去游说，希望莱温斯基能写一本书讲述其与克林顿之间的秘闻，后来莱温斯基写了《我的爱情：莫妮卡·莱温斯基自述》（*Monica's Story*）并出版，该书仅在美国就卖了 100 万册，成了名副其实的畅销书。这也可算得上是出版经纪人为出版商及出版业做出的额外贡献了。

### 三、出版业需要出版经纪人

欧美出版业发展程度较高，推动了行业细分，出版经纪人应运而生。这是社会分工发展的必然结果，也适应了社会分工的需求。

出版经纪人的出现，承担了作者和出版商双方的部分工作。作者将寻找出版商、签订出版合同、开发版权、查收稿酬等工作和部分权力移交给出版经纪人；同时，出版经纪人也在客观上承担了一部分策划选题、组稿、筛选稿件、挖掘优秀作者等原本属于编辑职责范围内的工作。有了出版经纪人的"帮助"，作者和编辑的工作压力都在很大程度上得到了释放。作者得以更专心、更投入地写作。少了出版琐事的烦扰，作者的写作灵感及创作激情能够更好地被保护，有利于激发更多优秀的作品面世，推动出版业的繁荣发展，促进文化的丰富和传播。编辑也得益于工作量的减少，能够更专心于案头工作，有更多的时间对稿件进行细致的加工、润色，有利于出版更多优秀的、有价值的作品，也能够有效提高图书的质量，推动书业的发展。

出版经纪人的出现，细化了行业内的分工，同时也提高了各岗位的工作效率，优化了工作质量，有利于出版业的良性发展。

## 第二节　出版经纪人在中国存在的必要性及不利因素分析

出版经纪人能够为作者提供全方位的服务，我国在这一点上同欧美国家的作者需求是一致的。除了上述与欧美国家出版经纪人存在的相同的必要性因素以外，在这里重点谈谈中国出版市场对于出版经纪人存在的特殊性因素。

# 一、出版经纪人在中国存在的必要性

## （一）文化强国、出版强国的需要

一个国家的强大单靠物质生产能力强大是远远不够的，文化强大也非常重要。虽然我们已经是世界第二大经济体，但是我国文化的国际影响力还很有限，与我们的经济实力很不匹配，带有中国文化元素的产品还很少。为此，党和政府提出文化强国的战略规划。文化强国的实现路径多种多样，笔者认为最重要的应该是图书版权输出。版权输出背后的基础是出版业的强大，所以，通过出版强国来实现文化强国是一个重要且可靠的路径。通过上文可知，出版经纪人是西方国家出版产业的必备环节，西方出版产业的发达和出版经纪人的贡献是分不开的。出版业的强大，使得西方国家出版的图书版权大量输出海外，英国的出版销售额中有40%来自海外，美国也是版权输出大国，搭载版权输出，英美等国的文化也实现了大量输出。版权输出实际上成了西方国家文化输出的利器。然而长期以来，我国的图书版权贸易一直是逆差，经过近些年的努力，尽管逆差的幅度有所减少，但是远没有实现版权贸易平衡，更没有出现版权贸易顺差。这种情况与国内出版经纪人发展不成熟关系重大。

西方国家的出版经纪人都有不同出版经纪人的国际交流群，这些群对在国际范围内推广图书版权作用巨大。一本书的版权一旦被这些交际群中的成员推荐，其他国家的很多出版经纪人就会注意，跟进购买的可能性就比较大。我们经常看到很多图书在许多国家同步首发，其中大多是出版经纪人国际交流群的功劳。我们国家的出版经纪人由于起步较晚，专业水平不高，很少被这些交际群接纳，所以我们的中文图书对外推广少了一个重要的通路。我们的文化强国建设需要出版经纪人的参与，他们是图书国际化的催化剂，是图书海外推广的主力军。实践证明，国内出版单位自己在国际范围内推广版权十分吃力，国内出版社在国际上的知名度不高，很多国家的出版机构对我国的出版机构了解很少，缺乏对我国出版机构的信任，一般不愿接受推荐。然而靠作者自己向其他国家出版机构推荐版权实现难度更大，我国的作者对国外出版机构的了解十分有限，国外出版机构的知名度、习惯、专业定位、特长都不清楚，如何能够正确推荐？再加上，西方国家出版机构一般不接受作者自投稿，所以，作者自己进行海外推广基本没有可能。西方国家的出版机构信任与自己合作的出版经纪人，愿意接受他们的推荐。我国当前应该大力发展出版经纪业，尽快造就一批能够被西方国际出版经纪交流圈接纳的经纪人，那个时候，中文图书的国际化推广就会挤入快车道，我们的文化强国之路就会更加通畅。

出版经纪人不仅对版权输出作用巨大，而且对出版产业的国内发展有着巨大的推动作用。他们策划选题、完善稿件、推销书稿、推销图书，成为出版产业链的重要一环，缺了这一个环节，西方国家的出版产业该怎样发展简直难以想象。我们应该充分利用出版经纪人这种优势，加快出版经纪人队伍建设，促进我国出版产业的发展。

出版是文化产业的核心，很多其他文化产业大都是由图书版权衍生出来的，比如影视剧的剧本大多是根据图书改编的。出版经纪人往往是图书的策划者、版权经纪人，他们实际上处于文化产业的重要地位。出版经纪人不仅对图书版权开发贡献巨大，而且对图书的衍生版权开发具有巨大的推动作用，他们会向影视制片人、舞蹈剧导演、音乐剧制作者、网络剧制作者推销相关版权，他们实际上是整个文化行业的催化剂。文化行业的发展离不开出版经纪人。

## （二）出版合同需要出版经纪人把关

我国出版合同出现条款模糊、约定不清的情况非常多，因此造成很多问题，有的甚至引发诉讼。我国出版合同与欧美出版合同最大的不同是合同条款少，很多条款约定不细，或者没有约定。我国出版合同一般是三两页，而欧美出版合同一般是十几页，甚至几十页。马学海先生表示，曾经有一位英国的资深出版人跟他说过一个观点，出版合同的厚薄标志着版权工作的先进程度，什么时候中国的出版合同也能有几十页，那就意味着中国出版业的版权工作上台阶了。

我国出版合同普遍存在权利义务约定不清的情况，比如对出版地域约定不清而引起法律纠纷，以及很多出版合同对合同到期后库存剩余图书的销售约定不清。英国、德国的出版合同对此都有专门的约定，出版合同到期后剩余图书一般在一到三个月内销售完毕，到期销售不完的不允许再销售，而中国很多出版合同对在合同有效期内折价处理图书没有约定。图书是作者的成果，凝聚了作者的心血，所以作者对自己的图书一般怀有很深的感情。现在图书出现积压是很常见的事情，出版社常常要做特价处理，在国外的出版合同中往往都有这方面的约定，图书做特价处理以前，要首先通知作者，作者有购买积压图书的优先权。作者也可以放弃购买，任由出版社处理。比如德国出版合同规定，如果作者愿意接受减价图书，必须同时接受全部库存。如果是销毁图书，作者可以无偿获得，交货地点为出版社仓库。应该说这样的规定更加人性化，充分照顾到了作者的感情，更容易被作者所接受。可国内处理特价书却没有通知作者的先例，这也是对作者权利缺乏尊重的表现。

国外很多合同有保密条款。预付版税、版税、稿酬应该是秘密，不应泄露，泄露方应承担法律责任。美国哈珀·柯林斯出版公司（Harper Collins Publishers）的出版合同就有这样的保密条款，禁止作者公开谈论预付金和版税。布伦纳·奥布里（Brenna Aubrey）在 12 天里写了青春爱情小说《任何代价》（*At Any Price*）的初稿，出版方购买了她的三本书的版权，版税为 12 万美金，一半在签约时预付，剩下的 6 万美金一分为六，在每本书交稿和出版时给付。纸质平装版版税是定价的 7%，电子版版税是出版商纯收入的 25%。奥布里曾写了一篇博客文章晒了相关内容，结果很快就删掉了，原因就是涉及了保密问题。不知是何原因，布伦纳·奥布里没有在哈珀·柯林斯出版公司出版她的这本书，最后她在自己的出版社银狮鹫联合公司（Silver Griffon Associates）出版了《任何代价》。

我国出版合同对作者去世后的版权问题往往也没有约定。原则上讲，作者故去后合同仍然有效。欧美国家出版方担心作者去世会出现著作权继承人之间的版权纠纷，一般会在合同中约定版权法定代理人。目前笔者还没有见到国内的出版合同有这样约定的。欧美出版市场企业并购很常见，当然对应地也要约定出版社被并购后的版权归属，版权一般都是归新的机构所有。我国出版合同也没有这样的规定，一旦出现这样的事情，就会引起纠纷，不利于保护作者权益。

对版权自动回归作者的情况，德国 1980 年标准出版合同第 9 条第一款规定：当该书的某个印次已售罄或出版社未继续供货和发行时，作者有权书面要求出版社重印，出版社必须在收到作者的书面要求后 3 个月内予以明确承诺，并在 3 个月承诺期满后的____个月/年（可以约定）内重印并发行足够量的书。

如果出版社未在规定的 3 个月期限内承诺或未在规定的期限内进行重印，作者得书面宣布解除出版合同之权利。如果出版社有过错，作者还可以以不履行合约为由要求出版社赔偿损失（勒林，1998）。

但是，如果出版社在此期间转让了其他版权，而其他版权的图书还在销售，作者也不得收回权利。比如，朗曼集团（Longman Group Ltd.）将一本书的纸皮书版权卖给了企鹅，虽然朗曼集团的精装书已经断销，但企鹅版的纸皮书仍在销售，作者就不能取消合同。美国合同中往往约定，出版社破产或进入停业清算，全部版权自动回归作者。

此外，我国出版合同对作者修改稿件的比例也没有约定。德国出版合同约定：如作者在排版完成后又做大量改动，出版成本将会增加，如果此项增加的费用按出版社成本价计算超过排版费的 10%，该费用由作者承担。但对于某些实用性图书，如果是由于交稿后事实的发展变化而不得不对书稿做一些改动，作者无须负担由此增加的费用。

在我国，对于图书版权的衍生版权，作者和出版方的分成比率约定都是50%。这样的约定涉嫌侵犯作者权益。欧美国家对作品衍生版权的分成比例不是一刀切，而是根据不同的衍生版权形式约定分成比例，有些分成比例作者方面要占到 90%。比如在英国朗曼集团的出版合同中就约定：第一，以单卷本或在报纸、杂志上登载的作品部分，以及书中的地图、图例等，作者得 50%。第二，文摘、文摘缩写本、给予其他出版社的重印权，作者得 50%。第三，电视和广播权、翻译权，作者得 75%。第四，戏剧和电影改编权，作者得 90%。第五，首次连载（报纸、杂志在作品以书籍形式面世前连续登载其主要内容），作者得 90%。第六，第二次及以后各次连载（报纸、杂志在作品以书籍形式面世后连载登载其主要内容），作者得 75%。

此外还有优先出版权的约定，系列作品出版权、衍生品版权的约定，赠送图书是不是需要付版税的约定等都存在约定不清或没有约定的情况。这些事宜我国的出版合同一般都很少约定，这就给出版双方发生争执埋下了隐患。从这个意义上来讲，中国的作者更需要出版经纪人的帮助。有出版经纪人的参与，版权约定不清或没有约定的情况就会相对较少。单单靠作者的知识和力量是无法完成这一任务的，只有经纪人的介入才会有效避免此类情况的发生，才能有效保护作者利益，维护出版市场正常秩序。

## （三）有些出版者行为不规范

中国出版市场经过 1978 年以来 40 多年的发展，经过多方面的努力，已经规范了很多。但是，仍然存在有些出版机构侵害作者权利，导致有些作者掉进了出版者设计的合同陷阱的情况。与之形成鲜明对比的是，欧美国家的出版者行为相对规范，当然，这和有出版经纪人的参与有很大的关系。面对出版合同陷阱，如果有出版经纪人的帮助，出版经纪人就会在订立合同之前认真审查出版合同，从而避免作者掉进合同陷阱。面对专业的出版经纪人，出版商通常会老老实实按照规矩办事。我国的出版市场上不规范的做法时有发生，2015 年热播电视剧《芈月传》的原作者蒋胜男发表声明，说自己掉进了合同陷阱，为此十分苦恼。20 世纪 80 年代，我国台湾某些出版商利用大陆作者对出版市场的不了解，与大陆作者签订买断式合同，通过一次性付款，将所有版权都收入囊中，时间是整个版权存续期，而很多作者根本不了解买断式合同的奥妙，以为只给了台湾出版商中文繁体版。等大陆有出版社前来接洽出版事宜时，又将中文简体版授予大陆出版社出版，结果导致侵权，台湾出版社发现后，追究作者责任，作者才大呼上了当。

在出版界，英国、美国的版税计算方式分两种：按定价（码洋）计算版税，或按出版社销售收入（实洋）计算版税。有些出版商在与作者签订出版合同时，只写了版税率，而没有约定版税计算基数。实际上，版税计算基数既可以是码洋，也可以是出版方发行所得的实洋，而这两种计算方式相差很大。一般来讲出版方所得实洋只相当于码洋的 60% 以下。因为发行折扣一般是 6 折，也就是定价的 60%，低的甚至是 4.5 折。当作者发现自己所得版税很低而去询问出版方时，他们才告诉作者的版税计算基数是实洋，而不是码洋。这就是出版合同陷阱的一种，让作者欲哭无泪。如果有出版经纪人的参与，出版商的这种伎俩就很难得逞。

有些出版合同只约定版税率、版税计算基数，没有约定版税支付周期。于是，出版商就一味地拖延支付时间，令作者烦不胜烦。按照国际惯例，版税一般是每年支付两次，也就是每半年计算一次。

我国出版合同对作者查账往往也没有约定，作者怀疑出版方隐瞒销售数量、克扣版税，要求到出版方查账，往往得不到允许。在欧美国家，合同都会约定作者有权查账。如果作者认为出版社提供的账单有假，他们有查账的权利。作者可以自己到出版社查账，也可以委托第三方（往往是专业人士或机构）到出版社查账，出版社相关部门应该提供相应的方便。有了这样的规定，作者就可以理直气壮地维护自己的权利，掌握第一手资料，就可以为起诉维权打好基础。

比如德国出版合同约定：出版社有义务允许作者雇请的财务审计师、税务顾问或其他注册的专业人员审查版税的计算是否正确，并对与此相关的财务账目和资料进行审查。如果上述检查的结果证明出版社的版税计算有误，与检查有关的所有费用应由出版社承担（勒林，1998）。

从上述情况来看，中国的作者尤其需要出版经纪人，如果有出版经纪人的参与，就会最大限度地减少出版商的不规范做法，有效地保护作者利益，也会对出版市场起到规范作用。

### （四）作者需要出版经纪人的专业服务

一方面作者的权益保护需要出版经纪人，另一方面中国的作者和欧美作者一样，也需要出版经纪人来代为打理很多具体的出版事宜。作者的专职工作就是写作，与出版社谈判、策划营销活动等都不是他们的特长。如果让他们做这些工作，实际上就等于浪费他们的劳动，吃力不讨好。2002 年，著名作家贾平凹的新作《病相报告》完成，各家出版社闻风而至，贾平凹亲自上阵与多家出版社代表谈判，结果各位代表离开西安后贾平凹连说累，休息了好几天才缓过神来。若由出版经纪人负责代替作者与出版商谈判，则能够有效地为作者分忧、保护作者的创作大脑。正如作家李修文所言：作家的工作是写作。作家与经纪人是两个不同的职业，应该分工不同。改编影视剧和谈判是经纪人的事。如果让一个作家去面对，对他的写作是一种伤害。

## 二、中国出版经纪人存在的不利因素

### （一）出版社把控稿件的来源

在中国，对于在国内发行的图书来说，作者把书稿投给出版社和编辑是作者主动寻求作品出版的主要方式，有时候出版社也会向作者约稿。在书稿出版交易过程中，第三方的参与十分少见。一般由作者与出版社直接商定出版事宜，包括敲定装帧设计方案、确定印数、明确稿酬计算方法、商议宣传推广方式等，之后由作者与出版社直接签订出版合同。有些作者会有助理帮助打理相关事宜，但是助理与出版经纪人不同，更多是按照作者的授意行事，往往不能代替作者做决定，助理和作者一样也不了解出版市场及法规。

在这样的情况下，出版社牢牢把控了书稿的来源，手中直接掌握了作者资源和稿件资源，拿到稿件不需要经由第三人之手，对于稿件是否能出版也拥有绝对的话语权，而不像欧美的出版商一样，选题策划和选择稿源时会在很大程度上参考出版经纪人的意见。从一方面来看，长期以来国内的版权交易鲜有第三方参与其中，而出版业运转正常，版权交易照常进行，这可能是许多国内业内人士不看好或不支持国内建立出版经纪人制度的原因。但是，从另一方面来看，这样的现状使得出版社拥有了更多的主动权，在版权交易中处于强势地位，长此以往，造成了出版社与作者地位不平等、处境不平衡的局面。这也是与国外相比国内作者收入较低、版权价值较低、版权开发不充分、图书定价低等现象出现的重要原因。这种力量配比事实上是不利于出版业发展的，也严重损害了作者的权益，打击了作者的创作积极性，影响出版市场的活跃度。因此，我们也可以认为出版经纪人在中国出版业有存在的必要性，而且应将建立出版经纪人制度提上日程。出版经纪人的出现能够有效改善作者与出版社之间沟通的局面，能够更好地维护作者的权益，维护并提高版权的价值，有利于推动国内出版市场的健康发展。

（二）国内对出版经纪人的需求较小

国内对出版业的把控比欧美国家要严格许多，需要国家审批才能成立出版社。截至目前，国内只批准成立了580多家出版社，且还有地域、主要出版图书类型方面的分类。近年来虽然有很多出版公司成立，但它们没有独立出版图书的资格，需要和出版社合作才能拿到书号。因此，国内出版社之间的竞争并不如欧美国家出版商之间的竞争那么激烈，它们并没有指望着出版经纪人带给它们有卖点的选题或优秀的书稿，往往是自己策划选题、挑选稿件、积累作者人脉。因此，国内出版社并未产生对出版经纪人的强烈需求。

同时，作者与出版社直接洽谈出版事宜已成为习惯，对于较低的稿酬也已经形成了心理上的接受习惯。由于稿酬收入低，大多数作者能拿出的佣金并不足以养活一个经纪人，作者也不愿意将本就不多的稿酬分给经纪人。而且，与欧美国家不同，我国的作者大多属于作家协会，或是业余作家，职业作家较少。这些作者往往有国家发放的工资或其他的工作收入，对于低稿酬的容忍度较高，争取更多利益的积极性较低，因此对出版经纪人的需求并不高。当然也有很多作者认为建立国内的出版经纪人制度是有必要的，这类作者通常为畅销书作家，出版事务较多，稿酬收入也较高。

## （三）国内出版市场发展程度较低

与欧美国家相比，国内出版市场的发展程度较低，目前的出版环境尚不能为职业出版经纪人提供成长壮大的土壤。但国内已经出现了类似于出版经纪的市场行为：一些知名作家雇用了助理，帮助打理出版琐事；越来越多的出版社编辑会帮助作者开发版权、处理版权事宜；有专业的版权代理人和版权代理公司帮助作者将版权出售至海外。可以看出，很多业内人士已经产生了对这种市场行为的需求，说明出版经纪人在国内有存在的必要性，只是条件还不够成熟，不利于这一群体的大发展。但是，从另外的方面来看，助理、出版社编辑、版权代理人已然承担了很多出版经纪人的职能，他们代替出版经纪人满足了市场对于版权经纪行为的需求，他们的存在在一定程度上取代了经纪人，这让许多业内人士认为出版经纪人并没有存在的必要性。

随着国内出版市场的发展，出版业各方力量还会产生相应的变动，对分工可能也会提出新的、更高的要求。到那时，出版经纪人在国内是否具有存在的必要性，各方人士可能会有新的想法和答案。

## （四）出版市场规模不大

国家新闻出版署 2020 年 10 月发布的《2019 年全国新闻出版业基本情况》显示，我国 2019 年出版物销售总额 3565.50 亿元。一方面，大多数图书初版也就一两千册，然而就是这一两千册往往也很难卖完。另一方面，我国图书定价偏低，和美国图书价格相比差距更大。美国一般图书平均价格约为 20 美元，约相当于 120 元人民币。美国一般图书预付款都在 5 万美元左右，十几万、几十万美元的预付款也很常见，那些超级名人的作品预付款往往超过几百万，甚至上千万美元，比如奥巴马夫妇的图书预付款竟然达到了六千万美元。这在中国是不可想象的。中国大陆预付款超过 100 万人民币的大概只有加西亚·马尔克斯（García Márquez）的《百年孤独》（*Cien años de soledad*）等少数几种。出版一本书，一位作者往往仅能得到两三万元的版税，而且很少有预付版税的习惯。以这样的微薄收入确实难以养活出版经纪人。

综上所述，对于出版经纪人在国内是否具有存在的必要性这一问题，业内人士的观点莫衷一是。也有先行者在尝试、探索，试图用实践结果来证明答案。也许随着国内出版业的发展，这一问题会迎刃而解，出版经纪人这一群体会自然而然地出现在国内出版业内，也可能会自然而然地消亡，被新的分工取而代之。

# 第三章 出版经纪人的主要工作及收支情况

## 第一节 出版经纪人的主要工作

从宏观上来看，出版经纪人的工作属于一种居间工作，起到一种桥梁作用，帮助作者与出版商之间建立联系，并促成合作。值得注意的是，出版经纪人、出版经纪公司并不是公正的第三方或是中间人，而是完全站在作者立场、为作者谋取权益的人，以作者的稿酬分成为佣金。

从微观上来看，为促成作者与出版商之间的合作，并保障合作的顺利开展，出版经纪人需要做多方面的具体工作，例如推销书稿、谈判、参与宣传活动等等；同时，他们还要为自己的雇主，即作者提供服务，如鼓励创作、完善书稿、争取利益、通达信息等。此外，出版商和作者之间存在信息不对称的问题，许多市场信息作者是不知道也不理解的，而出版经纪人了解出版市场，他们要向作者传递必要的信息，并最大限度地保护作者的利益，避免代理的作者被出版者欺骗，或遭受不公正待遇。

旅美华人作者董鼎山先生认为出版经纪人所做的工作主要有：促使编辑阅读书稿，然后洽谈成交。除此之外，在作者的写作过程中，要小心翼翼地呵护，要在感情上给予作者不断鼓舞；要以批判性的头脑来阅读并指导尚未完成的作品；在作者思路堵塞时要给予开窍的指示；要调解作者与出版商之间的冲突；要招致报刊书评家的注意；要向出版社施加压力，尽量做广告、做宣传（董鼎山，2002）。威廉·莫里斯经纪公司的出版经纪人琼尼·埃文斯（Jonny Evans）则说：出版经纪人除了推销书稿之外，也有其他责任，例如小说的出版，故事权授予改编为电影、电视等。一部畅销小说可以成为庞大财源。最重要的是如何替作者找到一位合意、可以合作的编辑（转引自董鼎山，2001）。

出版经纪人的工作看似简单，实则涵盖面很广，既包含方向性、策略性的决策工作，也包含很多烦琐细碎的工作，对作品的出版起着举足轻重的作用。著名经纪人莫顿·詹克罗曾表示出版经纪人也是很辛苦的，除了印刷之外，得关心一切。本节也尝试归纳了欧美出版经纪人的主要工作。

## 一、为作者做规划

### （一）为作者做职业规划

在欧美，许多作者和出版经纪人都是长期合作的伙伴。不少作者一生只有一位经纪人，例如美国著名畅销书作家罗伯特·路德拉姆，他从第一本小说出版到现在一直都没有换过经纪人（约瑟夫，1999）。经纪人每签约一个作者，也会把他们看作自己长期的客户，一项重要的职责就是对客户的职业生涯进行规划。

出版经纪人会根据作者的书稿情况、自身资源、写作特点等因素来和作者商量什么样的作品比较适合作者，怎样创作会比较有市场等。有些作者自己会有明确的创作计划，经纪人会根据自己的经验为这样的作者提供调整建议；有些作者并没有具体的计划，经纪人则会根据作者的特点为其做出规划以供参考。有些作者已经出版过几本书，但是销量平平，新创作的作品也会被编辑或出版商用"有色眼镜"来看待，用过去已出版图书的销量来判断这本书的前景，购买的意愿就会不强烈，甚至不愿购买。在这种情况下，出版经纪人可能就会建议作者调整写作方向，使作品以全新的面目出现在编辑或出版商面前。英国作家 K. 佛勒特（K. Follett）曾是伦敦小报的记者，闲暇时写神秘小说，其处女作仅得到了 150 英镑的稿费。但伦敦出版经纪人 W. 布罗宁（W. Bronin）独具慧眼，看中了他的创作潜力和市场价值，建议他改写大众文化背景下的惊险小说。这一建议帮助佛勒特迎来了人生的转折点，其第二部作品《针眼》（*Eye of the Needle*）精装本版权卖了 2 万美元，平装本则卖到了 10 万美元，而后他的书稿价格节节上升，1996 年戴尔出版社（Dell Publishing Co., Inc.）更是以 1200 万美元的高价购入他当时的未来两部书的出版权。当然，也有些作者喜欢特立独行，不愿意受经纪人过多的干预，他们认为经纪人的建议是在干扰自己的写作、破坏自己的风格，一般在自主创作之后再交与经纪人处理销售事务，但是这种作者相对较少。

尽管出版经纪人会把每位客户都当作能够长期合作的伙伴，但并不是每位作者都能成为文坛的常青树。有些作者写了一两部书稿就放弃了，也有的作者灵感枯竭，再无作品。创作不像普通的商品生产，可以准确规划生产时间及产量。创作具有偶发性，要靠灵感，如果没有灵感只有规划也是没用的。所以出版经纪人对作者的职业规划还包括对作者文思的保护、对其灵感的激发等。有些作者因为创作上遇到了难题无法逾越，心情受到极大的影响，甚至患上抑郁症，这对作者的创作具有极大的杀伤力。所以经纪人需要时时对作者进行宽解，帮助其解决困难，给予其鼓励。琼尼·埃文斯曾说：出版经纪人应与作家建立密切关系，知晓他的抱负、他的关怀和他的顾虑（转引自董鼎山，2001）。

出版经纪人也会为作者打造形象，树立起自己的风格特点，就如同影视明星的"人设"一样。事实上，出版经纪人也拥有明星经纪人的"造星"功能，他们懂得如何将作者打造成"明星作家"，帮助作者吸纳自己的粉丝，并运营粉丝经济。通过出版经纪人的运作，优秀作家不仅可以凭作品挣钱，还可以凭影响力挣钱，例如演讲、代言等。资深出版人曹元勇说：在美国，优秀作家常常会到社区、学校、电视台进行演讲，而这更是值得开拓的空间（转引自路艳霞，2013）。这些活动也是助推图书销售、保持作者影响力的有效手段，出版经纪人往往是幕后的策划人。

### （二）为作者的作品做规划

出版经纪人对作者的规划也会具体到每一部作品的选题及创作。

#### 1. 策划选题

出版经纪人长期从事作品推广工作，与出版商、编辑们的联系十分密切，通过与他们的交流探讨，往往能详细掌握市场行情、读者需求、出版社的偏好和出版计划等信息，了解哪些作品更容易受出版商和市场的欢迎。经纪人会根据这些信息和从业经验，判断出版市场的潮流和发展趋向，预测可能会受到追捧的选题，再与旗下作者的写作特点相结合，对作者的选题策划提出意见和建议。有时当某些社会热点与作者的创作方向相契合，经纪人也会提出让作者迎合热点写作的建议。作者一般按照自己的喜好写作，但这样的作品未必适应出版商及市场的需要，出版经纪人一般会及时加以点拨，与作者共同探讨，帮助作者调整选题。

有时，在餐桌上或活动现场，编辑们会向出版经纪人提出自己需要哪一类稿件。经纪人代理的作品中如果有这类稿件，当然更好，经纪人可能直接就会向编辑推荐；如果没有，经纪人也会应编辑们的要求策划该类选题，选择合适的客户或者寻找其他作者写作，这有点定制的味道。有时，经纪人对编辑的计划也会提出自己的建议，使其更加完善和便于操作，这实际上可以看作是编辑和经纪人一起策划选题。

**2. 完善内容**

在作者写作的过程中，出版经纪人会与作者保持密切的联系。作者写作遇到困难，经纪人往往会给予鼓励和宽慰；作者创作遭遇瓶颈，经纪人也会献计献策，激发灵感。有些作者十分依赖经纪人，写完一两章就会传给经纪人，询问经纪人的建议，经纪人的认可会给予作者莫大的支持。若经纪人发现写作方向出现问题，也会及时提醒作者修改。艾伦·韦伯·利比（Ellen Weber Libby）博士就曾感谢他的出版经纪人里贾纳·布鲁克斯（Regina Brooks）："如果没有她，我的书可能还只是我的白日梦。她鼓励我，在我修改完善作品的时候指导我。"[1]

作者完稿后，经纪人会首先审阅文稿，对稿件做出客观的价值判断，衡量该稿件在市场中的分量。对于作品中的不足之处，包括结构、文字、写作手法等各方面，经纪人会耐心地向作者提出修改意见，并帮助、督促作者修改。事实上，这相当于是出版经纪人代替编辑先对书稿进行了一轮评阅。出版经纪人的眼光很重要，如果经纪人没有能够对书稿的出版价值进行正确的评估，书稿质量未达到出版商的标准，或是给了作者错误的修改建议，都可能导致作者的作品难以顺利出版，甚至会使出版商对作者产生不好的印象。而且，这对出版经纪人自身的事业发展也有着十分重要的影响，如果把根本不具备出版水平的作品到处推荐，会使出版社的编辑们认为此经纪人水平不足，不值得合作，其声誉会大受影响，以后开展业务也会增加很多困难，再推荐稿件被采纳的可能性就小多了；反之经纪人推荐的稿件成为畅销书后，该经纪人的能力会得到认

---

① 参考自 www.serendipitylit.com。

可，声誉也会大大增加，会有更多的出版社乐于接受推荐。因此，经纪人推荐书稿会十分慎重，书稿往往要经过反复的修改，一位经纪人曾说，一部书稿的图书方案往往需要修改六次，才能提交给出版商。只有当经纪人认为稿件已符合出版要求时，才会着手寻找合适的出版商推荐稿件。

**3. 把控进度**

出版经纪人也会密切关注作者的写作进度，督促作者按时完稿。他们最头疼的事情就是作者交稿迟缓，这经常导致出版社拒收书稿。作者拖延交稿是一种普遍现象，如果经纪人认为计划好的时间作者会按时交稿，那就大错特错了。根据经验，90%以上的作者不会按时交稿。这就需要经纪人经常对作者进行督促。事实上很多经纪人也是这样做的。当然，催促稿件要讲究艺术，既不能让作者反感，又要达到加快作者写作的目的，其中的度需要拿捏好。拖延交稿不仅导致经纪人与出版商谈成的合作破裂，经纪人无法得到佣金，不得不联系其他出版商从头来过，还会影响经纪人和作者的信誉度。有些出版社能够容忍交稿拖延，如埃德蒙·莫瑞斯（Edmund Morris）写的里根总统传记，一共写了13年，比合同规定的时间整整晚了10年，但是兰登书屋照样出版，恰逢报道里根得了老年痴呆症，民众对里根的兴趣大增，歪打正着，该书销售反倒得利（董鼎山，2002）。但也有许多出版社拒绝出版未按时提交的作品，如哈珀·柯林斯出版公司，1997年为节省开销，一下子取消了106种新书合同，惊动文坛。理由是：70种新书作者因未及时交稿，其他36种未能适合出版公司标准，故不能出版（董鼎山，2002）。当稿件时效性较强时，作者拖延时间很可能导致赶不上热点，内容过时，已经没有出版的必要；也可能导致错过最佳的出版时机，市场上同类作品已大量涌现。这样的情况下，很可能出版社不愿出版，即使出版了效果也会大打折扣，图书的销量、作者和经纪人的收入都会大幅减少。

## 二、推销书稿

推销书稿是出版经纪人最核心的工作内容，只有成功将客户的作品推销给出版商，他们提供给作者的经纪服务才真正实现价值。推销书稿也是最能体现经纪人能力的工作，如何推销、推销给谁、以什么条件成交等，很考验经纪人的业务水平。

## （一）寻找可能的买主

推销一部书稿，经纪人首先要考虑的就是哪些出版商可能对这本书感兴趣，也就是寻找潜在的买主。欧美的出版市场服务非常完善，出版业有很多种名录可供参考，这些行业名录可以看作是出版业的"工具书"，里面有很多出版商、编辑、出版经纪人等业内人士的信息，包括简介、联系方式、地址等。《作家市场》（*Writer's Market*）、《文学市场》（*Literary Market Place*）等刊有出版商信息的名录，能够在出版经纪人推荐稿件时为其提供帮助，尤其是对于刚入门的新经纪人，这些名录是入门的捷径。

《作家市场》是关于美国和加拿大的出版人名录，书中列有4000多家出版商的信息，其中图书出版商800家，杂志出版商3200家，包括出版商的名字、电话、地址以及出版专业方向等。名录最后有主题索引，可以按照类别查找相关的出版商，使用起来较为方便。比如出版经纪人想推销一本关于猫的书，按照cat去查，就会查到出版这类书的出版商的信息，便于与出版商联系。为应对出版商的不断变化，比如说倒闭、迁址等，这本书每年出版一次（Mariotti & Fife，1995）。有了这本名录，经纪人就不会把稿件投错方向。

《文学市场》是一本内容丰富的名录，厚达2000页，售价160美元。除了包含3700家出版商[包括"小型出版商"（Small Press）和"出版商"（Book Publisher）]的信息以外，还有图书生产商（包装商）、编辑服务者、文学代理人、推销和宣传公司、图书制造商、分销商、行业联合会、摄影师、翻译、咨询师、插图画家、商业刊物、印刷厂等其他与图书出版业务相关的公司名单，为出版业提供了全方位的信息服务。出版商按字母顺序排列，名称下面列有地址、电话、主要人员名字、出版图书类别介绍、出版数量及成立年份等信息，帮助人们了解出版业信息。

《图书出版名录》（*Directory of Book Publishing*）是由英国出版商协会（British Publisher Association）和欧洲出版商联合会（Federation of European Publishers）编写的，列有欧洲和英联邦国家的出版商、图书销售商、代理人等信息。

还有很多分类明确的专业性名录，例如《诗人市场》（*Poet's Market*）、《童书作者和插画师市场》（*Children's Writer's & Illustrator's Market*）、《儿

童媒体市场》（*Children's Media Market Place*）、《宗教作者市场》（*Religious Writer's Marketplace*）、《小说和短篇故事作家市场》（*Novel and Short Story Writer's Market*）、《剧作家市场》（*Scriptwriter's Market*）、《幽默卡通市场》（*Humor and Cartoon Markets*）（Mariotti & Fife，1995）。这类名录针对性更强，能够为经纪人提供范围更小、更准确的服务。

还有一些名录按国家、地域分类，可以为这一地区的经纪人提供具体的服务，比如加拿大的出版名录：《加拿大出版商名录》（*Canadian Publishers Directory*）、《加拿大图书贸易》（*The Book Trade in Canada/L' Industrie du Livre au Canada*）、《加拿大作者指南》（*The Canadian Writer's Guide*）和《加拿大作家市场》（*The Canadian Writer's Market*）。

国际出版商名录有《图书出版目录（2 卷）》[*Directory of Book Publishing (2 volumes)*]、《国际文学市场》（*International Literary Market Place*）、《作家和艺术家年鉴》（*Writer's and Artist's Yearbook*）、《国际小杂志小出版社目录》（*International Directory of Little Magazines and Small Presses*）等。推销国际版权时，大多数经纪人会选择通过国际协作来完成，即经纪人通过该国经纪人的次代理来完成翻译权的出售。这些国际性名录里包含很多国家的出版商或经纪人的信息，经纪人可以根据目标国家进行查找，对海外推广业务很有帮助。

## （二）出版商的选择

划分出可能对书稿感兴趣的出版商范围之后，出版经纪人往往会根据书稿的价值、作者的名气、自己与出版商的关系、理想中的预付款等因素，在这许多出版商中再加选择，投递书稿。

### 1. 大型出版商与小型出版商

大型出版商一般是指每年出版 100 种以上图书的出版商，有些大型出版商每年出书多达上千种；在美国每年出版 3 种书以上的出版商可以称为小型出版商；而那些出版 20 种以上图书的出版商被称为中型出版商；实力雄厚，有优秀的编辑队伍和稳定的、庞大的销售网络，具有负担高预付款的能力，出价一般也较高，能够给出六位数预付款的出版商则都是大型出版商。如果经纪人手中有具有畅销潜力的大众出版类书稿，首先考虑要推荐给大型出版商，既能为书稿争取到一个较高的起点，也能获得较高的稿酬。如果不行，再推荐给中型出版商，最后才会选择小型出版商。

小型出版商数量众多，其中三分之一的出版商成立不超过十年，经验尚浅，在圈内的人脉、影响力等方面的竞争力相对较弱，对市场的把控能力比较低，销售附属权利的能力较差。且小型出版社资金积累较少，能够承担的稿酬及宣传费用都十分有限。但小型出版商更能接受新作者，一些大型出版商不愿意出版的新作者的书稿可能会被小型出版商所接受。由于规模小、资金有限，小型出版商一般专注于很少几个类别，求精不求全，对于主营类别他们往往有独到的经营方法和营销手段，在他们专长的出版领域，可能会比大型出版商做得更好。但是，同时也要注意到，这些小型出版商抗风险能力较差，倒闭或歇业的可能性要比大中型出版商大得多。若要选择小型出版商，出版经纪人要尽力了解出版商近期的经营状况，判断其是否可能在合作结束前遭遇倒闭或歇业。专家不建议经纪人与每年出版不到三种书的出版商打交道。出版商每年出版图书的数量在《作家市场》中都有详细的记载，只要细心查阅就能了解。

出版经纪人在推荐书稿时通常都会列一个顺序名单，也就是出版经纪人习以为常的 A、B、C 名单。列在 A 名单的是出版经纪人认为最理想的目标，一般主要是大型出版集团，然后是大型出版商，这些都是能够支付高额预付款的出版机构。例如哈珀·柯林斯出版公司，2001 年美国著名畅销书作家、电影导演、制片人迈克尔·克莱顿与哈珀·柯林斯出版公司签订了两本书的合同，预付款达 4000 万美元。有些处于上升势头、实力强劲的中型出版机构，如果愿意支付高额预付款，也有可能进入 A 名单，但是大多数情况下，中型出版机构都在 B 名单上，最后才是小型出版商。一位资深的纽约出版经纪人曾说，的确是有 A、B、C 名单的，他不愿意承认，但事实如此，很明显是有等级的。部分是因为谁能付最高的报酬，部分是看谁创造了最多的畅销书。还有部分是因为——这对他来说是考虑的首要因素——谁最终是这本书最佳的编辑（汤普森，2016）。

根据不同的书稿，经纪人会拟定不同的 A、B、C 名单，也会考虑先向哪一级出版商推荐。通常经纪人会首先向 A、B 名单上的出版商推荐书稿，如果不被接受，可能会转而向 C 名单推荐。有些经纪人为一部书稿甚至要推荐四五十次，尤其是那些新作者的书稿，推荐过程往往更为波折。一般来说，经纪人和作者都认为书稿卖掉总比卖不掉要好，至少可以为作者累积出版经历，对营销下一本书有利。所以新作者的书稿在向 A、B 名单推荐失败后，尤其需要向小型出版商推荐。但是也有一些著名的经纪人、经纪公司在向 A、B 名单推荐失败后，就会选择放弃，不再推荐，他们认为和小型出版商打交道与他们的身份不相符，也可能认为与小型出版商合作无大利可图。

对于不同的经纪人其 A、B、C 名单也各不相同，这与经纪人的能力和影响力、人脉网、旗下作者的名气、擅长代理的图书类型等都有很大的关联，这些名单是经纪人自己通过长期的实践摸索和积累出来的。有时候，经纪人的 A、B 名单中也会有小型出版社，原因是经纪人认为某个书稿适合小型出版社出版或者看中了该出版社的潜力和专业能力。一些新入行的经纪人因为在业界影响有限，往往也愿意向小型出版社推荐书稿，成功率会更高。

但小型出版商对待经纪人的态度一般都是不积极的，他们往往刻意回避与经纪人打交道，因为他们无法满足经纪人所要求的高额预付款。他们大多数情况都是自己策划选题，自己联系作者写作。但即使是他们自己策划的选题，一旦有经纪人参与进来，给作者的稿酬也得提高。有些经纪人甚至把作者写完的稿件转而卖给其他出版机构，小型出版社的畅销书稿也很容易会被出版经纪人以更高的价格卖给大型出版机构。所以许多小型出版商把出版经纪人看作是"来剥削的人""挖墙脚的人"。

### 2. 大学出版社

大学出版社更注重书稿的文学质量和价值，对学术图书较为偏爱。但相当大的一部分学术图书虽然有较高的文化价值，销量却有限。在没有外部资助的情况下，大学出版社会要求作者负担部分费用，这种出版形式被称为补贴出版。大学出版社图书印量较低，平均印数约在 1000 册到 2000 册之间。给作者支付的预付款低，大多在一万美元至数万美元之间，很少有超过 10 万美元的，或者根本不支付预付款。一般来讲，大学出版社不会出现在经纪人的 A 名单上，但可能会出现在 B 或者 C 名单上。这些出版社也很少依赖经纪人获取书稿，他们的图书中有 95%～99% 是没有经纪人代理的，由作者与出版社直接完成交易。

### 3. 补贴型出版商（subsidy publishers）

补贴型出版商针对那些市场销量很小的图书会要求作者承担部分出版费，

这种出版被称为合作出版（补贴出版）。这些出版社的图书中一般会有50%的图书属于合作出版，合作出版收取作者的费用大约是2000美元到5000美元。他们属于商业出版社，以营利为目的，作者承担部分出版费用，出版商才会积极营销图书。出版社通常会付给作者5%～15%的版税，但有时会要求销售1000～2000册书以后才开始计算版税。这些出版社一般是有一定知名度的出版商，比如有些大学出版社，作者虽然得不到多少报酬，但是可以积累出版资历，经纪人也一样可以积累业绩。很多学者选择这些出版社出版学术专著不是为了挣钱，而是为了积累学术资本，在学界树立学术地位。

**4. 自费型出版社**

自费型出版社也被称为虚荣出版社（"vanity"presses）。它们完全不同于补贴型出版社，它们对图书的质量和出版价值不怎么把关，出版费用全部由作者承担，仅仅为满足作者出版图书的虚荣心，它们出版的图书不一定会受到尊重和认可。一些没有市场价值的个人诗集、画集、企业主传记、个人回忆录等都可能采用这种方式出版。这类出版社的盈利不是来自图书销售，而是来自作者的出资。这些作者不需要经纪人，出版经纪人也不会代理他们的作品。出版经纪人不会向这样的出版机构推荐书稿。

（三）对编辑的选择

和出版社一样，出版社的编辑也是有等级之分的。每家出版社都会有几位金牌编辑、资深编辑，他们经常能策划出版好书、畅销书，在出版社的威信很高，已经树立起权威地位。一般来讲，一个编辑接受一部书稿，除了自己觉得书稿有出版价值外，还需要咨询其他几方面的意见：一是出版社其他编辑的意见；二是销售人员的意见；对于有可能销售平装书版权的书稿，可能还需要咨询平装书商的意见。如果出版经纪人把书稿推荐给了出版社的资深编辑，并被其接受，其他编辑和营销人员一般会相信他们的眼光和判断，往往会尊重他们的选择，提出反对意见的时候相对较少，书稿在出版社通过的可能性更高。而如果书稿推荐给一位资历较浅的编辑，或者策划出版过几本销售状况不太好的图书编辑，那出版社对他申报的选题就会慎重考量，这本书在出版社通过的难度就会增大。但是同时，资深编辑对书稿会比一般编辑挑剔，接受推荐的门槛较高，出版经纪人很可能在编辑这一环节就遭到拒绝。所以，出版经纪人不仅要挑选推荐书稿的出版社，对向出版社的哪一位编辑推荐也需要斟酌再三。

当然，出版经纪人还需要提前了解每个出版社编辑每年的工作量，在纽约大型出版集团的很多出版社中，一位编辑通常每年要编 8～12 本图书，最多的是每月一本（汤普森，2016）。如果一个编辑已经编了 8 本或者 12 本书，再向他们推荐书稿，他们考虑到自身的工作压力，接受起来会有难度；反之如果一个编辑当年还没有什么业绩和繁重的工作安排，就会比较容易接受推荐。出版经纪人去关注和了解编辑们的选题偏好也是十分必要的，有针对性地向编辑们推荐他们偏爱类型的书稿会更容易成功。这些信息都要靠出版经纪人平时多与编辑们交往，留心积累，这样能有效提高推荐书稿的命中率。

（四）推荐准备

出版经纪人确定好推荐稿件的目标对象之后，还需要做好推荐的前期准备。一般情况下，出版经纪人会向编辑提交图书提案。有些图书提案很简单，只有附信和大纲；有些提案则内容较多，除了附信，还涉及作者简介、目录、内容提要、市场分析、内容梗概、样章等，可能多达上百页。这是为了让出版商和编辑对经纪人代理的作品的大致内容、方向、写作风格、质量等基本情况有初步的了解，向他们展示作品的出版价值，并引起他们的兴趣。

**1. 附信**

附信也可以称作申请信、推荐信、推销信等，是出版经纪人写给编辑以推销书稿的信。在这封推销信中，出版经纪人会对作者、书稿进行详细介绍，对书稿的市场预期进行一番分析。考虑到书稿会经过出版社若干部门（书稿是否出版的决定权，并不仅仅在编辑手上，而是由出版社一个委员会决定，委员会由高级主管、专家、编辑、销售人员、版权人员等组成，大多数人认可方可出版），所以出版经纪人还得在推销信中预先针对性地列出一系列办法，逐一做出解释（王泳波，2007）。

在附信中，经纪人首先要概括这本书的特点，告诉编辑推荐的稿件属于哪一个类别，简洁地介绍一下稿件的创作背景、主要的内容、情节及主题思想，也会介绍一些作者的信息，例如资历、已出版的作品、获得的奖励等，主要是说明作者的写作能力和稿件的质量，更为重要的是点出作者和作品身上的卖点。在没有尼尔森数据以前，出版经纪人对于作者已经出版图书的市场表现常常做适度的夸张，编辑或者出版商也没有具体的数据作参考。但是，自尼尔森公司（Nielsen）2000 年 12 月和 2001 年 1 月相继在英国、美国启动图书查询服务后，每本书的销售数据都是可以随时查询到的。因此，经纪人在介绍作者出版过的作品时要实事求是，免得被编辑识破。

还有一项是必备的内容，就是可比书目，即告诉编辑推荐的这部书稿可以与某几部较为成功的书稿相比，这样相比可以让编辑大致判断书稿的写作水平，对这本书产生信心，编辑也可以借此来说服出版社接受书稿。但在选择可比书目时，不能随意攀比。把任意一本书都比成《哈利·波特》，让人一看就是吹牛，容易导致失败。可比书目的选择非常讲究技术和学问，这种类比要让编辑觉得尽管可能有点夸张，但是又合情合理，难以拒绝。在这一点上也能考察出优秀经纪人和一般经纪人的区别。附信最好要简洁，直截了当，不绕弯子，编辑们没有时间看花边新闻，或者听人过分吹嘘，过多的内容反而可能使编辑们厌烦。信的结尾要写上"期待您的回复"之类的话，或者"我是否可以把稿件寄给您？"投递的申请信要附上一个贴足邮票的回邮信封（self-addressed stamped envelope，SASE），为编辑提供便利，如果编辑对推荐的作品感兴趣，可以直接回复信函，在信封上写上"要求提案"或"要求全稿"。如果不附回邮信封，编辑为了省事，很可能就不再回复，导致稿件错失良机。虽然，现在经纪人与编辑的主要沟通手段是电子邮件，不再需要寄信，但 SASE 作为最早双方沟通的标志性环节，仍需专门点出。

在美国，一些大的出版公司的编辑人员变动较大，编辑们经常跳来跳去，如果把申请信寄给了已经离职的编辑，有些出版公司会直接退稿。虽然各种出版名录中的信息可以给予出版经纪人帮助，但其中至少有 25% 的信息是过时的。所以，一方面，出版经纪人需要在平时的工作中注意收集信息，要对和自己有业务往来的出版社的人员变化了如指掌，哪些编辑位置发生了变化，哪些编辑跳槽了，哪些出版社发生了兼并重组等，这些变动都可能对经纪人业务的开展造成影响。另一方面，为保稳妥，出版经纪人在投递申请信以前也会打电话给出版公司，确认所要投递信件的编辑仍然在职。他们也可能要给编辑打电话，先从电话里"探探口风"，了解这位编辑对书稿的态度。当然，经纪人在电话中的说辞也会有一些策略，会想办法吊起编辑的胃口。如果编辑对书稿感兴趣，经纪人就会将详细的推荐信和图书提案一并邮寄或以电子邮件形式发送给编辑。

针对同一部书稿的推销信一般投给 1~2 个出版社的编辑，但是在一家出版社只能投给一位编辑。如果是经纪人经常合作的编辑，那么不用过多担心稿件被忽视，编辑一般是会回复的。如果编辑从经纪人手中得到过畅销稿件，那么编辑对经纪人的推荐更是会十分在意，有时甚至是迫不及待地要看稿件。如果经纪人推荐给编辑的稿件都是很一般的稿件，编辑对经纪人新的推荐就不会抱有太多期待，对稿件的重视程度就会大打折扣。如果是多方投稿，经纪人可以在信中告诉编辑自己把稿件同时投给了其他出版社，希望编辑在一个预定的时间前给出答复，这也是对编辑施加的一点压力，有利于提高编辑对稿件的重视程度，尽快得到回复。如果经纪人的申请信是投递给一个未合作过的出版社，最好不要直接寄给高层主管编辑，地位低一些的新编辑或者副编辑、助理编辑是更为理想的投稿人。因为他们是新人，过去编的稿件都是上级指定的任务，急于找到自己中意的稿子，对新作者、新经纪人比较宽容，会认真对待稿件。而且他们的事务性工作相对少一些，有足够的时间阅读申请信、稿件。

**2. 提案简介**

提案简介通常情况下以纲要的形式呈现，主要用于描述整个图书的写作计划、各章的内容和主题，也可以介绍作者的写作经历及知名度等。提案简介用于对申请信的补充，有些申请信不足以承载的精彩内容可以补充在提案简介里。一般来说小说类的书稿不需要提案简介。"图书提案不要装订，每一页的顶部标上你的名字、书的标题缩写和页码。"（Mariotti & Fife，1995）

**3. 内容梗概**

内容梗概通常由作者来写，是对已完成稿件的内容的大致描述。要写得足够吸引人，要把书稿中的亮点提炼出来，不能干巴巴地罗列内容，不能有拼写、语法类错误。这不仅是对书稿的描述，还能向编辑展示作者的写作风格和创作实力。争取给编辑留下良好的印象，并激发其阅读全稿的兴趣。因此，经纪人要反复审校梗概，不能草率了事。有些作者写的梗概不能用，经纪人需要亲自操刀重写一遍。

**4. 内容提要**

内容提要要比梗概详细，也由作者来完成。其内容包含每一章的故事情节或亮点，一般每一章都要用两个以上段落描述，全篇要有 20 页以上。内容提要能让编辑更全面地了解稿件,好的内容提要很可能赢得编辑的青睐,接受推荐,也能帮助编辑说服上级接受稿件。

**5. 样章**

当出版社编辑通过书稿的内容梗概、提要及出版经纪人的推荐信等对书稿产生了兴趣,就会阅读样章。编辑们都愿意先看样章,再看全稿。样章一般提交书稿的两到三章,通常是40~60页的规模。经纪人和作者要选择最精彩的章节提交,而不是随便选两章了事,也有些编辑会根据目录指定提交的章节。

据美国人杰拉尔德·格罗斯(Gerald Gross)所著的《编辑人的世界》(*Editors on Editing*)一书讲,经纪人针对不同的稿件会寄给出版商不同的推荐文件。对非小说类图书而言,经纪人送来的多半是出版提案,聪明的经纪人往往还附上样章;当作者是畅销书作家或者是位极具声望的作家时,经纪人通常只寄来一封两三页的信函,或对于作家新作的简短说明。有时经纪人会直接将作者带来与编辑见一面,描述一下他的工作(格罗斯,2014)。

## (五)多方提交稿件

一切准备就绪,出版经纪人就可以向出版社编辑投递稿件了。经纪人可以一稿多投,这已经被出版业认可,成为一种习惯做法。如果非要等到第一家出版社发来拒绝信息,再联系第二、第三家,这将要耗费几个月甚至几年的时间才能找到合适的出版商,这是一种很不经济也很不现实的做法。但是,也有些出版商明确拒绝多方投递稿件的做法,他们一般会在《作家市场》等名录中列明,出版经纪人通过查询就可以了解。

稿件投递以前,经纪人和作者一定要检查稿件的格式是否符合目标出版社的要求,通常在出版社的网站上都会明确登出对稿件的格式要求。格式不正确,容易给编辑留下作者缺乏出版常识、写作不专业、懒散、不认真的印象,进而可能消减编辑对稿件的热情。经纪人也要注意检查稿件的附件是否齐全。附件分为前件和后件,前件包括序言或前言、目录、题词、致谢、插图、表格清单等,后件包括参考文献、索引、附表、词汇表等。

现在没有编辑喜欢读手写稿,但对打印稿也有特定的要求。例如:针式打印机打出来的稿件往往不被重视;不要使用花体字,要方便阅读;在标题页左上角打印作者姓名(是真名,不是笔名)、邮箱地址和电话号码,标题页右下角写上经纪人的名字、地址及电话号码；每一章都要从新的一页开始，每张标题占行，从页面三分之一处开始起排；设置页眉页脚；除首页外，作者姓名、页码要出现在每一页，单独成行，被称为"指示行"（slug line），作者姓名在每一页的左上角，以防与他人稿件混在一起。

经纪人为确认稿件被编辑收到而没有寄丢，往往随稿件附上一个在收件人处写有自己名字和地址的明信片，编辑收到稿件后只要随手投递就可以了，经纪人收到明信片就知道编辑收到稿件了，这是出版行业早期的习惯做法，现在以电子邮件为主要沟通手段。如果编辑收到稿件却迟迟没有回复，出版经纪人可以写一封询问信，说明自己什么时间寄送的稿件，但至今尚未收到回复，希望了解情况等，编辑一般会回复明确的意见。询问信发一两次就可以了，若仍旧没有回复，说明编辑对稿件没有兴趣。一般不要直接打电话给编辑，除非经纪人和编辑是好朋友。

多方投稿能够收到两家出版社的出版方案和报价就是成功的，出版经纪人和作者就有了选择的主动权。选择哪家出版社要考虑出版社的规模及出版专长，如果同时有一家大型出版社和一家中小型出版社都对书稿有兴趣，书稿所属的类别不是大型出版社的专长，而这家中小型出版社在这个领域内做得很不错，对这一类型的图书有独特的销售路径和技巧，那么这家中小型出版社也是不错的选择。当然，也要对出版社的发展潜力、宣传营销能力、愿意支付的预付款等多方面进行比对衡量。

一般出版经纪人对自己客户的每一部作品都会尽力推销，但有时工作推进不下去难免会使作者产生经纪人推销不力的错觉。因此，经纪人需要做好投稿记录，将稿件寄给哪家出版社了、什么时间寄的、编辑什么时间回复的、如何回复的、哪家出版社对稿件感兴趣等，都要记清楚。同时及时将推销函件及出版社的回复发给作者一份，避免产生误解。经纪人做的每一件重要推广工作都需要让作者知道，这样便于双方建立信任关系。

## （六）具体推销方式

事实上，出版业对出版经纪人推销书稿的方式并没有限制。在实践中，除了按部就班向编辑投递图书提案之外，还有许多种推销方式，这些推销方式可能受到许多偶然的、不规律的因素的影响。出版经纪人通常会根据自身的资源、能力特长等特点和作者、书稿的情况特点来选择最优的、效果最好的、最有利于作者和经纪人的推销方式。

**1. 利用人脉寻找机会**

俗话说，熟人好办事。出版经纪人是一个需要依赖人脉才能开展业务的职业，经纪人的朋友圈对其业务的开展十分重要，经纪人有广阔而良好的业内人脉关系是成功推销版权的重要前提。出版经纪人在工作中经常与出版商、编辑等业内人士打交道，了解编辑们的出版偏好以及他们或出版社筹划中的选题，有利于有针对性地推销书稿。不仅如此，有时经纪人和编辑在聊天时聊到相关的书稿和选题，一拍即合，编辑很可能直接把感兴趣的稿件推荐给出版社出版。出版经纪人之间的竞争主要是拼朋友圈，谁的朋友圈广泛，谁的书稿就会有很多出版商可以选择，就能很快以理想价格卖出去。刚入行的经纪人与老经纪人的区别主要就是朋友圈大小不同，新经纪人的主要任务就是拓展朋友圈，这是他们能够在出版经纪行业坚持下去并快速发展的关键（葛琦和杜恩龙，2017）。

**2. 通过业内会议和活动**

英美有很多出版业内的会议或论坛，大型的会议会吸引许多作者、出版经纪人和编辑、出版商前来参加，大型的图书博览会也是如此，而这些也是经纪人与编辑、出版商建立联系、商谈业务、成交版权的重要场合。出版经纪人通常会带着代理的书稿参加会议，这样就成了"活体广告"。在会议上，他们会适时地推销自己作者的作品。很多时候，经纪人会正巧碰到对自己代理的书稿感兴趣的出版商，那双方就会建立联络，后续商讨相关的出版事宜，有的甚至当场就会达成合作。即使书稿没有吸引到在场出版商的兴趣，至少更多的业内人士知道了书稿的相关信息，之后会有感兴趣的出版商前来寻求合作也不是没有可能（葛琦和杜恩龙，2017）。

**3. 版权拍卖**

在图书出版业，出版经纪人时常会选择通过版权拍卖的方式出售书稿。早在 19 世纪末，出版经纪人就已经开始采用拍卖的方式来销售版权，但这种交易形式在当时并未受到认可，故多暗中进行，并且只应用在著名作家身上。到了 20 世纪下半叶，这种拍卖及竞标手法已成为出版经纪人公开惯用的运作方式（夏红军，2006）。但拍卖并不适用于所有书稿的营销，所谓拍卖，必须要有两个及以上竞标者才能成立，所以只有当书稿具有足够的吸引力，尤其是书稿具备畅销潜力的时候，经纪人才会选择版权拍卖这种销售方式。例如：美国前第一夫人希拉里·克林顿的回忆录《亲历历史：希拉里回忆录》就选择了拍卖的方式，吸引了 14 家出版公司参与投标，最终西蒙和舒斯特出版公司拍得版权；美国前总统克林顿的《我的生活：克林顿回忆录》也是通过版权拍卖的方式，将版权授予了兰登书屋旗下的克诺夫公司（夏红军，2006）。

目前来看，出版经纪人通过拍卖出售书稿版权在英美十分普遍，成功的案例也不少。美国机长切斯利·苏伦伯格（Chesley Sullenberger）的回忆录在拍卖会上以 250 万～320 万美元的价格卖给了威廉·莫罗出版社（William Morrow）；另一个拍卖会上，蒂娜·菲（Tina Fey）的幽默散文集以 550 万～600 万美元的价格出售；而美国前总统吉米·卡特（Jimmy Carter）的白宫日记以 100 万美元左右的价格在拍卖会上售出（Dionne，2011）。据报道，2013年，格纳特（Gernert）公司的经纪人通过拍卖以接近 200 万美元的价格售出加斯·里斯克·哈尔伯格（Garth Risk Hallberg）的作品《燃烧之城》（*City on Fire*）（Martha，2014）。

一般来说，当经纪人发现不止一家出版商或编辑对书稿感兴趣，或者经纪人认为自己手中的作品因较强的市场竞争力、新闻价值或其作者的地位和影响力等因素而对众多出版商具有吸引力的时候，就会准备举办拍卖会，并会要求竞标者提交对书稿的营销方案。经纪人会通过 E-mail、电话等方式向出版商或编辑发出通知，说明拍卖会的规则、时间、地点等。有时拍卖或前几轮拍卖也会通过电话、E-mail 或传真等方式进行。各出版商也乐于参与这样的拍卖活动，因为拍卖的书稿通常具有竞争的价值（葛琦和杜恩龙，2017）。纳尔逊（Nelson）文学经纪公司的经纪人克里斯汀·纳尔逊（Kristin Nelson）曾说："书稿的拍卖常会激起兴奋和热情，因为拍卖意味着超过一位出版商对书稿感兴趣。"但出版经纪人也不会盲目举办拍卖，即便书稿对多家出版社有吸引力，举办拍卖会也不意味着书稿能卖出高价。纳尔逊也印证了这一观点："我的确举办过许多书稿卖出七位数高价的拍卖会，但也有许多通过拍卖出售的书稿卖不到六位数的价格。这都取决于出版社对书稿的热情。"（Dionne，2011）

目前常见的拍卖方式有"最佳投标"、"最佳报价"以及"车轮竞价"等方式。"最佳投标"和"最佳报价"的竞价方式要求出版商和编辑在既定的时间提交他们愿意提供的最好的方案和竞价，由作者和经纪人择优选择。"车轮竞价"则是通过竞拍者不断加价、逐个淘汰的方式进行拍卖的。一般在所有竞拍者给出初始竞价后，初始竞价最低的竞拍者将面临选择——将自己的竞价超过此前的最高竞价，则可以继续参加下一轮竞拍；抑或放弃加价至超过最高竞价，则意味着出局，退出书稿拍卖。无论该竞拍者加价还是退出，新产生的竞价最低者将面临同样的选择，拍卖以此规则不断循环，直至其余竞拍者全部淘汰，只留下一位出价最高的出版商时，拍卖结束。还有一种非正式的拍卖形式，经纪人在几天内对竞标的出版商做比对衡量，最终选出一家中标者，这种拍卖形式主要应用于只有少数的出版商参与拍卖的情况。如果有出版商或编辑对一部书稿情有独钟，也有可能会先发制人，以丰厚的报价说服经纪人取消拍卖而把书稿卖给他们。这是出版商想要避免在拍卖会上出现不可控因素，从而错失钟爱的书稿的一种策略（葛琦和杜恩龙，2017）。

版权拍卖的形式并不是固定的，拍卖的规则会因经纪人的要求而不同，不存在规定要求拍卖必须以某种方式展开。而且拍卖结束后，作者不是必须也没有义务接受最高竞价，将版权卖给竞价最高的竞标者，作者有权综合考虑各竞标者的实力、品牌、业内地位、出版方案、行销策略等因素选择其他竞标者。这也是在书稿拍卖中最重要的一条规则（葛琦和杜恩龙，2017）。《哈利·波特》在国外成为超级畅销书之后，中国很多出版社竞争它的中文版权，但是罗琳的经纪人却选中了出价不是最高的人民文学出版社，主要是考虑到人民文学出版社在文学出版方面的权威性，其品牌影响力较大，在国内文学出版领域首屈一指，对销售文学图书也有自己一套独特的方法。

2009 年 10 月，根据南非前总统曼德拉私人档案而编撰的回忆录《与自己对话》（*Conversations with Myself*）授权柯蒂斯·布朗经纪公司代理，柯蒂斯·布朗经纪公司在法兰克福图书博览会期间采用版权拍卖的形式向多家出版公司发出邀请，前后有 7 个国家的 8 家国际知名出版商参与出价，最终英国的麦克米伦出版有限公司在竞争中获胜，获得英联邦国家的版权，美国法勒、斯特劳斯和吉鲁出版社（Farrar, Straus & Giroux）获得了美国出版权，法国的马蒂尼尔出版集团获得了法文版出版权。中文版是由中信出版社出版发行的，由安德鲁版权代理公司以版权次代理的方式授权中信出版社出版简体中文版。

2014 年，比尔·克莱格（Bill Clegg）将年仅 27 岁的女作家艾玛·克莱恩（Emma Klein）一本取材于世界著名邪教组织曼森杀人家族的处女作《女孩们》（*The Girls*）以稿件拍卖的形式卖给了兰登书屋。据说价格是 200 万美元。

2013 年，加斯·里斯克·哈尔伯格的《燃烧之城》被他的经纪人以拍卖的形式卖出，12 家出版商参加竞拍，价格为 200 万美元。在此以前该书的电影改编权已经卖出。这是该作者的第三本书。

2017 年 9 月，经纪人朱莉·巴勒（Julie Barer）为惠特尼·沙乐尔（Whitney Scharer）的处女作《光的时代》（*The Age of Light*）举行了版权拍卖会，13 家出版商参与竞争，最后利特尔&布朗出版公司以 100 万美元获胜。

美国作家保罗·埃得曼（Paul Erdman）在查尔斯·斯克里布纳父子出版公司（Charles Scribner's Sons）出版他的畅销书《10 亿美元的屠杀》（*The Billion Dollar Killing*）后感到该公司虽然是一家文学品位较高的出版社，但在促销方面明显力不从心，为此，保罗·埃得曼的经纪人将保罗以后的著作改在美国著名的西蒙和舒斯特出版公司出版。大多数情况下，作者和出版经纪人还是倾向选择预付款付得多的出版商，预付款越高出版商的压力越大，对这本书的营销、宣传也就可能更卖力，这是重要原因之一。

但是，对于经纪人来讲，获得最高的预付款有时反倒会给自己的工作带来消极影响。虽然获得最高的预付款作者和经纪人都高兴，但也必须看到这样的事实，就是从长远看，作者不是靠他们的书，而是靠书的销量来被评判的。尽管出版经纪人想要出版商尽可能多地付款，但也要避免陷入这样的境地，那就是当出版商看了销售数字后，在下一本书要出时说：那是个惨败的案例。这样的话，出版商要么不接下一本书，要么不尽力去做。因此，出版经纪人应该看准中间地带，即试着让他们出很高的价钱，但不要高得很离谱，不要高到这本书根本不可能满足他们的期望（汤普森，2016）。这也是经验之谈，一旦出版商出高价后图书销售情况不理想，就会给作者带来不好的影响，作者的下一本书的报价就可能受到消极的影响。把握价格的度是经纪人需要历练的一种能力。

另外，需要注意的是，现在西方的很多大型出版社都是隶属于某个出版集团的，出版集团在版权竞标方面一般是这样做的：一种是在一些情况下，同一集团的不同出版社或部门可以参加同一个项目的竞投，只要至少有一个外来的竞标者；而另一些情况下，集团会作为一个整体投标，只要最后成功了，那么代理人和作者可以选择旗下的任何一个出版社，等等（汤普森，2016）。

### 4. 通过网络社交平台

英美的出版经纪人大多拥有自己的网络社交平台，例如经纪人所在经纪公司的网站、独立经纪人自己的网站、经纪人个人的博客、脸书和推特等等，以方便发布自身的资料以及所代理的未出售的书稿项目的相关信息。这些网络平台以其信息传播的高效性和广阔性为出版经纪人的销售业务助力，经纪人利用网络平台将手中书稿的信息宣传出去，使更多的出版商或编辑了解到这部书稿，若有编辑对书稿感兴趣，就能够通过平台与经纪人建立联系，为达成交易提供了新的可能性。

另外，经纪人也会在自己的网络平台上发布自己代理的作者及成功出版的代理项目的相关信息。有时会有出版商看中已出版的书稿，想要购买其未售的其他版权；或是会有电影、戏剧公司等看中书稿，想要购买其改编权；或是海外的出版商欲在海外出版该图书，想要购买图书的海外版权等情况，通过网络平台可以直接与经纪人取得联系，促进经纪人书稿销售业务的扩展。

与此同时，经纪人也可以帮助作者建立作者平台。在作者平台上，既能宣传作者的书稿，也能让更多的人知道、了解作者本人，逐渐积累粉丝量，有助于提高作者的知名度，进而吸引出版商对作者及其作品的关注，成功出版的可能性就又涨了一分。

### 5. 海外推销

出版经纪人也会积极主动地将代理的优秀作品推销至海外，通过海外推销，作者和经纪人可以获得更高比例的版税收入。经纪人莫顿·詹克罗曾以3000万美元的价格将著名畅销书之王斯蒂芬·埃德温·金（Stephen Edwin King）的四部尚无书名、纲要的小说卖给普特南出版集团，堪称单本图书版税之最，其中，奥秘就是世界出版权。按照合同，除英文版外，每笔版权的转授权将以五五分成的方式处理，作者也能分到不菲的收入。

但他们一般不与海外的出版商直接联系，而是与本土的出版经纪人合作，由本土经纪人推销给出版商。业界有一个国际出版经纪人网络，各国的经纪人可以相互联系、达成合作。尤其是欧美国家，语言障碍较小，经纪人之间的沟通很容易，而文学作品在对方国家的接受度也很高。因此，美国和欧洲国家的经纪人之间有着密切的联系，大多数欧洲国家的出版经纪人每年一次或两次访问美国的经纪人和版权经理，希望尽早看到并购买热门图书的版权。有些经纪人之间还会保持固定的合作关系，互相沟通情况，向对方推介所代理的图书版权（魏龙泉，2011）。英国出版经纪人莫莉·沃特斯（Molly Waters）就曾将美国作家保罗·埃得曼（Paul Edman）的图书版权卖给了美国的查尔斯·斯克里布纳父子出版公司、法国的《巴黎竞赛报》（Paris Match）以及德国和意大利的出版商。

在海外推广版权最重要的是要请当地相关领域的专家或评论家撰写图书评价，这些专家或评论家是有影响力的，是说服出版商接受作品的重要手段。单单靠推荐信、翻译的样章是不够的。中国作家曹文轩的《青铜葵花》的英国代理方就是这样做的，后来被英国出版商漫步者图书公司（Walker Books）接受，2015 年 4 月英文版出版。2017 年 3 月美国版出版。2017 年底获得《出版商周刊》（Publishers Weekly）、《华尔街日报》（The Wall Street Journal）、《纽约时报》（The New York Times）最佳童书奖。中国台湾出版经纪人谭光磊在欧洲推广作品，也是这样做的，代理作者成功销售出很多作品版权，成为大牌出版经纪人之一。很多时候出版机构自己也请专家对书稿进行评论，美国格罗夫出版社（Grove Press）的老板巴尼·罗塞特（Barney Rosset）在他的自传《我的出版人生》（My Life in Publishing and How I Fought Censorship）一书中提供了一个例子。20 世纪 50 年代，法国巴黎的莎士比亚书店（Shakespeare and Company）老板西尔维娅·比奇（Sylvia Beach）是一名美国人，在同格罗夫出版社的老板巴尼·罗塞特谈话时对法国作家塞缪尔·贝克特（Samuel Beckett）极尽赞美之词，称他将来必将成为有名的重要作家。她的话把罗塞特迷住了。罗塞特很快拿到一本法语版《等待戈多》（En attendant Godot）剧本，他的第一反应就是要出版这本书。他马上找到贝克特的纽约代理人玛丽昂·桑德斯（Marion Sanders），签下了版权合同。法国初版的出版社是午夜出版社（Les Editions de Minuit）。罗塞特请一位法国文学专家、教授华莱士·福利（Wallace Foley）对这本书进行评价，福利对这本书的评价比西尔维娅和罗塞特的评价还要高。这更加坚定了罗塞特出版贝克特《等待戈多》的信心。事实证明三个人的眼光都很独到，贝克特 1969 年获得诺贝尔文学奖（罗塞特，2019）。

出版经纪人也会经常参加国际性的出版展会，比如法兰克福书展、博洛尼亚国际童书展（Bologna Childrens Book Fair）、伦敦书展（The London Book Fair）、北京国际图书博览会等，尤其是法兰克福书展是出版经纪人在国际范围内推广版权最为重要的会议,法兰克福图书博览会设有版权大会,每年签订的版权合约占世界范围内版权合约的 70%～80%。这个会议也成为出版经纪人国际交流的重要平台。英国著名版权代理公司安德鲁版权代理公司的版权代理人,著名版权代理公司布莱克·弗里德曼(Blake Friedmann)的联合创始人卡罗尔·布莱克(Carole Blake)自 1970 年以来每年都要参加法兰克福图书博览会,累计参加 46 次,直到 2016 年因治疗癌症才缺席法兰克福图书博览会。博洛尼亚国际童书展参展的主要是儿童图书,书展专门设置版权代理中心,全球儿童书 70%以上的版权合约是在这个展会上签订的,该书展成了儿童出版商的寻宝胜地。代理儿童图书版权的经纪人通过这个平台可以有效推销版权、交流经验。

当然,有时候出版经纪人也会直接与当地出版商联系,出版商也会为了争取到优秀的图书版权而主动与经纪人谈合作。但对于这种合作,出版经纪人会更为慎重,尤其是著名作者的经纪人,会对出版商进行严格的考察。国内民营出版公司新经典为获得加西亚·马尔克斯的《百年孤独》的授权,费尽周折,而马尔克斯的出版经纪人卡门·巴尔塞斯(Carmen Balcells)也为了授权的安全专门派人来中国考察,双方的合作历经近六年在 2011 年春节前才最终达成。

2005 年春夏,新经典文化公司的副总编辑猿渡静子(サルト静子)给卡门·巴尔塞斯文学经纪公司写了第一封信,表达了她对马尔克斯的崇敬和喜爱,坦陈了自己的意图,但石沉大海;2006 年春,再追数封信过去,依然没有回音;2007 年,猿渡静子再写信,并附上了详尽严谨、译成西班牙文的营销策划案,显示诚意,卡门·巴尔塞斯文学经纪公司这才回信;2008 年双方开始信件往复,增进了对彼此的了解、信任,甚至结下情谊。

2008 年,巴尔塞斯特别委派工作人员来北京、上海、南京等地进行了长达两个月的明察暗访,对中国图书市场、出版机构,尤其是涉足外国文学的出版机构,进行了细致的调查和严格的评估。2009 年 9 月,巴尔塞斯再次委派工作人员来京,还专程访问新经典出版公司的办公室,并与新经典的版权团队、负责马尔克斯项目的编辑团队和行销团队进行了深入交流。2010 年,猿渡静子也专程到巴塞罗那拜访巴尔塞斯女士,双方进一步增进了了解。

终于,在 2011 年春节前夕的最后一个工作日,猿渡静子收到巴尔塞斯的新春大礼——正式授权新经典出版《百年孤独》中文版的通知(陈熙涵,2011)。

据推测，版权引进费用高达 100 万美元。

优秀作品如《百年孤独》往往是出版经纪公司的基石，对于这样的作品在海外的行销，出版经纪人会格外谨慎。

## （七）推荐失败的原因

出版经纪人尽管熟悉出版市场，具有很专业的书稿推销技巧，但并不能保证所有的推销都能被接受，归纳起来，书稿推销失败的主要原因有以下几个方面。

### 1. 稿件质量没有达到出版要求

稿件质量不达标是推荐失败的根本原因，出版社接受推荐首先要考虑该书稿出版后是否能为出版社带来经济、社会效益，质量不达标的书稿不具备出版价值，不仅不能给出版社带来利益，还很可能砸了出版社的招牌。

### 2. 投稿格式不对

美国出版商大多对稿件格式有要求，投稿时没有调整好格式，很可能让编辑认为作者态度不认真，从而对稿件产生偏见。出版社一般不希望直接看到完整的书稿，而是希望先通过申请信或图书提案来了解书稿，直接寄来的稿件大多数会被拒绝。当然，如果稿件令编辑感兴趣，那些格式的问题也不是最重要的。

### 3. 选错了出版社

各家出版社都有自己的专业领域，长期以来在这一领域形成的品牌，有可靠的销售路径，也有相关的人脉资源，积累了很好的营销方法。它们不会轻易改变出版方向，或扩大出版范围。比如美国百老汇出版公司（Broadway Press）只对戏剧和表演艺术相关的稿件感兴趣，你投给它哲学等类别的稿件肯定会被拒绝。美国的远郊出版社（Backcountry Publication）专注于户外休闲类主题，你把美食类稿件投给它也是白费功夫。

### 4. 市场上已经有很多类似图书

出版市场也是经常刮风，一阵子养生保健，一阵子穿越言情，一阵子盗墓类等。如果推荐的稿件就是这些类别，而且市场上同类型、同主题的作品已经泛滥，稿件又没有十分突出的优势，那稿件被拒的可能性会非常大。

### 5. 出版商优中选优

有时候稿件被退，不等于没有出版价值。有时候出版社收到多部有出版价值的稿件，但由于财力的限制，可能只会选择一两部出版，其他都要退稿。而且不同编辑的眼光不同、兴趣不同，也可能导致书稿未被选中。

在美国"出版商给批发商、分销商和图书零售商的折扣加起来，平均是零售价格的 45%。印前和制作的成本是 20% 或更多。作者版税又抽走大约 10%。运营费（包括编辑的工资，营销，管理成本及其他管理费用）达 20% 左右。这些都是必要的花费，剩下的 5% 用来推销、广告和营利"（Mariotti & Fife，1995）。而且，出版商面临巨大的退货压力，"大概 20% 的精装书和总共 50% 的大众平装书最终都会被退回"（Mariotti & Fife，1995）。美国出版商新书首版印刷一般控制在 5000～10 000 册，这是一个保本印数，出版商挣不到钱，如果能够重印，出版商才能够挣钱。在美国，出版业也是受二八定律的制约，"80% 的新书是不会赢利并且重印的。这就是 80% 的失败率！这意味着出版商只能依靠 20% 的出版新书赢利（当然这也包括前几年卖得很好的再版图书）"（Mariotti & Fife，1995）。面对巨大的竞争压力和风险，出版商在选择书稿方面十分慎重，拒绝大量的书稿不予出版也是可以理解的。

**6. 样章翻译质量一般，或者没有请当地的评论家撰写评论**

对于海外推广的作品，出版经纪人都会认真寻找翻译，有时候为了找到一位合适的翻译需要费很多工夫。样章的翻译质量尤为关键，这些翻译人员往往要对作品原语言和版权推广国家的目标语言都精通才可以，而这样的人才是不多的。另外，还要请当地的评论家撰写评论。如果这两项工作做好了，作品被接受的可能性就会大大增加。推广失败的原因中，有一点就是翻译质量不高，出版商没有感受到书稿的魅力。没有当地评论家的评论出版商往往难以评估这本书的质量，有了当地评论家的评论，就会给出版商一个重要参照，对他们购买版权提供重要帮助。如果没有当地评论家的评论，出版商因为对作品和市场把握不准可能选择放弃，使得推荐失败。

## 三、谈判并协助作者签订出版合同

谈判是出版经纪人的主要职责，他们要在谈判过程中尽力为作者争取更高的权益，并且协调作者与出版社之间的关系，最终促使双方达成一致，签订出版合同。出版商提供的制式合同一般是有利于出版商自己的，出版经纪人一般不倾向于签订制式合同，而是要求出版商对制式合同进行修改，针对自己代理的作品做一些专门的约定。或者专门拟定新的合同，避免掉入合同陷阱。

## （一）与出版商谈判

出版经纪人通晓出版流程和出版社操作规范及习惯，了解市场行情，他们对代理的书稿的价值了然于心，知道在哪些条款上可以为作者再做争取，哪些条款出版社不会让步，不会漫天要价，也不会吃亏上当。他们也会做好版权规划，比如哪些权利不给出版社，哪些权利条款上要对地域、语言等加以限制。这些都是谈判的底数。同时，出版经纪人从事商业谈判也很在行，懂得谈判礼仪，掌握谈判技巧和策略，比如出版社降低预付款，出版经纪人可以要求提高版税率等，他们知道如何推动谈判顺利进行。

当然，如何谈判、谈判中的地位等从根本上取决于版权本身的价值。如果经纪人要卖出的是著名作家的书稿，出版社会较为积极，甚至有多家出版社竞争，那么经纪人在谈判中就会处于优势地位，对于条款的设定、权益的争取更为主动。反之，若是要销售新人的书稿或是过气作家的稿件，经纪人在谈判中就几乎没有优势可言，相对被动。但是，编辑在谈判过程中的出价往往会有所保留，会低于出版社实际能够接受的底价，因此，不管在哪种情况下，出版经纪人都可以争取更利于作者的合同条款，只不过要做好被驳回的心理准备。罗琳的经纪人克里斯多夫·里特将《哈利·波特》推荐给多家出版社都被拒绝，后来布鲁姆斯伯瑞出版社接受了这部稿子，但首版数量也很有限。可以设想，经纪人在与出版社编辑的谈判中不具有优势地位，处处被压制；后来图书火爆后却是另一番景象，经纪人在版权谈判中成了第一牛人。由此可见，出版经纪人在谈判中需要把握火候，要认清自己的优势与劣势，根据稿件的具体情况准确把握谈判形势。

## （二）确定稿酬

目前，绝大多数情况下，作者的稿酬以版税的形式计算支付。版税率是谈判的重点，也是出版社和经纪人双方都会力争的谈判内容。

一般来讲，美国商业精装书的版税首印 5000 册的版税率为 10%，第二个 5000 册为 12.5%，以后再印刷版税为 15%；平装书的版税一般是 5%～10%。具体到每本书又会有不同，出版经纪人可以与出版商具体来谈。通过出版社综合论证的稿件，出版社会交给生产部评估书稿的版税。在美国，出版社评估一本书的版税要考虑很多因素，不仅要考虑精装版本、平装本、袖珍本、俱乐部版等版本因素，还要考虑独家版权、第一连载权、第二连载权、影视改编权等权利因素，综合之后形成报价。当然报价也会有所保留，经纪人可以尝试争取。

有时编辑对版税率把得很严，不肯退步，经纪人可能会要求多给一些副本，也就是样书。出版社一般不允许作者将样书卖给书店或一般读者，但是允许作者卖给朋友或者邮购者。在样书问题上编辑比较容易妥协，一般出版社提供样书 15 本，如果经纪人要 50 本甚至 80 本，出版社也可能答应，因为出版社和编辑们认为作者要样书很多是用于宣传，对图书销售有利。或者经纪人会要求出版社给作者购书更高的折扣，这样也能给作者带来一部分利益。在美国，作者购书一般是成本的 60%，经纪人可以要求出版社给予成本价 50%甚至 40%的折扣。

（三）确定预付款

在谈判中，出版经纪人还要与出版社编辑商定预付款，即图书出版前出版社预先支付给作者的稿酬。

在美国，大多数作者的第一本书的预付款在 5000 美元左右，一些老作者的预付金可能在 10000 美元以上，而畅销书作家的预付款有可能超过 10 万美元，超级畅销书作家的预付款甚至超过百万美元。

举例来看，矮脚鸡出版社（Bantanm）付给萨利·比奥伊曼（Sally Beauman）的第一部主流小说《命运》（*Destiny*）115 万美元预付款，该作者以前是写爱情小说的，已经有了一些名气；朱迪斯·克兰茨的《西北风的女儿》（*Mistral's Daughter*）获得了 220 万美元的预付款；詹姆士·克拉维尔（James Clavell）的《旋风》（*Whirlwind*）得到 500 万美元预付款；盖尔·西莉（Gail Sheehy）的《开创者》（*Pathfinders*）获得 100 万美元预付款；兰登书屋以 500 万美元和诺曼·梅勒（Norman Mailer）签下了 4 本小说的合约；玛丽恩·齐默尔·布拉德利（Marion Zimmer Bradley）的两本小说获得了 350 万美元；亚瑟·C. 克拉克（Arthur C. Clarke）的三本小说获得 400 万美元；演员伯特·雷诺兹（Burt Reynolds）的自传获得 100 万美元，尽管他不是有名的作家，但是他的明星身份影响了出版社的出价（Mariotti & Fife, 1995）。克林顿《我的生活：克林顿回忆录》的预付金高达 1000 万美元，希拉里·克林顿的回忆录则获得了 800 万美元。当然这些都是个别的案例，对普通作者来讲基本上是遥不可及的。

但是，出版经纪人也可以通过谈判向出版社要求更高的预付款。比如说，如果经纪人要求预付款 1 万美元，出版社会考虑是否与图书带来的收益对等。如出版社销售部门估计可以卖出 3000 册精装书，建议定价为每本 10 美元，版税 10%，则应付作者版税账上 3000 美元。出版社邻接权部门估计，纸皮书授权可收入预付金 5000 美元，图书俱乐部版权预付 2000 美元，设定按 50% 对半分，作者账户又增加 3500 美元，按估计这本书的版税和邻接权收入仅有 6500 美元，经纪人要求预付 1 万美元就显得过高，这样出版社就得告诉经纪人，我们对这本书感兴趣，但只能预付 7500 美元，经纪人说太低了，还可以还价。出版社如果获得第一连载按 90%：10% 分成（作者多），还有翻译权按 75%：25% 分成（作者多），出版社就可同意预付 8500 美元（安华，2002）。

（四）确定权利的授予

图书版权有很多种分类，例如中文简体版权、中文繁体版权、外文版权、电子版权、连载权等，也包含许多种附属权利，例如翻译权、影视改编权、表演权、录音权等。英、美等国家的出版习惯与中国存在着很大的区别，出版社对图书版权的开发相对更为充分，对精装版、平装版、俱乐部版、口袋书等版本也有明确的区分，大多数出版社要么只出精装书，要么只出平装书。欧美出版市场中还有许多图书俱乐部，它们有自己的出版权，一般是购买图书版权自己印制，在俱乐部内部出售推广。许多图书俱乐部的发行量很大，例如美国的每月一书俱乐部出版的图书，往往能够销售几十万册，所以向图书俱乐部出售版权也能获得相当可观的收入。欧美出版社还会出版限量版图书，一般选用经典图书，印数控制在 1000 册以内，图书制作精良，有些图书的插图甚至由手工绘制，装帧全部由手工制作而成，往往有作者的亲笔签名。限量版图书的收藏价值很高，售价也高，增值也快，卖出这一权利也能获得不少收益。

版权的细分就要求出版经纪人在谈判中要与出版社编辑明确约定授予的权利范围，避免出现权利上的纠纷，同时也要拟定作品的剩余版权、衍生产品和附属权利的开发计划，尽量为作者争取更多的版权利益。

对于有可能在海外销售版权的书稿，熟悉版权的海外推广、有广泛的海外推广路径的经纪人一般愿意把海外版权、翻译权等相关权利留在自己手里，由经纪人自己将版权推广到国外，如果不通过次代理的话，作者方会得到全部版税。如果由出版社销售海外版权，所得款项出版社将与作者对半分成，假设卖了 2000 美元，出版社给作者的预付款是 5000 美元，1000 美元不会马上给作者，而是留在出版社的账上，直到出版社销售图书的版税满 5000 美元，才会把 1000 美元给作者。而如果由经纪人销售海外版权，一般海外版权销售的佣金是 20%，2000 美金经纪人扣留 400 美元的佣金，还剩 1600 美元给作者，对作者和经纪人自己都更为有利。一般图书很多是卖不到预付版税的价钱的，也就是说大多数情况下，出版社无须支付海外销售版权作者应得的部分给作者。当然，在谈判中，对于含有海外版权和不含海外版权的两种合同，经纪人要求的价格是有区别的。

关于附属权利，经纪人也会针对不同书稿提出不同要求。例如，如果一本小说有改编成影视的可能，而且自己有推销的渠道，那经纪人通常会把影视改编权留在自己手里。影视改编权所获得的收益一般高于单纯的图书出版所得到的收益，大部分出版经纪人都兼做影视版权经纪工作。玛格丽特·米切尔（Margaret Mitchell）的经纪人威廉·莫罗（William Morrow）在《飘》畅销后，以 800 万美元出售了电视剧改编权。出版经纪人一般是和剧本代理人合作来促成影视改编权的销售，二者会达成分成协议，这样的合作，佣金的比例要提高 5%～10%。如果出版社坚持要签这种权利，经纪人则可以提出提高作者的分成比例，比如原来的分成比例是对半，现在就可以要求 60%：40% 或者 75%：25% 等（作者多）。这对于其他的附属权利也同样适用。文学作品的第一连载权经纪人一般也愿意保留，因为这一权利最易操作，只要和报纸、期刊有联系，销售这些权利比较容易。如果出版社坚持保留，则分成比例应该是作者 90%，出版商 10%。

有些出版商喜欢与作者签订优先条款，即出版方拥有对该作者下一部作品的优先选择权。这样做的目的是一旦作者的第一本图书畅销，出版社就会优先享有该作者的第二本甚至第三本图书的授权，不会错失良机。经纪人一般不愿订立这一条款，因为这是对作者的一种限制，但是出版界对这种做法已经习以为常。如果合同中有此项条款，出版经纪人不会同意约定下一本书与这一本书执行同样的利益分配方案，而会保留，如果出版社的报价作者不接受，那么作者有选择其他出版社的权利。

对于出版合同中涉及的关于版税率、版税计算方法、版权授予范围、预付金等的所有条款，出版经纪人都要逐一审查，一一协商、谈判，认真核定，达成一致后，才能请作者签约，或者根据经纪合同代签合同。出版经纪人与出版商谈判的主要目的就是争取更利于作者和作品的出版方案，争取实现作者权益的最大化。

## 四、协调出版过程

帮助作者与出版商签订出版合同之后，出版经纪人的工作并没有结束，他们还有许多协调工作要做，以保障出版工作顺利推进。

出版合同签订后，出版经纪人首先会督促作者按约定日期完成创作，按时交稿，因交稿迟缓而被出版社拒收的案例不在少数。创作完成后，作者会在第一时间把书稿交与经纪人过目，经纪人会根据自己的经验和判断提出修改意见，作者会根据经纪人的意见进行修改，经纪人认可后，就会把书稿提交给编辑。尽管稿件经过了经纪人的把关，但编辑还是会根据出版社的出版方针及出版要求以编辑的角度完整地审读稿件，并提出修改意见，小至语法、修辞、标点等问题，大到语言的修饰、润色或结构性的调整，有时还会要求作者进行大幅度的删减或者改写。但是有些作者认为稿件交给出版社就万事大吉，对于被要求来回改写感到十分烦躁，甚至拒绝合作；有些作者认为作品是自己的心血，不愿意多做改动；还有些作者与编辑的思路相左，对编辑给出的修改意见不认可，不愿意按照编辑的意见修改稿件。这时候就需要经纪人出面，从中加以协调，向双方更详细地转达对方的思路和想法，帮助双方准确地理解对方的意图，进而找到更合适的、对图书出版更有利的解决办法——说服作者接受出版社编辑的修改意见，完善书稿，或是试图让编辑认可作者的创作思路，或是折中解决问题，促使合作得以顺利进行。其中的门道需要不断修炼才可能掌握。

书稿内容审定之后，出版社编辑会负责协调图书的装帧设计。有些出版社会让作者和经纪人看图书装帧设计的效果图，征求他们的意见，而有些出版社没有这样的安排，直接按自己的想法设计后出版。因此，有时候作者对图书的装帧设计很有意见，有的作者甚至因此终止与出版社的合作，跳槽到其他出版社。赫尔曼·沃克（Herman Wouk）就因不满意双日出版社（Doubleday）的装帧与印刷，而被利特尔&布朗出版公司的老板小阿瑟·桑希尔（Arthur H. Thornhill，Jr）挖走。赫尔曼·沃克"担心书的印刷质量，因此他就想找一个能注重图书精美外观的出版社"，小阿瑟·桑希尔因势而动，说服沃克将著名二战小说《战争风云》（*The Winds of War*）授权给利特尔&布朗出版公司（西尔弗曼，2010）。1952 年杰罗姆·大卫·塞林格（Jerome David Salinger）的《麦田的守望者》（*The Catcher in the Rye*）平装本在新美国文库出版社（New American Library，NAL）出版，但塞林格对其设计的封面十分不满，授权期一满就马上收回了版权。这本书出版后卖掉上百万本，如果能够接续版权，出版社将会得到更丰厚的收益。《麦田的守望者》平装本版权最后被矮脚鸡出版社买走，矮脚鸡出版社充分满足塞林格的要求，让他亲自设计封面。矮脚鸡出版社的 CEO 奥斯卡·迪斯特尔（Oscar Dystel）后来回忆说：从 1964 年的首版开始，矮脚鸡出版社的《麦田的守望者》一年固定售出 50 万本。到 1978 年，这本书在矮脚鸡出版社已经印了 46 次（杜恩龙，2015）。可见，出版社与作者合作不愉快可能会导致出版社流失重要作者，从而遭受重大损失，而作者也会面临很多麻烦，若经纪人能够帮助双方进行有效的沟通协调，双方的合作会更愉快和顺畅，利于双方的互利共赢。

在出版过程中还可能出现很多类似的影响作者与出版社良好合作关系的情况和问题，而出版经纪人在其中对于双方消息的传达、矛盾的调节、问题的协商起着重要的作用。从一定程度上来说，出版经纪人可以说是作者与编辑之间的润滑剂。经纪人的协调既能有效地协助解决问题，也有利于帮助作者和编辑维持友好、互信的合作伙伴关系，推动合作的良性发展。出版经纪人也是编辑和作者之间的缓冲地带，这个缓冲地带可以让原本很激烈的矛盾变得缓和起来，由原本的势不两立变为可以继续交流。由此可见，经纪人的协调能力也对其做好工作有重要助益，不善沟通、协调的人可能不适合做出版经纪人。

## 五、参与市场推广活动

作者的作品出版后，出版经纪人还要积极投入市场推广活动，为作品争取更好的销售业绩。出版经纪人参与的市场推广活动包括：为作品拟定营销策划方案；参与出版商企划方案的设计；与媒体、书评人联络，获取更多的正面评价，为图书的销售造势；协助出版社开展各种促销活动，如签售会、电视访谈、巡回报告、书友会、粉丝见面会等。有时候，经纪人还要代表作者出席活动和会议，例如在 2016 年世纪文景出版的《追风筝的人》（*The Kite Runner*）十年珍藏本的首发仪式上，出席的重要嘉宾并非小说作者卡勒德·胡赛尼（Khaled Hosseini），而是胡赛尼的海外出版经纪人钱德勒·克劳福德（Chandler Crawford）女士（陈熙涵，2016）。同时，出版经纪人还要注意收集相关的市场信息，如销售情况、口碑评价、同类书竞争情况、促销活动效果等，及时反馈给出版社和作者，协助调整营销计划和后期的写作计划。

总体来看，出版社 90%的宣传经费会用在 10%的书上面。这 10%的图书主要是出版社认为能够畅销的图书，一般也是预付款较高的图书，一方面宣传推广活动对于有畅销潜力的图书能够起到锦上添花的作用，有利于扩大收益，另一方面出版社希望通过宣传提高销量，从而赚回高额的预付版税。其余 90%的图书只能分到很少的经费用以宣传推广，有的甚至没有宣传计划。这种情况下，经纪人的市场推广活动就显得尤为重要，比如经纪人可以向图书评论家、记者、报社、杂志社的专栏作家甚至电视台推荐图书，争取媒体对图书的报道宣传，扩大图书的知名度；也可以单独策划读者见面会、签售会等活动。现在，也有很多经纪人借助网络的力量进行图书宣传，经纪人会在自媒体上发布图书和作者的相关信息，扩大图书信息的传播范围；有的经纪人还会帮助作者建立作者平台，为作者和图书吸引关注、积累粉丝。网络宣传操作起来灵活、便捷，花费较少，效果有时也相当不错，对于出版经纪人的市场推广工作具有普适性。

## 六、追踪图书销量，代作者领取稿酬

若你问一位作者他的图书销量多少，他很可能让你失望，只能说出一个大概；但若你去问作者的出版经纪人，如果不涉及保密的话，则能得到准确的答案。图书的销量与作者的稿酬和经纪人的佣金收入直接挂钩，所以图书出版后经纪人会密切关注图书的销售情况，对销售数据了如指掌。出版经纪人受作者的委托，会负责跟踪书店（实体书店、网络书店）的销售情况，并与出版社销售部保持联系，从那里获取、核实销售数据。同时也会依靠市场调查公司获取出版社的图书销量数据，这些数据相对准确，在欧美国家如果出版社提供虚假的销售数据是要负法律责任的。

核查过销量后，出版经纪人需要按照合同的约定，按期代表作者从出版社领取稿酬，按比例提取佣金后交付作者，并向作者提交明细清单。

## 七、接受出版社的委托，代为寻找合适的图书和作者

出版经纪人这一工作类似于西方出版市场上的书探。在西方出版市场上有一个群体——书探，他们接受出版商的委托，代为寻找优秀书稿或者已经出版的图书，他们利用自己的专业眼光发现优秀的书稿和图书，推荐给出版商，从出版商那里得到报酬。他们偶尔也接受出版经纪人的委托，代为寻找优秀的稿件和作者。出版商一般委托书探在海外为自己寻找书稿或图书，比如美国的出版商可能聘请书探在伦敦为自己寻找优秀稿件或图书。

有些出版经纪人不仅仅接受作者的雇用，还接受出版商的委托。现在是策划的时代，许多出版社的选题要靠经纪人为自己物色合适的作者，因为经纪人手中掌握着大量的作者信息，可能比编辑更了解作者，知道哪些作者适合于哪些选题的写作，也知道这些作者正在创作什么类型的作品，还知道如何与他们取得联系以及谈合作。因此，有时候出版商和编辑会委托经纪人向作者传达对书稿的需求意向。但是在这种情况下，出版经纪人仍然受雇于作者，只是接受出版社的委托，将传统出版流程中经纪人向出版社投稿改为了出版社向经纪人及其旗下作者约稿。这种情况下经纪人不用发愁稿件的推销，因为是出版商约稿，作品完成后交给出版社即可，当然也会有内容修改之类的问题需要交流。如果作者不是经纪人代理的客户，而是重新寻找的，这种做法客观上也增加了经纪人的作者数量，扩充了其作者队伍。

## 八、出版经纪人对客户群的管理和维护

### （一）客户管理和维护

出版经纪人与作者建立合作关系之后，往往会保持一种亲密的关系和密切的联系。有许多作者和出版经纪人在合作的过程中相互信任，建立了深厚的情谊。畅销书作者詹姆斯·达什纳（James Dashner）曾说："出版经纪人的确是一个我在生活中离不开的人。"（Strawser, 2013）希拉里·克林顿也曾在她的回忆录《亲历历史：希拉里回忆录》中称赞作为她的律师和出版经纪人的罗伯特·巴奈特："巴奈特在 1992 年成为我的顾问，在接下来的几年里，我再也找不到一个比他更好的朋友了。"出版经纪人凭借出色的业绩和诚信的操作，

更有利于取得作者的信任，也更易于与作者建立友谊。建立这种友谊，是出版经纪人维护客户最有利也是最自然的方式。

当然，一般情况下，出版经纪人并不能与旗下所有的作者都建立如此亲密的关系，出版经纪人也没有时间和精力用这样的方式维护每一位客户。大部分的出版经纪人都会把自己的客户分为活跃客户和非活跃客户，分类管理。坚持写作、持续有作品问世的作者及畅销书、常销书的作者即为活跃客户；那些写作陷入衰退期，不想再写作的作者会被划入非活跃客户中去。这种管理使得经纪人能够集中精力打理那些活跃客户的书稿及其他事务，对于非活跃客户则可以少投入些精力。在出版经纪行业同样适用二八定律，也就是说一个经纪人或经纪公司 80% 左右的收入是 20%～30% 的作者带来的，这些作者就是经纪人和经纪公司的核心客户，是 VIP，出版经纪人会对这些客户的事务尤为重视；剩下 70%～80% 的作者只能带来 20% 左右的收益，这些作者则是普通客户。但即使对于那些不活跃的客户，大部分出版经纪人也不会主动与之解除合约。其中一部分原因是他们将自己与客户的关系视作一种忠诚和相互的承诺：如果代理人准备与那些没有新作品的作者解除关系，那反过来他们又拿什么来阻止那些成功的客户与他们解除关系呢？另一部分原因是，即使是再不活跃的作者，偶尔也可能会让你大吃一惊。一位出版经纪人曾说道：你认为不活跃的作者可能会突然杀回来，创作了一本非常棒的新书。你上次签约已经是五年前，现在又签了新合约，仿佛突然间又有了动力。这种意外之喜当然是这个行业带来的巨大快乐之一（汤普森，2016）。作者的创作实在是很难琢磨的一种活动，很难有规律可言，有的作者可能沉寂好几年，突然写了一本很好的书，一下成为文坛新星。如果经纪人在作者沉寂的时候与他解约，那么就等于丧失一个潜在优秀客户，损失一大笔佣金。虽然这样的案例并不多，但是面对这种可能性，大多数经纪人宁愿维持合作，而不愿意解约。对于 VIP 客户，出版经纪人则会更为上心。经纪人会与这些作者保持日常性的联系，了解作者的写作计划、写作进度等，拿到出版社计划出版的选题后也会先考虑让这些作者来创作，有能力的出版经纪人也会更多地为 VIP 作者策划活动。这与影视经纪人管理旗下艺人是同一个道理。

（二）客户流失

出版经纪人旗下的客户流失也是行业里十分常见的情况，而双方的态度和行为以及所处形势的变化都有可能成为终止合作的原因。

有些作者的图书出版后大获成功，一举成为畅销书，自认为由现在的经纪人或经纪公司代理不利于自己的成长发展，可能会寻求与更资深、更优秀的出版经纪人或实力更雄厚、资源更丰富的出版经纪公司合作，而与现在的经纪人解除合约，这种情况下经纪人往往很难挽回。有时候，就算旗下的优秀作者没有主动产生更换经纪人的想法，也可能在其他经纪人的鼓动下动摇，被竞争对手挖走，虽然在出版经纪行业挖角被认为是不高尚的行为，但也在所难免。有些作者因为各种原因即将封笔，不再写作；有些作者即将移民不再在这个国家发展；有些作者转变写作方向，其作品类型与经纪人代理类型不符，等等，都会造成经纪人客户的流失。经纪人的服务和业务能力不能让作者满意，或是经纪人在经济等方面有违规操作，使得作者对经纪人失去信任，也是造成客户流失的重要原因。

当然，少数情况下出版经纪人也可能会主动提出解除经纪关系。对于有些非活跃客户，出版经纪人认为其已没有创作潜力或价值，可能会主动放弃；有时候经纪人签约了许多新的作者，事务过于繁忙，可能会与非活跃客户解除经纪关系；有些作者的稿件经纪人无论如何也卖不出去，双方都感到再合作下去已经没有意义，也可能会解除合约。

（三）合作时间

出版经纪人与作者的合作也有期限，在签订经纪合约时双方会共同约定。如果是单本书的代理，一般签订的代理合同是三到五年，合同到期双方都彼此满意的情况下也可以续签。如果是对一位作者及其全部作品的代理，则一般是长期合同，比如《百年孤独》的作者加西亚·马尔克斯与经纪人卡门·巴尔塞斯签订的经纪合同有效期是 150 年，相当于是终身合约。当出版经纪人认为自己的委托人不值得代理时，他可以提出终止代理合同的要求；反之当作者感到自己的经纪人代理不力时，也可以要求终止合同，重新寻找经纪人。有的经纪人技术熟练，业务能力强，为作者争取到很多权益，往往会与作者合作终生。因此，有的畅销书作者一生都没有换过经纪人，例如美国著名作家阿瑟·海利（Arthur Hailey，也译作"阿瑟·黑利"），《飞入危险》（*Flight into Danger*）的作者，其作品在全球累计销售 1.6 亿册，一生只有玛尔维·索斯盖特（Malvi

Southgate）一个经纪人。但是大多数作者都与不止一位出版经纪人合作过（杜恩龙，2002）。

## 九、对作者的精神服务

出版经纪人对作者的服务很大一部分是精神服务，作者都是很有造诣的文化人，他们更多是对精神生活的追求，图书创作就是一种典型的精神创作，从这一角度看，出版经纪人对作者的服务应该格外注重精神层面的服务。这样说没有丝毫轻视物质服务的意思，严格地说是一种高于物质服务的服务。这是一种软性、弹性服务，也是一种更为高级的服务，对拉近经纪人与作者之间的关系影响巨大。人与人之间最深入的交流都是精神层面的交流，经纪人如能深入作者的精神层面进行服务，二者之间就会形成十分稳定的合作关系。

出书很多时候是一种出版经纪人与作者同谋的行为（经纪人出主意，作者实施）。书传递的是知识文化，所以图书创作重在经纪人与作者的沟通与交流，需要他们之间建立一种良好的关系。好的经纪人能不断给作者以创作上的灵感，让作者感到与经纪人交流有一种快感，对自己的思想、作品都有很大帮助，把经纪人当成自己的知音，当作自己的诤友，自己的喜怒哀乐都愿意和经纪人交流；使作者感到如果离开这位经纪人，就会损害自己的创作，影响自己创造力的发挥。

经纪人与作者之间的交往核心是稿件，稿件是作者的心灵创作，是自己内心精神的外化，经纪人审读稿件，对稿件提出修改意见，其实都是与作者内心深处的交流，这种关系很容易发展到知己的程度。事实上很多作者一辈子没有更换过经纪人，其中的原因在很大程度上和经纪人对他们的精神服务有关。这种服务远远超出了商业服务的范畴，经纪人更像是作者的朋友，甚至是知己，而不仅仅是商业伙伴。

书稿创作是一种十分艰苦的工作，有时候遇到困难一时难以逾越，很多作者会产生苦闷、彷徨、沮丧的情绪，加上出版编辑的催逼，往往会变得喜怒无常，甚至会得抑郁症，这时候尤其需要经纪人的精神鼓励与心理抚慰，指导作者在心理和思路上走出死胡同。当作者的书获得很大成功，过于膨胀时，经纪人需要以适当的方式给作者降降温，让他们理性地面对图书市场，这样才会使他们在图书销售遭遇不测时不至于过于失望。好的经纪人应该擅长此道。

同时，作者都是有个性和特点的，经纪人需要宽容作者的怪癖。有些作者往往特立独行，有勃发的激情，他们求知欲旺盛，追求独立，洒脱不羁，自命不凡，容易冲动，甚至有道德瑕疵，不怎么关注社会评价，或是患有心理疾病。亚里士多德（Aristotle）在公元前 4 世纪就曾说过：所有在哲学、诗歌、艺术和政治上取得了不起成就的那些人，甚至包括苏格拉底和柏拉图，都有忧郁倾向，有些人甚至患上了严重的抑郁症（转引自莱勒，2014）。亚里士多德还曾说：但凡优秀的人都免不了是半个疯子。柏拉图也说过：有天才的人常有道德缺陷，如行为卑鄙，甚至声名狼藉，不一而足。

英国心理学家波斯特博士通过十年的研究终于发现：创造性的才华和病态的心理，确实有着某种联系。天才多有精神疯狂病症，而精神疯狂症又时常能激发灵感和创造性。因此，许多高智商的人也都容易患有精神病。莫斯科精神病研究所的埃夫罗姆松研究后也坚定地认为：在天才和疾病之间，确实有一种不可忽视的联系。据英国《每日电讯报》网站报道，著名的精神病学专家迈克尔·弗茨拉德教授在研究后指出：奥地利音乐家莫扎特，德国音乐家贝多芬，俄罗斯作曲家柴可夫斯基，西方哲学泰斗康德，以及英国大文豪奥威尔，作家安徒生、巴尔扎克，诗人拜伦、雪莱、普希金、罗伯特等在文史领域曾经独领风骚的大师，在生前都患有抑郁或精神分裂症。疾病在导致他们行为怪异的同时，也激发了他们的创作潜能。这正如巴尔扎克所言：天才就是人类的病态，它就如同珍珠是贝的病态一样。波斯特博士用现代精神病理学的分析方法，研究了人类近代 300 位著名人物后得出了以下结论：在政治家中有 17% 的人有明显精神病特征，如希特勒、林肯、拿破仑；科学家中占 18%，如高尔登、安培、哥白尼、法拉第；思想家中占 26%，如罗素、卢梭、叔本华；作曲家中占 31%，如瓦格纳、普契尼、舒曼；画家中占 37%，如凡·高、毕加索；小说家和诗人中占的比例最大，竟达 46%，如福克纳、普鲁斯特、劳伦斯、莱蒙托夫等（郭德才，2007）。因此，有很多人认为，疯狂和天才相伴而生。

约翰·霍普金斯大学的精神病学教授凯·雷德菲尔德·杰米森（Kay Redfield Jamison）对英国小说家和诗人的人生经历进行研究，按照她的数据，与常人相比，著名作家患严重抑郁疾病的可能性比普通人高 7 倍（莱勒，2014）。令我们奇怪的是，研究证明这些抑郁、躁狂对激发创造力反而有帮助。抑郁狂躁型抑郁症（在极度忧伤和极度兴奋这两种极端情绪间摇摆的一种疾病）与创造力高度相关。艾奥瓦大学（University of Iowa）精神学家南希·安德烈亚森（Nancy Andreasen）发现，在她调查的已成功的创造性人才中，差不多40%的人都患有这一疾病，大约比常人高出20倍。精神病专家哈古普·赤坂（Hagop Akiska）刚刚发现，在一群有影响力的欧洲艺术家中，近三分之二患有抑郁狂躁型抑郁症。安德烈亚森认为，产生这种高度相关的原因是，躁狂状态常常导致人们突发奇想，他们的大脑会忙于远距离联想（莱勒，2014）。安德烈亚森说：躁狂时，这人会变得对稀奇古怪的思想极为开放。往往就是在这样的时刻，他们想出了那些最具原创性的点子（莱勒，2014）。

西德尼·谢尔顿（Sidney Sheldon）就在其自传中承认是抑郁狂躁型抑郁症患者，17岁的时候曾经想到自杀。他一生写了17部小说，都登上了《纽约时报》畅销书排行榜，被译成51种文字，远销180个国家，全球销售3亿册。获德国最高剧作家奖——托尼奖，获得过奥斯卡最佳导演奖，获得过艾美奖最佳制片人奖，还曾获得爱伦·坡奖提名奖和《纽约时报》最佳小说奖。

英国进化论创立人达尔文长期患有精神抑郁症。海明威也患有严重的抑郁症，为了摆脱抑郁，他不断地旅行、饮酒、找多个女人，但是抑郁仍然如影随形，让他痛苦不已。1961年他终于忍受不住，开枪自杀。

不少作者由于创作压力、孤独等形成很多怪癖，经纪人要以宽容的态度来对待。很多作者，尤其是大牌作者，往往性情古怪，难以打交道。但是他们的书很好，很受读者欢迎，是出版经纪人的"摇钱树"。对这些人的精神服务显得尤其重要。

有些作者嗜酒如命，嗜酒的作家在作家队伍中比例很高。对有些作者来讲，酒能激发灵感，比如李白斗酒诗百篇。但是，酒也能误事，可能会让作者拖拖拉拉，无法完成稿件创作。海明威反复引用的名言就是："喝醉了写，酒醒后改。"著名武侠小说作家古龙一生写了三十年武侠小说，创作了上百部作品，他嗜酒如命。"别人愈不了解他，他愈痛苦，酒喝得也就愈多。他的酒喝得愈多，做出来的事也就更怪异，别人也就更不了解他了。"这是古龙在他的《楚留香传奇》的开场白中用来描写那位嗜酒如命的胡铁花的一段话，其实也是他自己内心的自白，是真实写照。古龙最后因饮酒伤肝而去世。

作者的怪癖举不胜举，出版经纪人不要尝试纠正他们的怪癖，要容忍、宽容他们，要善于与他们打交道，一切工作以促使作者创作出更多的优秀作品为中心。善待有怪癖的、患抑郁症的作者，无论是对于出版经纪人自己的事业发展，还是对于社会文化事业的发展，都是好事。

## 十、其他工作

### （一）培训作译者

英国著名的出版经纪公司柯蒂斯·布朗经纪公司就办有作者培训学校，定期培养作者，既获得了一些收入，又获得了一些可代理资源，在培训中比较优秀的大都成了自己公司代理的作者，可谓是一举两得。

日本著名版权代理公司苹果籽经纪公司（The Appleseed Agency Ltd.）的创办人鬼塚忠是文学家，非常钟情文学创作，因而特别重视对文学家的培养。2008～2014 年，公司曾多次举办"作家养成讲座"，培养了大批的作家，很多作家还成为自己公司的代理对象。

培训翻译家。出版经纪公司经常代理海外版权和国内版权的海外推广，无论哪一项工作都需要优秀的翻译人员，翻译人员对出版经纪工作十分重要。为满足翻译工作的实际需要，有些公司直接培养翻译人员。日本综合著作权代理公司两位创始人矢野浩三郎、宫田昇都是日本著名的翻译出版家，他们对翻译工作情有独钟，这家公司非常注意培养翻译家，办有多家翻译人员培训工作室，如宫胁孝雄翻译教室、三边律子翻译教室、加藤洋子翻译教室、田村义进翻译工作室等。不仅培养了大批翻译人才，有些翻译著作还成了畅销书。

### （二）培养装帧设计师、儿童图画书画家

图书装帧、儿童图画书绘制都是出版图书的重要工作。有些出版经纪公司会因为公司创办人的喜好，开设图书装帧、儿童图画书画家培训班、工作室等。日本综合著作权代理公司专门设有铃木成一装帧设计室和职业实践绘本工作室，用于培养装帧设计人才和儿童绘本画家等。

一些出版经纪人除了代理作者，还会兼做一些零散的文字工作，例如帮助没有经纪人的作者审读稿件、评估作品、校对书稿、润色文稿等。有些出版经纪人还提供咨询服务，解答作者出版方面的相关问题，有些服务需要付费，按小时结算。

## （三）为被代理人寻找代笔人

很多政要、影视明星、热点事件的当事人要么很忙，没有时间写作，要么没有写作书稿的能力，但是他们是社会关注的热点人物，是很好的畅销书潜力股，经纪人游说他们答应出书后，还需要为他们物色合适的代笔人。世界上有很多人文笔很好，懂得写书的套路，但是他们没有名气，写出的书很难出版，于是就会为他人代笔，他们是一个群体，社会需求量不小。

代笔人在英语中被称为 ghostwriter，其字面含义是像幽灵一样的神秘作家，在英语语境中大概也是一个敏感话题，一个有争议的话题。在西方，代笔者有着不菲的收入。代笔人或者代笔公司可以提供各种文稿的代笔服务，上至政要的发言稿，下至流行小说，可谓无所不包。在代笔开始前，代笔者会与雇主签订严格的保密协议。之后代笔者会对雇主进行采访，研究雇主的事迹、之前的演讲、提供的大纲、雇主要求等，力争以最符合雇主特点的语气来完成作品，让读者觉得就是雇主在和他们对话。

作为一门职业，代笔曾被 *U. S. News & World Report* 杂志评为"金融危机中的十大暖春行业"之一，该杂志认为，在 2008 年底时，代笔者的平均年薪为 56 900 美元。据美国权威薪酬调查机构 PayScale 显示，代笔者的年薪甚至可以达到 146 213 美元。国际威客（Witkey）[①]网站巨头 Freelancer 曾经在 2011 年初发布报告，称代笔为 2010 年增长最快的十个行业之一，产值年增长率达到了 269%（李慧翔，2012）。

在美国很多畅销书是由代笔作家完成的，不仅如此，他们还有专门的协会，用于代笔者之间的业务交流。资深枪手与畅销书作家玛西娅·特纳（Marcia Turner）表示，《纽约时报》畅销书榜的上榜图书有接近一半为代笔的杰作。玛西娅·特纳亲自创办了美国代笔者自己的协会——美国"幽灵作家（代笔）协会"（Association of Ghostwriters）。该协会十分活跃，能帮助会员寻找合适的代笔项目，还提供各种派对等网络和地面交流活动。这是一个不小的社会群体，是一支不可忽视的文化产业力量。

2006 年美联储前主席格林斯潘与企鹅签约，以 850 万美元的价格出售其

---

① Witkey，wit+key，即 the key of wisdom 的缩写，是指通过互联网把自己的智慧、知识、能力、经验转换成收入的人。

自传的版权，但是具体写作由美国《财富》（*Fortune Magazine*）杂志资深编辑彼得·彼特雷（Peter Petre）来担任。彼特雷还是指挥过第一次海湾战争的诺曼·施瓦茨科普夫（Norman Schwarzkopf）和 IBM 前主席小托马斯·J. 沃森（Thomas J. Watson Jr.）的代笔人。

# 第二节　主要收入与支出

## 一、主要收入

出版经纪人有多种名目的收入，主要来源于旗下作者的佣金以及文字加工处理工作所收取的费用。根据对《北美经纪人》第五版中收列的出版经纪公司的调查，在收费方面，有 58%的经纪公司抽取 15%或超过 15%的佣金，另一方面，有 57%的出版经纪公司收取额外费用，项目包括办公室费用、文稿修改费及公关活动费用等，而有 49%的经纪公司收取编辑费用（editorial service）。所谓编辑费用的定义因公司而异，从给予评论、指导，到提供逐行修改、重写的服务都有可能（史晓芳，2011）。

### （一）佣金

出版经纪人的主体收入是其代理的作者所支付的佣金，佣金比例没有行业内统一的标准，一般是作者稿酬收入的 10%～15%（国内版权交易），高者有20%左右（海外版权交易）的，具体比例完全由经纪人与作者之间协商决定。这种佣金是一种自由佣金，而不是法定佣金，版权法及经纪人的相关法律没有对佣金的比例做具体规定，只要双方达成一致即可。一位出版经纪人往往代理多位作者的版权，这能使经纪人得到较为稳定的收入，基本是无风险的。

莫顿·詹克罗是著名惊悚作家斯蒂芬·金（Stephen King）和美国犯罪纪实文学作家乔·麦金尼斯（Joe McGinniss）的出版经纪人，他每年能为作者赚取 1000 万美元左右的稿酬，因此，每年自己能得到的佣金高达 100 多万美元，这还不包括奖金和分红。

出版经纪人佣金的计算方式也有特例。例如克林顿的出版经纪人罗伯特·巴奈特，他是著名律师，代理了包括克林顿、希拉里在内的 150 余位名人的版权，他的收费方式十分独特，不是按版税的百分比提成，而是按小时收费。

这种收费方式对那些如克林顿、希拉里、奥巴马般著名的人来说比按照百分比分成要低很多,这也是巴奈特能够代理这么多名人版权的原因之一。以什么形式计算佣金都是合理的,只要出版经纪人与作者双方达成共识即可。

有些出版经纪人还会接手海外版权的推广工作,即作为海外作品的版权次代理,与海外经纪人合作。作品成功卖出后,经纪人可以得到版税提成,或者一次性佣金,数额的多少取决于双方在合作协议中约定的收益分配方案。

## (二)咨询费

一些出版经纪人会提供有偿咨询服务,主要针对那些不是客户的作者。这种咨询服务一般按小时收费,费用在每小时 20～200 美元,知名的出版经纪人收费会高一些。咨询方式也各有不同,有电话咨询的,也有当面咨询的。出版经纪人之所以这样做,一方面是为了得到一些收入,另一方面也是想通过收费限制一些作者占用自己过多的时间。经纪人一般都很忙,不愿意为不是自己客户的作者耗费更多的时间,收费会使这些作者尽量缩短咨询的时间。

## (三)审稿费

审稿费也称阅读费,同样也主要是针对那些不是自己客户的作者。这些作者对自己的稿件没有信心,想请出版经纪人帮忙审阅、提出意见,或是想请经纪人代理自己的作品。经纪人阅读稿件要花费大量的时间,阅读费实际上是对经纪人花费时间的一种补偿。同时这项收费也可以将那些稿件创作还不成熟的作者挡在门外。审稿费用一般是 40～400 美元,有些业绩较差的经纪人也会依靠收取阅读费维持经营。与之相反,有些经纪公司为招揽客户,明确声明不收取审稿费。

收取阅读费不等于经纪人接受稿件,对有些有潜力的作品,经纪人会提出尝试销售,如果卖出后会退还向作者收取的阅读费。如果经纪人没有时间阅读,也可能会请专门的"读稿人"代为阅读。

欧美出版市场是比较成熟的市场,市场分工明确,社会上有各种各样的出版兼职人员,"读稿人"就是一种,他们了解书稿写作,同时也了解出版商的需求,他们会代替经纪人阅读稿件,能够对稿件给予一个客观的评价,并将有价值的稿件告诉经纪人,出版经纪人可以据此决定是否向出版商推荐。"读稿人"对阅读的稿件收取阅读费，经纪人会把从作者处收到的阅读费支付给"读稿人"。

## （四）评估费

有些没有经纪人的作者不了解自己作品的市场水平，需要经纪人对稿件进行评价，指出稿件的优点、缺点等，也为作品估值。评估的内容可以是一段，也可以是长达几页的文字，根据内容多少收费，费用一般在 300～500 美元。有时候经纪人也会找文学评论人员来代为评估，这样的评估更为专业，如果是小说，还会针对人物塑造、性格特征、故事情节、悬念设计等进行评价。经纪人和文学评论人员对作者作品的评估是专业的、全面的，不仅能告诉作者作品是否符合出版商的胃口，大概可以得到多少稿酬，而且对作者提高写作技巧、学会迎合市场和读者的喜好也有很大帮助。

## （五）文字编辑费

大多数出版经纪人会提供文字编辑及校对服务，帮助作者纠正文稿的拼写错误、语法错误、印刷错误等。经纪人也会按照出版社的要求规范稿件，比如调整文稿的格式等，让文稿更易于被出版社接受。这项服务一般按每小时 6～30 美元的标准收费，或者每页收费 1～5 美元，根据稿件处理的难易程度，由经纪人和作者确定具体标准。

## （六）推销费

推销费主要用于补偿经纪人为推销作者的书稿所花费的电话费、邮资费、传真费、复印费、特快专递费等。几乎所有的经纪公司和经纪人都收取推销费，一般是每部书稿 20～40 美元，最多不会超过 50 美元。也有的经纪人会向作者提供实际花销清单，由作者报销。

## （七）经纪人与经纪公司的分成

欧美国家的出版经纪人有独立经纪人和经纪公司旗下的经纪人之分，独立经纪人独自享有作者支付的佣金，但归属于经纪公司的经纪人则要与公司分成。经纪人与经纪公司之间会达成分成协议，资历尚浅的经纪人的分成比例要低一些，优秀的经纪人的分成比例要高一些。有些经纪人的收入是底薪加佣金，有些仅仅是佣金提成。一般来讲，经纪公司会给新的经纪人代理项目所获佣金 10%～15%的提成，剩余 85%～90%归经纪公司，有些经纪人会得到佣金 20%～ 30%的提成，也有五五分成、六四分成的。对于金牌经纪人，经纪公司甚至会给八二分成的佣金提成，也就是 80%归经纪人，20%给经纪公司（汤普森，2016）。有些经纪公司会给经纪人设定任务指标，如果达标，就可以得到约定报酬；如果不能达标，则会相应地扣除工资。

欧美有很多名牌的出版经纪公司，它们的品牌就是金字招牌，能够吸引大牌作者，经纪人借助经纪公司的品牌可以参与一些著名作品的代理工作，为自己累积业绩。比如美国的威廉·莫里斯经纪公司、英国的柯蒂斯·布朗经纪公司等都是国际知名的经纪公司，市场知名度很高，管理比较规范。如果能够被这些公司代理，作者会感到荣幸。如果能够在这些公司做经纪人，对经纪人开展业务帮助很大，对提高业务水平也大有益处，这些公司合作的作者一般都是知名作者，对于经纪人来讲工作起点很高。

## 二、主要支出

### （一）电话费

出版经纪是一个注重社交的行业，经纪人在日常工作中需要频繁地与作者、出版商、编辑、同行等相关人士电话沟通出版事宜、交换信息，或是通过电话维系关系，因此通话消费较多。有些开展海外版权推广工作的出版经纪人，更是时常需要与海外联络，国际通话会花费更多。

现在，电话已经不再是主要的通话工具，出版经纪人会更多地选择通过新媒体如推特、脸书来与对方进行沟通，可以省去很多费用。

### （二）办公费

出版经纪人的日常办公需要消耗一定的费用，包括办公室房租，水电费用，保洁费用，电脑、打印机等硬件费用，打印书稿、信件、资料等所消耗的纸张、墨盒费用，购买文具、账簿的费用等。由于工作性质的需要，出版经纪人需要经常出入业内会议、图书博览会等，而有些展会需要购票入场，购买门票的费用也是不能俭省的开支。

## （三）差旅费

在日常工作中，有时候出版经纪人需要与作者、编辑或其他业内人士会面，交通费是一项日常的开销。由于业务需要，出版经纪人还需要经常出差、拜会海外作者、与出版商洽谈出版事宜、参加业内会议、参加图书博览会、考察海外市场等，机票、住宿费等开销也不是个小数目。

## （四）应酬费

出版经纪人要开展业务，就少不了与出版商、作者、同行等业内人士打交道，打交道就少不了应酬，请客吃饭喝茶、赠送礼物等也是经纪人开销的重要部分。

## （五）翻译费

为了向海外推广旗下作者的作品，经纪人有时候需要雇用专业的翻译将书稿或者推荐信翻译成该国的文字，并向其支付翻译费。作品能不能被海外出版商理解并喜欢，主要看翻译后书稿的水平和价值，所以翻译至关重要，出版经纪人需要找专业的、高水平的翻译人员甚至翻译家来翻译作品，如此翻译费自然很高。如果作品成功卖给海外的出版商，这部分费用可以由作者来承担，但如果卖不出去，经纪人就得自己承担。我国台湾著名出版经纪人谭光磊为了对外推广中国作者的作品，花费了大量的翻译费，都是自己先垫付。

## （六）审稿人佣金

经纪人忙不过来的时候，会请读稿人或文学评论员来代替自己审读、评估接受的稿件，需要付给他们佣金。不过，出版经纪人付给审稿人的佣金一般少于或者等于作者付的佣金，经纪人并不会自掏腰包。

## （七）广告费

出版经纪人和出版经纪公司为了拓展业务，会在报纸、业内刊物、新媒体平台等刊登分类广告，以扩大知名度，使潜在的客户能够找到自己，因此每年都会有一定的广告费用支出。有时候，出版经纪人为了将版权推销至海外，也会帮作者的图书打广告。

### 三、出版经纪人收支中存在的主要问题

英美等国家的出版经纪人从业时不需要准入资格，门槛很低，没有最低学历要求，也没有专门的考试，只要按政府的要求注册就可以成立出版经纪公司，从业人员就是合法的出版经纪人。因此，出版经纪人队伍鱼龙混杂，有专业而优秀的经纪人，也有不按规矩办事的经纪人，业务中不规范的操作时有发生，部分行为损害了作者的权益。

#### （一）欺骗作者

有些经纪人表面上与大多数经纪人一样，为作者争取权益，实际上却与出版社暗中达成协议，欺骗作者，人为压低作者的稿酬，然后从出版社领取回扣。还有的经纪人以他人的名义与作者签约，在业务中对作者"行骗"。这样做的经纪人和出版商一般都是一些不太有名的经纪人和小型出版商，那些著名的出版商、经纪公司以及独立经纪人都是比较守规矩的，他们认为这些做法是违背他们的职业操守的。

#### （二）收取审读费、推荐费、设计费等

在英美等国，政府没有专门的法律法规对出版经纪人进行管理，主要是通过行业协会对其从业行为进行规范。业界成立了一些行业协会，吸纳出版经纪人或出版经纪公司为会员，对其加以管理和规范，例如英国的作者经纪人协会和美国的作者代理人协会，这些协会较为专业和权威，在业界有良好的口碑，它们的会员普遍业务能力强、职业道德良好，能为作者提供优质的服务，相比大多没有加入协会的经纪人或经纪公司更让作者放心。但这并不意味着协会会员都会按照规范办事，例如英国的作者经纪人协会和美国的作者代理人协会的会规都明确禁止向作者直接或间接地收取审阅费，但是仍有不少会员因为违规收费而被作者投诉。

在美国，政府要求经纪公司在自己的办公场所明显位置展示文化经纪的法律、收费标准、经济许可证等，目的之一就是让作者知道哪些收费是正当的，凡是未被列入的收费项目，作者都要慎重考虑。

#### （三）克扣作者版税

有些经纪人从出版社领取作者稿酬后不及时转给作者，以各种借口拖延甚

至克扣。英国的作者经纪人协会明确规定，经纪人个人账户要与作者版税账户明确区分，不能混同，作者版税账户应该向作者开放，经纪人要在收到版税后的 21 日内转付给作者。美国的作者代理人协会则规定，经纪人必须在收到版税 10 日内转给作者，当版税不足 100 美元时，可以按季度支付，或等到累计够 100 美元后支付。

为防止经纪人克扣作者的稿酬，美国有些州要求开办经纪公司需要缴纳 5 万美元的保证金，在经纪人欠债无法支付到期债务时，将从保证金中扣除，经纪人有意欺骗他人或由于疏忽给他人造成损失时，也将从保证金中支付赔偿。

（四）敷衍作者

有些经纪人与作者签约后，不给作者以创作建议，在推销环节也敷衍作者，不为作者卖力。有些经纪人可能对作者已经失望，不接作者电话，不回复作者邮件，企图"玩失踪"，这是极其不负责任的行为。而且许多经纪人也会放弃客户，可能通过几轮的推销还是没能卖出作者的书稿，经纪人就会放弃继续推销，告诉自己的作者说"没有人愿意买你的书"，这往往并不是事实，而是经纪人已不愿再去费力尝试（丹尼斯等，2004）。这种做法会在很大程度上损害作者的权益，也会对作者的创作信心带来很大的消极影响。

总之，出版经纪人收支必须达到平衡，并且有盈余，才能维持生存。那些做不到盈亏平衡的公司或个人自然就会被淘汰。事实上每年都会有经纪公司倒闭，当然，每年也会有新的经纪公司诞生。这一点和其他行业的经营者没有什么区别。

# 第四章 出版经纪人、作者和出版者三者之间的关系

出版经纪人的品牌是靠业绩和口碑来说话的。有的出版经纪人从业很多年，却没有签约过一位畅销书作者，所以可能始终没什么名气，业绩平平；有的经纪人可能从业不久，却发掘了一本畅销书，签约了畅销书作者，一下子闯出名气，业绩越做越好。可以说，与什么样的作者结合是出版经纪人能否建立起自己的品牌的关键，经纪人代理的作者和销售出的图书对其业内名声及收入都起着至关重要的作用。因此，出版经纪人十分重视与作者的结合，对签约作者、选择作品格外注重。

选择合适的出版经纪人对于作者来说也很关键。有些作者有创作优秀作品的实力，合作的出版经纪人却不太"给力"，不能帮作者把作品推荐给知名的出版社、争取到更多的权益，有些作者还惨遭经纪人欺骗，权益受到侵害；有些作者初出茅庐，却被优秀经纪人挖掘，经纪人帮助其打磨作品、打造形象，使其身价大涨，成为书市上的常青树。

综上所述，作者与出版经纪人的结合是一项对双方都会产生重要影响的决策，也是双方都很重视、会慎重考虑的事情。

那么，作者和出版经纪人如何结合呢？在实践中，作者与出版经纪人结合的途径和方式是多样的。根据出版经纪人与作者之间不一样的地位和所处的形势，有的时候是作者主动联系出版经纪人，请其为自己代理；有的时候是出版经纪人主动联系作者，希望与其建立经纪关系。在前一种情况中，作者大多是新作者或者是还没有出名的作者，这些作者没有名气，也没有引人瞩目的作品，还没有引起经纪人的注意，没有经纪人主动找上门来，只得自己去找出版经纪人寻求代理；而在后一种情况中，作者一般是已经有了一定的名气或者很有成为畅销书作者的潜力，他们有表现亮眼的作品，已经吸引了出版经纪人的注意，

于是会有经纪人主动上门，希望能吸纳这些作者成为自己旗下的客户。当然，还有许多其他的结合途径，例如新老经纪人之间客户的移交、出版社帮忙从中牵线、作者之间相互推荐出版经纪人等。

除了不断开拓业务、签约优秀作者，出版经纪人还会注重维护自己的客户群，想办法留住优秀的作者，避免客户的流失。

本章将探讨出版经纪人与作者是如何达成合作的，出版经纪人又是如何管理和维护客户群的。除此以外，本章还会探讨出版经纪人与出版商之间的关系。

# 第一节　出版经纪人与作者合作路径

## 一、作者找出版经纪人

许多刚开始步入写作生涯的新作者或者不知名的作者，没有优秀的作品为自己说话，没有吸引经纪人的关注，需要主动寻找出版经纪人。欧美市场中有很多教新作者如何寻找出版经纪人的指南性读物，例如《寻找出版经纪人指南》（*Guide to Literary Agents*），每年都会出一册，里面会有作者、出版经纪人帮助解答常见的问题，比如如何给出版经纪人写申请信、出版经纪人能提供什么服务以及如何创作出吸引人的第一章等。《找到一位出版经纪人：确保作品获得代理的完全指南》（*Get a Literary Agent: The Complete Guide to Securing Representation for Your Work*）等书也可以为作者提供指导和建议。了解了相关事宜之后，作者就可以联系出版经纪人寻求代理了。《作家市场》等名录中刊有大量的出版经纪人或出版经纪公司的信息，为作者寻找合适的经纪人提供了很有效的帮助。美国著名科幻作家阿兰·迪恩·福斯特（Alan Dean Foster）就是在《美国科幻作家手册：职业作家的职业写作指南》（*Science Fiction Writers of America Handbook: The Professional Writer's Guide to Writing Professionally Paperback*）中找到并签约了接受委托最多的顶尖经纪人。罗琳也是通过《作家和艺术家年鉴》找到了后来与她命运息息相关的经纪人克里斯多夫·里特。除此之外，英美等许多国家都成立了自己的出版经纪人行业协会，例如英国成立了作者经纪人协会、美国成立了作者代理人协会，这些协会吸引了很多本土的优秀出版经纪人，拥有自己庞大的会员数据库。大多数协会会向作者免费开放数据库，作者登录协会网站就可以获取会员经纪人的联系方式，这也是作者寻找经纪人可以选择的可靠路径。

作者寻找经纪人也要掌握技巧。其一，作者要挑选适合自己的经纪人。出版经纪人往往有自己的代理偏好，对某一或某些类型的图书更感兴趣、更专业或对这类书的市场行情更为了解、有更好的销售路径，成功率更高。一般的名录或数据库资料中都会标注出经纪人的代理偏好，有些经纪人还会明确说明拒绝不属于列出的代理类型的书稿。作者要寻找代理偏好类型与自己作品类型相吻合的经纪人，这样既有利于自己的发展，也更容易被经纪人接受。假如作者将科幻小说投给明确说明代理非科幻小说的经纪人，自然会遭到拒绝，还会让经纪人觉得作者没有诚意。

其二，不能冒失投稿，要按经纪人的要求提出申请。有些作者在未了解出版经纪人接收条件的情况下，就直接将手稿寄给经纪人，这样做大多数情况下都会被拒绝，有时候甚至连一封退稿信也没有。因为出版经纪人，尤其是优秀的出版经纪人，每天都有很多事务需要处理，还会面临很多作者投稿的"狂轰滥炸"。因此，他们根本没有时间一一阅读作者的来信，对于不按规矩投来的书稿往往不予置理。正确的方法是按照经纪人的要求提出申请，一般对于没有接触过的作者，经纪人会先要一封问询信（query letter）。申请信实际上就是一封作者向经纪人推销稿件的推销信，不能太长，一两页即可，可以简明扼要地介绍自己作品的主题内容、特点、创作思路等。申请信是作者与经纪人"见的第一面"，是作者给经纪人留下的第一印象。要想让出版经纪人接受代理申请，作者在写申请信的时候要用些心思，至少要认真对待。首先，申请信中要杜绝拼写、语法错误，如果有很多这类"低级错误"，经纪人可能会怀疑作者的写作水平，或者会认为作者创作不认真，从而失去代理的信心。其次，申请信最好要写得有文采，因为经纪人很容易将申请信的写作水平与作者创作书稿的写作水平等同起来，只有把申请信写得流畅而吸引人，经纪人才可能产生阅读作品全稿的欲望。如果作者的申请信写得不好，哪怕作品很优秀，可能也很难送到优秀的出版经纪人面前，有被埋没的危险。同时，作者不要过分地自吹自擂，也不要自我预测稿件会如何畅销，这些对经纪人来讲都没有用，他们只要看过 50 页就能判断稿件是否具有出版价值，是否有畅销前景，是否值得代理，过分自夸很可能引起经纪人的反感。除了申请信，有的经纪人也会要求附信提交部分书稿，例如美国的作者代理人协会的会员乔迪·雷默就注明作者投稿要随信附上前 10 页手稿，而史蒂芬·卡斯丁（Steven Kasdin）则要求提交前 40～50 页手稿，也有的经纪人要求提交目录、大纲等内容。通常，如果出版经纪人看过作者的申请信而对书稿产生了代理兴趣，会联系作者要求提交全稿或提案，这时作者就离成功找到经纪人近了一大步。

其三，要注意投稿方式。为了方便快捷，现在很多的出版经纪人只接受 E-mail 投稿，若作者邮寄纸质的申请信，经纪人很可能收不到或者直接忽略掉，有的经纪人干脆只留下 E-mail 地址而不公开自己的收信地址。也有的出版经纪人既接收 E-mail 投稿也接收邮寄投稿，但是对于邮寄投稿的作者，经纪人通常会要求附上一个贴足邮票、写好作者地址的回邮信封。如果作者没有附上回邮信封，经纪人很可能嫌麻烦而不回信，有的经纪人明确标注只回复附有回邮信封的投稿信。

但是作者们也要做好心理准备，尽管按照出版经纪人的要求，认真地准备、提交申请资料，也并不是每个作者每次申请都会成功。名不见经传的作者在寻找出版经纪人的时候可能会遇到很多挫折，可能很多资深的金牌出版经纪人不愿意接受新作者的申请。因为出版经纪人是为了佣金而工作的，对于"钱"景不明的作者十分谨慎，不会轻易接受。据美国作家和艺术家协会（American Writers and Artists Institute）的调查，7000 名会员中，仅有 2500 名有自己的经纪人。因为这些作家年收入在 10 万美元以上，已经职业化。然而其余的人，出版经纪人对他们不屑一顾，因为他们尚未表现出足够的商业价值（毕吕贵，2002）。

往常，对于一位新作者来讲，要想获得经纪人的代理是十分困难的，但现在互联网十分发达，因而作者可以把作品放到互联网上自行出版、自己推销。一些自出版平台比如 Smashwords、亚马逊旗下的 Create Space 自助出版平台、企鹅旗下的 Author Solutions、苹果公司的电子书自助出版工具 iBooks Author 等为新作者在网上发布、销售自己的作品提供了很多方便，而有些出版经纪人、出版商的编辑也会专门从网上获得好评的作品中寻找作者和选题。例如一个名不见经传的辍学大学生休·豪伊（Hugh Howey）创作的科幻惊悚小说《羊毛战记》（*Wool*）就是通过亚马逊自出版平台出版的，十分受欢迎，卖掉了 50 万册，因而吸引西蒙和舒斯特出版公司以几十万美元的价格购买了这本书的纸质书版权。数据显示，亚马逊 2012 年最为畅销的图书中 25% 是自出版作品。

另外，还有一些网站专门为出版商和作者搭桥，比如英国的作者资料库网（www.authorbank.ru），很多新作者都是通过这家网站找到了出版商。

## 二、出版经纪人找作者

为了开拓业务、提高自己的业内声望，也为了增加收入，出版经纪人也会主动出击签约作者。出版经纪人的目标一般是作品销量有保障、能拿到高额版税的作家，例如畅销书作家、行业专家、政商文艺界名人等已经有名气的作者，或者处于上升势头、极具潜力的新生作者。一些大型经纪公司旗下的作者众多，著名的跨国经纪公司柯蒂斯·布朗经纪公司旗下代理 1400 余位作者，这些作者大多是畅销书作者。但是，也有一些经纪公司的作者数量并不多。据国内著名版权代理人姜汉忠先生讲，荷兰一家出版经纪公司长期以来只有一位作者，这位作者就是德国作者博多·舍费尔（Bodo Schäfer）。就这一位作者的佣金就足以养活这家公司，其近几年才刚刚增加了一位作者。

### （一）通过各种活动发现

出版经纪人会通过参与各种作家联谊活动、作家组织等发现优秀作者。世界各国文人都喜欢雅集，一来可以互相交流经验和信息，二来也可以互相碰撞产生灵感。这些雅集活动规模有大有小，有些是大型的几十人的聚会，有些是只有几个人的小型派对，而出版经纪人就会加入作者的集会，发展有潜力的作者成为自己的客户。通常，经纪人通过自己旗下的作者代为联系参加联谊活动。作家组织汇聚了很多优秀的作者，对外他们维护作家利益，对内则制订行业规则，对作者进行行业管理。经纪人可以通过这样的组织寻找那些没有经纪人的作者，或者那些准备更换经纪人的作者，如果双方认为合适就可以合作。一些文学研讨会也是发现作者的好去处，如果在发言中某位作者的观点独特、有创见，适合写成作品，经纪人就会主动搭讪，探讨撰写作品的可能性，如果作者正好没有经纪人，出版经纪人就会加以说服和引导，使之接受代理。

### （二）通过报纸、杂志、网络或其他出版物

出版经纪人也会通过自己的大量阅读，从报纸、杂志、图书、网文中发现自己中意的作者，通过签约使其成为自己的客户。

　　出版经纪人时刻都在通过各种途径寻找"有利可图"的作者。为此，他们每天都要进行海量的阅读，花很多时间在阅读各种报纸、图书及文学类的权威期刊上，比如《纽约客》（*The New Yorker*）、《密西西比评论》（*Mississippi Review*）、《巴黎评论》（*The Paris Review*）等。当代几位一流作家几乎都是首先在《纽约客》发表作品而成名的，如塞林格、约翰·契佛（John Chever）、杜鲁门·卡波特（Truman Capote），以及黑人作家詹姆斯·鲍德温（James Baldwin）、犹太思想家汉娜·亚仑特（Hannah Arendt）（董鼎山，2002）。当出版经纪人发现优秀的作者时，他们会主动去联系作者，寻找代理机会。同时，出版经纪人也会通过与业内人士的交际获得作者和创作中的书稿的信息，因而作家派对、文学研讨会、书展、图书博览会等优秀作家聚集的场所也是他们经常出现的场所。在这些场合，出版经纪人有机会接近作者，并了解他们的书稿和近期的创作计划，为签约作者做铺垫。他们也经常到大学去访问，挖掘一些有写作潜力的教师，策划适合的选题，并鼓动这些教师写作，进而代理他们作品的版权。他们的工作没有休息日，吃饭、睡觉、郊游、聊天等都会成为他们获取作者和图书信息的途径。

　　当出版经纪人选中了想要代理的目标，通常会约作者面谈，了解作者的写作计划、写作进度、写作方向等。如果作者的写作方向和计划符合出版经纪人的预期，经纪人就会尝试了解作者的代理情况及代理意愿。如果作者没有经纪人或者对现在的经纪人不甚满意，则可以向作者推荐自己，顺利的话可能就能与作者签一份经纪合同，成为该作者的经纪人，代理这部书稿，这很可能就会成为一本销量不错的作品，经纪人也可以获得一大笔佣金。经纪人嘉洛琳·布莱克莫（Caroline Blackmore）在得知芭芭拉·泰勒·布拉德福德（Barbara Taylor Bradford）正在创作一部叫《一个真正的女人》（*A Woman of Substance*）的小说时，马上邀请作者见面交谈，并要求看一下故事梗概。当她拿到手稿一个小时后，就给作者回电话，说这是她读到的最好的作品，还将作品推荐给出版社，在第二周的星期一，双日出版社就表示愿意出版此书，购买了这本书在美国和加拿大出版发行精装版的授权。不得不说布莱克莫是一位眼光独到的优秀的经纪人，此书出版后很快便进入《纽约时报》畅销书排行榜，上榜时间长达数周之久。在阿沃恩·布克斯出版公司（Avon Books Company）购买了此书平装版权后加以得力的促销措施，此书截至 1988 年的销售量就已超过 1200 万册，布莱克莫因此书身价大涨。事实上，每个经纪人都愿意代理知名的作家，一方面是这样的作者能够得到更多的稿酬，经纪人也就可以从中获得较高的佣金；另一方面是这些作家和他们的作品有较高的影响力，成为他们的经纪人是提高自己身价和知名度的好机会。一旦为某位名人代理版权，经纪人会赢得许多作者的信任，可以以此为资本争得其他优秀作家的代理权。

有时经纪人也会主动寻求机会代理还未成名但有发展潜力的作者。一方面是因为作者尚未声名大噪，对出版经纪人的门槛要求不会太高，而且也不会过多吸引其他出版经纪人的注意，竞争力相对较小，申请代理的成功率更高；另一方面是因为一旦该作者成为畅销书作者，经纪人的名声会随之上涨，从其身上所得的佣金也会很高。而且如果合作愉快，作者通常会感念经纪人的知遇之恩，合作继续顺利开展的可能性很高。罗伯特·富尔厄姆（Robert Fulghum）是位传教士，擅长以散文形式讲解教义，但仅印在教会讲义和通讯上。一位幼儿园教师把他的讲义配上图片印刷出来，交给幼儿园的孩子们，作为孩子们送给家长的圣诞礼物。幸运的是，其中一位孩子的姨妈是纽约出版经纪人 V. 德鲁恩（V. Druen），读了讲义后很感兴趣，决定开发这本讲义的出版价值，找到富尔厄姆请求授权代理。富尔厄姆说："这些我已写了 20 年，你要多少就拿吧。"于是两人开始合作，他们商定第一部作品的名字为《我在幼儿园里学会了所要知道的一切》（*All I Really Need to Know I Learned in Kindergarten*）。维拉德出版社（Willard Publishing, Inc.）以 6 万美元购买了此书北美精装版的出版权。这本书在 1988 年 10 月上市销售，三周后上榜，当年销售 90 万册。次年，艾维出版社（Avi Publishers）以 210 万美元购入平装版的出版权，该书名列非小说类平装书排行榜 140 周，销量达到 500 多万册。经纪人德鲁恩将这位传教士变成了一位畅销书的作者，给他带来了高额的收益，而德鲁恩本人也从中收益不菲。德鲁恩之所以能够发现罗伯特·富尔厄姆，也只不过就是通过幼儿园老师印刷的非正式出版物，并不是什么高大上的出版物。

出版经纪人也会关注已出版的优秀图书，有些图书虽然已经出版，但它的价值却并没有被完全地开发出来，这样的图书及其作者也是出版经纪人的重要目标。美国著名作家詹姆斯·A. 米切纳（James A. Michener）在作品《南太平洋故事集》（*Tales of the South Pacific*）获 1948 年普利策奖后不久，就收到著名出版经纪人雅克·张伯伦（Jacques Chamberlain）的来信，要求做他的经纪人。张伯伦曾是著名作家毛姆的经纪人，并且一直以此作为自己招揽作者的法宝。安德鲁·麦克尔·赫尔利（Andrew Michael Hurley）的作品《罗尼》（*The Loney*）最初由小型独立出版商塔尔塔罗斯出版社（Tartaros Press）出版，首版仅仅印了 300 册，出版发行后，被出版经纪人露西·拉克（Lucy Luck）看中，她认为这部书稿的价值远不止这些，于是帮助作者将版权卖给了英国历史最为悠久的出版社约翰·穆莱出版社（John Murray Press），之后这本书成功逆袭，获得 2016 年英国国家图书奖，成了超级畅销书。这些经纪人发现客户的方法就是在已有出版物中掘金。

还有一类人也是出版经纪人争相抢夺的客户，即重大突发事件的当事人或社会热点人物，他们是潜在的畅销书作者。例如，美国前总统克林顿与莱温斯基的绯闻通过媒体曝光后，莱温斯基成了众多经纪人争夺的目标客户，他们都想游说莱温斯基写一本书讲述与克林顿私通的故事。经纪人们知道，这本书出版后肯定能成为畅销书，而莱温斯基的经纪人也就能够获得不菲的收入。后来，莱温斯基出版了《我的爱情：莫妮卡·莱温斯基自述》，在美国大卖 100 万册，我国的作家出版社还引进了其版权。克林顿的《我的生活：克林顿回忆录》得到了 1000 万美元的预付版税，在美国定价 35 美元，卖掉 200 万册，以 15% 的版税率计算，克林顿应该能获得 1050 万美元的版税，这还不包括其他附属权利的收益和以后的销售，这类书往往能够持续销售很多年，克林顿和经纪人将会有源源不断的收入。

近些年，又一位美国人成了出版界关注的重点，他就是美国联邦调查局前局长詹姆斯·科米（James Comey）。他曾与特朗普成为对手，而后又被特朗普解雇。科米"失业"了，失去了 172 100 美元的年薪，但媒体却称他"拥有了华盛顿有史以来最大的黄金降落伞"。因为被解雇事件，他成了美国的社会热点人物，自然地，也就成了出版界关注的热点人物。一位曾编辑过《纽约时报》非虚构类畅销书的顶级编辑说："当我看到他在参议院情报委员会周三晚发表的 7 页证词时，我就希望能得到他的书。"各大型出版社都在等着他写书，并期待着能出版这本书，他们预测这本书将会大卖。一名出版商分析称，科米出书的市场前景非常可观，"科米能够写书，他所讲述的故事以及他讲故事的方式都很引人入胜。花 1000 万美元来买他的故事，这并不过分。我认为，科米的书至少能卖出去 100 万册"。纽约一家大型出版社的编辑对《每日邮报》（*Daily Mail*）说："当他的提议放在我的办公桌上时，我就已经获得了 1000 万美元版权的合同。"影视界也同时盯上了科米可能面世的作品，出版社的一位核心人物透露，好莱坞的制片人已经在排队等待拍摄关于科米的生活和他试图推翻总统的电影。一位著名的电影电视经纪人告诉《每日邮报》："我知道一个顶级的制作人，他已经在为电影中科米这个角色来挑选演员了。"如此有市场、有"钱"景的作品和作者，自然也会成为出版经纪人们争夺的对象。如果出版经纪人能够拿到科米的代理权，他将能得到高达百万美元的佣金。2018年 4 月，科米的图书出版，名为《更高忠诚度：真相、谎言和领导力》（*A Higher Loyalty: Truth，Lies，and Leadership*）。他的出版经纪人是马特·拉蒂默（Matt Latimer）。此书出版后在亚马逊网站一度登顶畅销书榜单，半年卖出了 60 万本。麦克米伦出版有限公司有声书部门购买了音频版权。版税估计是一个天文数字。

　　为了能够在第一时间联系到类似于莱温斯基、科米这样的热点人物，争夺他们作品的代理权，经纪人会密切关注时事热点，关注热点中的主角，看新闻甚至是他们工作的重要内容之一。在国际版权代理领域非常有名的日本人 Tom Mori 是一位戴大克拉钻石、开劳斯莱斯汽车的出版经纪人，他有一条铁的工作纪律——一定要赶在别人还没醒来之前，先掌握这个世界的新闻，从其中发现有什么新闻人物是他可以去游说写作的对象，有什么新闻事件可以让他炒热手边代理作品的身价（郝明义，2007）。一旦发现重要的社会热点，经纪人就会积极寻找事件的当事人，游说他们将事件内幕写成书稿并交由自己代理。在美国热点事件当事人不论是正面人物，还是负面人物，往往都会成为经纪人的游说对象。但热点人物不一定擅长写作，甚至有些人并不具有写作、出书的意愿，这就需要出版经纪人做大量的劝导、辅导工作，或者征得同意后找代笔完成书稿，莱温斯基的书就不是自己写的，真正的作者是安德鲁·莫顿（Andrew Morton）。这类"热点书"的写作和出版速度要快，不然热点转移后，就错过了最佳的销售时机。这些书稿很多是代笔之作，为他们寻找代笔人的任务自然是出版经纪人分内的事。

## （三）出版者给作者推荐经纪人

20 世纪 90 年代以后，编辑的许多工作和职能已经外移给了出版经纪人，出版经纪人在大众出版业已经是不可缺少的环节。出版社的选题很多都来源于出版经纪人，编辑能不能得到好的书稿，也在很大程度上取决于他与优秀出版经纪人、经纪公司的关系。

在这种形势下，许多出版社不再接受作者的自投稿，通常只从出版经纪人推荐的书稿中选择出版。如果有非常优秀的自投稿件吸引了编辑的兴趣，或者接收到了由关系好的老客户或权威业内人士介绍来的书稿，出版社也会同意出版。但是，编辑不会直接和新作者谈出版合同的问题，而是为作者找一位经纪人或者向作者推荐一位经纪人。相对于与作者直接洽谈出版事宜，出版社更愿意与出版经纪人打交道。这在我们看来似乎不可思议——如果没有经纪人，出版社不是可以利用作者对行情的不了解降低稿费吗？但欧美国家的出版社的编辑不这样想，他们认为，与一位不懂出版的作者打交道，需要做很多准备工作来让作者了解出版流程、合同内容等，不仅浪费时间和精力，还很容易产生误解和不信任的情绪，造成双方关系的紧张；和经纪人打交道则十分简单，他们了解市场行情、熟知操作规范，而且经验丰富，能有效减轻编辑的任务量、节约时间。

因此，出版经纪人如果能得到编辑们的信任，与编辑们建立深厚的情谊，对他们业务的开展十分有利，出版社的推荐是经纪人重要的客户来源之一。

《天才的编辑：麦克斯·珀金斯与一个文学时代》（*Max Perkins：Editor of Genius*）的作者 A. 司各特·伯格（A. Scott Berg）出版此书时，就由编辑推荐了一位出版经纪人。伯格的父亲是一位电影制片人，有一次买了一本书的版权准备投拍。1973 年末的一个晚上，伯格的父亲与该书的编辑托马斯·康顿（Thomas Congdon）一起吃饭，谈到伯格在给麦克斯·珀金斯（Max Perkins）写传记。这位编辑见到伯格后，表达了想出版这本传记的意愿。伯格回忆：当时他解释说这本书还在写，短期内还不能给任何人看。但托马斯·康顿说他不在乎什么时候可以看到稿子，总之，他就是要出版它，因为珀金斯的传奇故事也是驱使他成为图书编辑的原因。过了几个月，伯格把书稿寄给康顿；虽然还有许多地方要完善，康顿却说已准备好跟伯格签约。康顿也说伯格需要一个经纪人，并且推荐了一位纽约的经纪人给他。所以，伯格觉得他很幸运，不必费力去找经纪人和编辑，那是因为珀金斯在文学界的传奇力量（彭伦，2015）。

### （四）从老经纪人手中接手一些客户

出版经纪人行业和其他行业一样，新老经纪人之间交接工作、接手客户是很平常的事情。有些经纪人到了退休年龄，或者将要转行不想再从事出版经纪工作，就可能会有新的经纪人来接手他的客户和工作。但这种情况下，老经纪人代理的作者拥有选择的权利，如果愿意接受新的出版经纪人的代理，就成为新经纪人旗下的作者；如果有异议，或者对新经纪人不信任，作者也可以选择拒绝，重新寻找自己的经纪人。但是无论如何，对一个新的经纪人来讲，从老经纪人手中接手客户是一个快速扩充客户群的途径。但是，这种方式虽然便捷，可由于作者不是自己一手培养的，还需要花很多时间同作者沟通、了解作者的创作风格、取得作者的信任。没有信任和了解，出版经纪人的工作将无从谈起。如何把老经纪人的客户完全变为自己的客户，让作者们对自己的业务满意，对一个新经纪人来讲也是一种挑战。

### （五）挖角

在欧美国家，出版经纪人行业被认为是多少带有一些绅士做派的行业，挖角被认为是不道德的事情。大多数人认为有本事就自己发现优秀作者，不要去挖别人的客户，如果某个出版经纪人从其他经纪人那里挖作者，就会被大家看不起。一个新的出版经纪人莎拉说：这是一个很小的圈子，如果你得到一个会挖人的名声，没有人会愿意与你共事。这种事会传到作家群体中，客户就会不想和你签约，作者就不会来找你，编辑也可能不想与你合作，其他代理人也不会介绍客户给你。这对你的声誉不好，你最不期望的就是一个坏名声（汤普森，2016）。

但是，也有不少人反其道而行，比如被誉为超级出版经纪人的安德鲁·怀利，他毫不顾忌别人的态度，专挖别人的客户，他也正因为这种叛逆行为而被业界称为"豺狼"。出版经纪毕竟也是市场行为，为了争取更高的利益，经纪人的挖角行为事实上并不罕见，也成了出版经纪人与作者结合的一种方式。尤其是作为出版经纪人之间竞争热点的畅销书的作者，会经常面临其他经纪人要求改变与原来经纪人的合同而与自己合作的情况，这种情况下新经纪人可能会在权益方面主动让步，比如要求的佣金比例可能会比较低。有些人挖角比较讲究策略，既挖了作者，又有合理的借口，也能被业界所接受。比如，某经纪人在报纸上看到一篇自己中意的文章，马上上网查，发现作者已经有了经纪人，但是他假装不知道，仍然给作者打电话，想要代理作者，如果这位作者正好对旧经纪人不满意，那就很可能达成新的合作。

（六）老经纪人的介绍

资深的出版经纪人因为有着超群的能力、出色的业绩、丰富的经验，会成为作者们申请代理的首选目标。但这样的经纪人往往有自己稳定的客户群，旗下作者众多，多为知名作者，且长期合作，平时业务繁忙，因此没有精力也没有意愿再代理新的作者。除非作者非常知名或经纪人对其作品十分感兴趣，或者碰巧旗下有作者解除代理关系，否则通常情况下这样的出版经纪人不会再接收新的客户。但是，他们可能会向仍然找上门来请求代理的作者推荐其他经纪人。新的经纪人如果与这些老经纪人搞好关系，取得他们的信任，就很可能会被推荐给作者。作者基于对老经纪人的信任，往往也会对被推荐的新经纪人产生信赖和好感，对他们的能力比较放心，很可能会乐意雇用新经纪人。这十分有利于新经纪人招揽客户、拓展业务。

（七）客户的推荐

如果一位作者感觉到由于出版经纪人提供服务，自己完全不用操心相关的出版事宜，版权交易被处理得很好，而自己作品的价值被最大限度地发掘出来，因此得到了丰厚的利益，那作者就会对经纪人很满意，信任、依赖经纪人，有些作者还会与经纪人结下深厚的情谊。这样，当作者身边的作者朋友想要寻找出版经纪人时，他就很可能将自己的经纪人推荐给朋友。这种"友情推荐"很容易让新作者对经纪人产生信任，从而成为经纪人的客户。这也是经纪人的品牌效应，良好的口碑更有利于其业务的开拓，旗下也会汇聚越来越多的优秀作者。反之，若经纪人服务不好、业务能力差，不好的口碑也会越传越远，作者可能会离他而去，想代理新的作者也难上加难。客户的推荐对于出版经纪人招揽客户起着重要而且长远的推动作用。

# 第二节　出版经纪人与出版者的关系

一部经过出版经纪人代理的稿件得以出版是一个双向选择的结果，出版经纪人和出版商之间的合作也是一种互相选择的关系。出版商对于那些给其带来优秀稿件的出版经纪人看得非常重，将他们视为重要的合作伙伴。出版经纪人对于那些成功出版、销售自己代理的作品的出版商也特别重视，将其视为最重要的合作伙伴，一旦有好的作品会首先向其推荐。基于良好的合作模式和双方的互相信任，他们的合作关系可能持续几年、十几年，乃至出版经纪人的整个从业生涯。一个经纪人与一家出版公司长期合作的例子在西方出版界十分常见。

另外，出版商和经纪人在同一部稿件的版税上会是一对矛盾关系，出版商希望物美价廉，经纪人希望卖一个最高价，出版商想用最低价获得全部授权，包括海外版权、影视改编权、戏剧表演权、数字版权等，而经纪人则希望把纸书以外的版权留在自己手中，其中的博弈是微妙的。优秀的经纪人既能争取到相对的高价，又能与出版商不伤和气，这种技能确实需要历练。

其实，不管价格高低，图书出版后获得好评、销售较为理想才是最关键的。这是双方的共同期盼。即使稿件价格高了一点，只要是图书销售较为理想，对于出版商来讲那点不愉快也很快烟消云散，以后还会寻求与经纪人的合作。如果合作的图书销售不景气，甚至销量很差，即使价格再低，也难以让出版商对经纪人产生好的印象，以后的合作就难说了。

## 一、出版经纪人对出版者的选择

关于出版机构的称谓，西方多倾向于称为出版商，我国多倾向于称为出版社，而出版者则更加通用。三者没有实质性的区别，都是指负责图书策划、编辑、审校、营销，并以此盈利的出版机构。

一个成熟的出版经纪人大多数情况下都有自己相对固定的出版商群体（圈子），只有部分作品超出了现有合作的出版商的业务范围，或者有其他特殊情况，经纪人才会寻找新的出版商进行合作。

出版经纪人对出版商的规模、品牌知名度、图书营销能力特别看重，这是他们选择出版商需要考虑的重要因素。一般来讲，大型出版公司资金实力雄厚，知名度高，在业界影响巨大，读者认可度高，图书营销能力也较强，这些因素对提升作者知名度有很大帮助。在一家名不见经传的小型独立出版社出版一本书，可能在市场上很难产生什么动静，而大型出版公司会通过一系列的营销活动制造声音，使得图书广为人知。但是，也有些中小型出版社在一些细分领域做得很好，对于这类书稿，经纪人也愿意向这些有特色的中小型出版社推荐，很多时候也能达成合作。

一个强大的出版商可能有多家出版经纪公司为其供稿，一位成熟的经纪人也会同时与多家出版商合作。一家大型出版商每年出书多在几百种甚至上千种以上，这样巨大的稿件量不是一位出版经纪人能够胜任的。尤其是大型出版商往往是综合性出版商，会出版很多种类的图书，而出版经纪人都是很专业的，比如代理儿童图书的经纪人不会关注老年图书等，这就注定他们不可能只与一家出版经纪公司建立关系，而出版商也不会只与一个经纪人建立关系。如果一家出版商仅有一家出版经纪公司，或者一位经纪人作为合作伙伴，对它来说也是一件十分可怕的事，出版经纪公司、出版经纪人从上游垄断了出版商的稿件来源，出版商在稿件价格方面就会很被动。反之，一家出版经纪公司或者一位出版经纪人只与一家出版商合作，也会对自己形成反制，一部书稿只有一家出版商报价，出版经纪公司、经纪人将无法获得更高的价格。事实上，出版经纪人经常举办稿件拍卖会，就是有意让自己合作过的出版商来竞价，引入竞争机制，出版经纪人才能把稿件效益最大化。

出版经纪公司代理的稿件水平不会是整齐划一的，出版商的口味也是不一样的，其中就存在双方互相选择的必然性。一家出版经纪公司、一个出版经纪人不可能只与一家出版商合作，一家出版商也不可能只与一家出版经纪公司、经纪人产生合作关系。

出版经纪人按照业务重要程度把出版商分为 A、B、C 三个名单，他们会根据稿件的具体情况选择向不同名单中的出版商进行推荐。A 名单中的出版商都是大型出版商，B 名单中的出版商规模小一些，一般是中型出版商，有些大学出版社也被列入 B 名单，C 名单中的出版商一般都是小型独立出版商。一家出版经纪公司的合作出版商一般都在几十家，如果举行稿件拍卖会，一般会邀请十几家出版商参与竞拍。出版商也会根据过去的合作情况把经纪人、经纪公司分为重要的和次要的，那些经常给出版商带来优秀稿件尤其是畅销书的经纪公司或经纪人被认为是重要的客户。

英国著名出版经纪公司也是全球知名的跨国出版经纪公司柯蒂斯·布朗经纪公司的合作出版商都是英国著名的出版商，有几十家之多。柯蒂斯·布朗经纪公司给这些出版商带来了包括英国前首相温斯顿·丘吉尔（Winston Churchill）、大卫·劳埃德·乔治（David Lloyd George）和美国前总统伍德罗·威尔逊（Woodrow Wilson）等顶级政治名人的出版资源，柯蒂斯·布朗经纪公司旗下的经纪人劳伦斯·波林格（Lawrence Bollinger）还是《查泰莱夫人的情人》（*Lady Chatterley's Lover*）的作者 D. H. 劳伦斯（D. H. Lawrence）以及很多顶级畅销书作者的经纪人。这些图书都十分畅销，为其积累了良好的口碑。与柯蒂斯·布朗经纪公司合作的出版商包括企鹅出版集团、哈珀·柯林斯出版公司、乔纳森·凯普出版公司、麦克米伦出版有限公司、英国猎户星出版集团（Orion Publishing Group）等。美国著名的出版经纪人罗伯特·巴奈特的合作出版商也有十几家之多，都是美国最为知名的出版商，比如西蒙和舒斯特出版公司、克诺普夫书局、企鹅出版集团等。

因此，出版经纪人是出版商编辑部功能的外化。

## 二、出版者对出版经纪人的选择

不同的出版商选择经纪人的标准会不一样。出版商一般不用主动去找经纪人，经纪人都是主动找上门来推荐书稿。

出版商选择经纪人主要是看他们手中的稿子和作者的名气，但是也会关心经纪人的名声、口碑等，经纪人是否代理过畅销书是出版商考虑的重要因素，这是考量经纪人眼光的重要指标。如果经纪人曾经把一个名不见经传的作者打造成畅销书作者，那么就会在业界获得很好的口碑；如果一位经纪人曾经把几位不知名的作者打造成畅销书作者，那么他就会成为出版社的争抢对象，他推荐的稿件被接受的可能性就会特别大。当然这些都是参考因素，不是根本，最根本的还要看书稿本身的适应性是否很强。麦克米伦出版有限公司版权代理人杰瑞米·特瓦珊（Jeremy Tevasan）在 2017 年伦敦书展中说：作者光有名声并不能促成销售，想要保证书的畅销和长寿，书中还需要更多的东西，尤其需要读者能从中得到共鸣（转引自袁舒捷，2017）。柯蒂斯·布朗经纪公司的代理强尼·盖勒（Johnny Geller）在 2017 年伦敦书展上说：书展上的出版商流行这样一句口头禅——如果读者会为这本书哭泣，他就会将这本书买下了（转引自袁舒捷，2017）。书稿能否真正打动读者才是最重要的，这一点出版商心里很清楚，这是他们决定是否购买一本书的主要标准。

只有大型出版商才会选择那些代理超级政治名人、演艺名人、经济名人的经纪人。中小型出版商也想出版这些名人作者的图书，但是它们一般不愿支付高昂的预付版税，所以它们往往难以得到这些出版经纪人的垂青。

代理大牌名人的经纪公司是出版商的首要选择，它们提供的稿件的作者本来就是社会名人，知名度高，粉丝量大，最容易受到关注，其书最容易畅销，但是稿件价格往往也很高，出版商需要根据自己的实力来权衡。那些动辄上百万乃至近千万美元的预付版税稿件是中小型出版商不敢奢望的。中小型出版商抗风险能力不高，有可能一部书稿失败就会让出版商破产倒闭，所以中小型出版商很少涉足此类图书。市场上的超级畅销书基本被少数几家大型出版公司垄断，出版经纪人代理的这类稿件，基本上在这几家范围内打转。在美国，超级畅销书基本被六家大型出版集团垄断——哈珀·柯林斯、兰登书屋、企鹅、西蒙和舒斯特出版公司、拉加代尔集团（Lagarder）、霍顿·米夫林·哈考特出版公司基本包揽了美国图书市场的超级畅销书。不排除偶尔有一家中小型出版公司某一本书爆冷门成为超级畅销书，但是这种可能性极小。

中型出版商更愿意和那些不太著名但是有实力的经纪人合作，他们推荐的作品要价一般不会太高，自己完全能够承受得了。

小型出版商一般不愿意和出版经纪人合作，只是偶尔接受出版经纪人的推荐。

## 三、合作终止

出版商与一位作者合作时间长了，难免会出现对该作者重视程度不够的情况，出版经纪人一旦认为出版商对自己的作者不再重视，甚至是敷衍，就开始考虑更换出版商。这个时候旧的出版商往往也不太在意作者跳槽。更换新的出版商以后，新的出版商会重新设计、包装作者和图书，在重新出版作者的图书以后，往往要增加推送力度，可能使作者的图书销量增加，从而给作者和经纪人带来利益。

　　兰登书屋出版欧文·肖（Irwin Shaw）的书很多，1964 年双方签约准备出版他的一本短篇小说集。可是，欧文·肖突然宣布将其中一篇改为长篇小说。兰登书屋的老板贝内特·瑟夫（Bennett Cerf）有点不高兴，认为作为一篇短篇小说，水平还是在一般作品之上的，但是改编为长篇小说，可就站不住脚了。但是出版商还是迁就了欧文·肖，排好书稿准备付印，并且宣布将在 1964 年秋出版该书。可是，欧文·肖抱怨说出版社对此书不积极。由于上述原因，确实兰登书屋对这本书不积极。欧文·肖的经纪人欧文·保罗·拉扎尔（Irving Paul Lazar）跑到贝内特的办公室说，戴尔出版社已经向欧文·肖提出打算出版他的三本书的一揽子合同。如果兰登书屋也能出同样的价格，将仍由兰登书屋出版。贝内特十分生气，拒绝了拉扎尔。这样欧文·肖就"跳槽"到了戴尔出版社（瑟夫，2017）。

　　有些时候是经纪人发现出版商有意拖延支付版税的时间，或者有意隐瞒印数，这些情况也会导致经纪人终止合作。

　　有些经纪人因为出版商的编辑跳槽，也会终止合作，带领作者随编辑一同跳往新的出版商。罗伯特·吉鲁（Robert Giroux）因为出版社老板不同意购买塞林格的《麦田的守望者》，愤而离职，从霍顿·米夫林·哈考特出版公司跳槽到其他出版社，虽然没有带走著名作家塞林格，却一下子带走其他 17 位作家（西尔弗曼，2010）。这种情况往往是经纪人、作者与编辑的合作极为愉快，作者和经纪人都不愿意接受新的编辑。有些作者甚至在出版合同中约定，只要编辑跳槽，作者就跳槽，这是对编辑工作的莫大信任，当然也是编辑辛苦工作换来的。在这种情况下，经纪人当然乐于促成。维京出版社（Viking Press）1931 年签订过一份合同，是关于詹姆斯·乔伊斯（James Joyce）的新小说的，其中有一个附加条款是乔伊斯执意要加上去的：如果作者的编辑本·许布希（Ben Huebsch）离开维京加入其他出版社，则乔伊斯和他的作品应被允许随编辑一起转出（西尔弗曼，2010）。

　　如果出版商接受的作品出版后反响平平，出版商往往不再愿意接受新的推荐，从而在事实上终止了与该经纪人的合作。

　　有些出版商因为更换社长、总编辑，导致出版方向发生重要变化，有些经纪人代理的方向不再是出版商所需要的，也会终止合作。这对经纪人来讲不算是好消息，他们需要重新为作者寻找新的出版商。

# 第五章　出版经纪人需要具备的素质及养成路径

## 第一节　出版经纪人的必备素质

出版经纪人入行看似很简单，不需要从业资格证，也不需要通过考核，入行门槛很低。但实际上并不像想象中那么容易，他们也必须具备相关的素质和业务能力才能妥善地开展业务，否则也会在竞争中被市场淘汰。

### 一、书稿鉴赏能力和编辑能力

书稿鉴赏能力和编辑能力是出版经纪人从业的基础，也是他们所必需的素质。

出版市场中作者众多，书稿成堆，但质量良莠不齐，并不是每一部书稿都具有出版的价值，也并不是每本书都能够成为畅销书。出版经纪人可能每天都会收到来自作者的代理申请，选择什么样的作者和作品，十分考验出版经纪人的鉴赏能力，也对其业务及收入产生着重要的影响。接到申请信或者稿件后，出版经纪人首先要做的就是鉴别书稿的优劣、判断书稿的价值，然后选择有出版价值、有卖点的书稿接受申请。如果出版经纪人对书稿的鉴赏能力很弱，无法正确判断书稿的文学价值、出版价值，胡乱代理，很可能无法成功卖出版权。长此以往，这样的出版经纪人不但赚不到钱，还会导致作者对自己信任的丧失，建立起不好的口碑，很容易砸了自己的招牌，经纪业务难以为继，更不要说开拓业务了。

出版经纪人还应具备较强的文字编辑能力。出版经纪人与作者确定经纪关系后，经纪人需要协助作者完成对书稿的创作。当作者遇到瓶颈时，出版经纪人要站在编辑的立场上思考如何能让书稿更具出版价值，并为作者出谋划策，提出修改文稿的建设性意见；出版经纪人还需要为作者把好书稿质量关，从编辑的角度，用专业的眼光审读书稿，并为作者提出修改、润色书稿的恰当建议，凸显书稿的价值和卖点，使书稿更符合出版商的需求、更能吸引编辑的兴趣。这就要求出版经纪人有较高的文学修养，也要有熟练的编辑技巧。

## 二、交际能力

业内人脉堪称出版经纪人从业的命脉。出版经纪是一项非常注重社交的工作，招揽客户、推销书稿、与出版商谈判等业务中的每一个环节都是在社交。出版经纪人拥有的业内人脉能够决定其业务的多少、客户的质量以及业务开展的难易程度。

人脉资源广的出版经纪人能够获得更多的、更新鲜的市场信息，如出版趋势、市场行情等，甚至还能获取不公开的内部资讯，例如出版社近期的出版计划、出版社编辑们的选题策划、编辑人员的变动等。掌握了更为丰富的信息，知己知彼，出版经纪人在推销书稿时就能有更多的选择，也能更有针对性。而且，与出版商、编辑建立良好的关系，推销书稿的成功率也会更高。例如，经纪人迈克尔·布雷（Michael Bourret）仅用几周就把詹姆斯·达什纳的第一本书《移动迷宫》（*The Maze Runner*）的版权卖给了兰登书屋（Strawser，2013）。不仅如此，在宣传推广、公关、版权附属权利开发等工作中，人脉广的出版经纪人也能获得更多的资源和帮助，解决问题会更加容易。广阔的人脉对版权的海外推广也十分有利。我国台湾版权经纪人谭光磊就曾通过合作过的海外出版经纪人卡门·裴妮拉（Carmen Pinilla）的推荐，将张翎的《金山》（*Gold Mountain Blues*）版权卖给了荷兰的一家出版商，继而又卖出了其他六国的版权。

此外，广布的人脉网也有利于出版经纪人招揽客户，扩充客户群。只要合作愉快，关系亲近，同行前辈、出版商、编辑、作者都有可能成为"牵线人"，将这位出版经纪人朋友推荐给身边需要经纪人的作者。这样吸纳客户对于出版经纪人来说基本可以算得上是"毫不费力"，他们不需要投入太多时间和精力，这也是有效人脉带给出版经纪人的福利。当然，赢得大家的推荐靠的是自己的能力和品德，而不是夸夸其谈。只有前辈、出版商、编辑、作者赏识经纪人的能力，钦佩他的个人品德，才会大力推荐他人接受其代理。否则，大家是不会推荐的。

出版经纪人之间的竞争主要的就是拼朋友圈，不断拓展的朋友圈是他们能够在出版经纪行业坚持下去并快速发展的关键。

## 三、独到的眼光和敏锐的洞察力

眼光和洞察力是出版经纪人的灵魂，金牌出版经纪人们往往独具慧眼。

罗琳的《哈利·波特》系列已经成了全球畅销书，创造了 2000 多亿美元的产值。但是起初这部书稿也并不被人看好，编辑们不认为书稿具有出版的价值，罗琳将书稿投给过 12 家出版社，12 家出版社竟全部退稿。当时，大部分人都没有意识到这部书稿巨大的出版价值和销售潜力，但克里斯多夫·里特文学经纪公司接下了这部书稿，代理了它的出版权并将它推销出版，赋予了这部后来被称为"出版界的奇迹"的书稿以生命。克里斯多夫·里特文学经纪公司通过《哈利·波特》系列赚取了高额的佣金，更为重要的是，公司因为这一系列图书的成功在业界打响了名号，用好眼光为自己换来了几十年甚至更为久远的"金字招牌"。

西班牙著名出版经纪人卡门·巴尔塞斯一个人代理了六位诺贝尔文学奖获得者，是当今世界上最出色的出版经纪人之一，这都是因为她有知人之明，能慧眼识英。1965 年 7 月 7 日，加西亚·马尔克斯授权卡门·巴尔塞斯和她的丈夫路易斯·帕洛马雷斯（Luis Palomares）为其出版经纪人，在一切文本的出版事务中代表他本人行使权利，代理期为"150 年"（谢正宜，2011）。这份"世纪合约"签订之时，惊世之作《百年孤独》还没有问世，马尔克斯也还没有出名，更不是知名的文学大家或畅销书作家，他甚至还在为了养活自己而苦苦挣扎。但巴尔塞斯看重他，洞察到了他的潜力，不嫌他的"不知名"，也不嫌他清贫，愿意与他签订一生的合约。巴尔塞斯与另外一位拉美作家马里奥·巴尔加斯·略萨（Mario Vargas Llosa）合作的时候，略萨也尚未出名，生活拮据，但她不仅愿意为略萨代理作品，还请他到西班牙，为他租房子，给了他一笔钱，让他安心写作。巴尔塞斯看出了略萨的巨大潜力和光明的发展前景，相信他能够成为一名出色的作家。而略萨果然不负所望，就是在那时，他写出了他的发轫之作《绿房子》（*The Green House*），被拉美出版界关注。巴尔塞斯的好眼光和洞察力不仅成就了马尔克斯和略萨两位文学大家，也成就了她自己。代理他们的作品版权，让巴尔塞斯赚取了高额的佣金，更是奠定了其在出版经纪行业内的地位，建立起良好的口碑和声名。由此，有越来越多的知名作家、畅销书作者愿意与巴尔塞斯合作。巴尔塞斯在与作者结合时也处于强势地位，她拥有了更多的选择作者的主动权。可想而知，她旗下的作者队伍质量会越来越好，稿件价值也会越来越高。同时，由于巴尔塞斯卓越的"掘星能力"和旗下越来越优质的作者队伍，出版商和编辑们也会更愿意与巴尔塞斯合作。因为巴尔塞斯手中有热门的作者，还有颇具畅销潜力的书稿，如果与她达成合作，编辑们无需苦苦向作者约稿就可以拿到有销量和利润保障的作品。

在一定意义上，出版经纪人就像影视公司的星探一样，是出版业的"猎头"。懂得发现并挖掘作者和书稿的潜力和价值是出版经纪人最可贵的素质，也是经纪人声名鹊起、身价大涨的重要原因。而且"锦上添花易，雪中送炭难"，出版经纪人想要与著名作家、畅销书作者签约很难，但若在作者未出名时就发现他的才华，做他的伯乐，更容易取得作者的信任和依赖，实现长期的合作，随着作者作品的畅销，出版经纪人的知名度也会提高，不仅更利于其业务的开展，也能获得高昂的佣金。巴尔塞斯就是最好的例子，赢得了马尔克斯和略萨的敬重，也收获了声名和金钱。而且，敏锐的眼光和洞察能力是作者和出版商都十分看重的能力，作者期待着找到这样的出版经纪人做自己的伯乐，把自己打造成畅销书作者；出版商也依赖着这样的出版经纪人为自己推荐优质的书稿。拥有这种能力的出版经纪人，能够更好地在出版业内立足。

## 四、版权开发能力

在现代出版业，版权的内容越来越丰富，包括精装书版权、平装书版权、俱乐部版权、袖珍本版权、各种语言版本的版权、第一连载权、第二连载权、影视改编权、表演权、朗读权、录音制作权、商品形象使用权等。充分了解版权知识、熟悉业内操作规范，是出版经纪人开发版权的基础。在版权交易中，双方对授予版权范围的界定也越来越细化，也就是说，出版经纪人可以代表作者将一本书的各种权利授予不同的出版商。

不同的出版经纪人对版权延伸有着不同程度的能动意识，有的出版经纪人目光只局限于推销纸书出版权，缺乏对其他版权内容的开发意识，能动性低，这样不仅会造成作者权益的损失，对自己的业务开展和收入也起着负作用；但有的出版经纪人视野开阔，版权意识更强，对版权开发会有更多的思考，也就会赢取更多的机会，不仅仅是帮助作者出一本书，还可能会为作者拍一部电影、编一个游戏，甚至建立一个周边品牌，这样的出版经纪人版权开发能力更强，业绩自然也会更好，能为作者和自己带来更多的利益。不同的出版经纪人对作品版权的开发也会有不同的规划，这与出版经纪人的人脉和资源也有很大的关系，比如说，一位出版经纪人与影视经纪人有合作，或者与影视公司负责人熟识，路径畅通，自然会更多地尝试向他们推荐代理的书稿，争取将书稿的影视改编权卖出去，这种情况下成功率也会更高；如果出版经纪人与海外的出版经纪人有合作，那么就会比较注重开发作品的海外出版权。可以说，出版经纪人的业绩与其人脉、资源积累在很大程度上是挂钩的。

出版经纪人版权开发能力的高低不仅决定着挖掘作品价值和潜力的程度，也影响着作者发展与作品的延伸，对作者和经纪人的收入也产生重要影响。英国著名女作家萨拉•哈里森（Sarah Harrison）的出版经纪人对她的作品《田间野花》（The *Flowers of the Field*）的版权开发就堪称典范，其经纪人先与佛彻出版社（Fletcher press, Inc.）签订了精装书的出版合同，之后很快又将平装版版权以 17.5 万美元的价格卖给了一位美国出版商，而俱乐部版权以 24.5 万美元的价格卖给了另一家美国图书俱乐部。同时，该书的澳大利亚版权售出获得了 600 美元，芬兰版权售出获得 5000 美元，荷兰版权售出获得 10 000 美元。由于这位出版经纪人对版权的精明规划，作者的版权收入大大提高（杜恩龙，2002）。

## 五、谈判能力

谈判是出版经纪人的重要工作内容之一，出版经纪人的谈判能力对其业务开展起着至关重要的作用。签订出版合同时，出版经纪人要与出版社编辑谈判，争取更有利于作者方权益的条款；推销影视改编权等版权附属权利时，经纪人要与制片方谈判，争取更利于作者和作品的授权方案；宣传推广时，经纪人要与媒体、评论家、分销商等第三方谈判，争取更利于作品宣传和销售的资源；有时，经纪人也会为佣金比例与作者谈判。谈判基本上贯穿于出版经纪人的工作之中，经纪人时常要与不同的对象、在不同的场合、为了不同的内容进行谈判，这要求出版经纪人熟练掌握谈判技巧，逐渐形成带有个人特点的谈判风格，他们知道面对不同的谈判对象使用的谈判方式，这样更容易达到目的。谈判能力的内里还要求经纪人了解市场行情，懂得出版市场运行的规律和惯例，谈判时要有理有据，不能"无理搅三分"，否则不仅达不到目的，还容易引起对方的反感。

出版经纪人的谈判能力关系到他能否为作者争取到理想的权益。谈判能力强的出版经纪人能够在与出版商和编辑的谈判中，找到利益契合点，知道怎样能够让对方退让，哪些利益值得并且可以争取，或者是可以牺牲哪些权益来获取更利于己方的条款。这样的出版经纪人在谈判中能够争取到更多的主动权，美国著名出版经纪人罗伯特·巴奈特、安德鲁·怀利等都是谈判高手，对谈判技巧、谈判心理驾轻就熟，那些出乎意料的动辄百万乃至千万美元的高额预付金大多是靠谈判得来的。但是，作者方能否占据强势地位，出版经纪人的谈判能力并不是决定因素，作者的业内地位和书稿的价值才是根本。

## 六、信息获取及反应能力

从本质上来讲，出版产业是信息产业的一部分，信息获取能力的重要性对出版经纪人来讲无论怎样强调都不过分，信息是出版经纪人的资源和资本，出版经纪人应该及时搜集出版行业相关的各类信息资料，并且保持有效的更新和保存。经纪人拥有信息量的多少及其重要程度，是决定经纪工作能否成功的重要因素之一。除常规性的文化市场调研之外，对信息的分析和处理也是考验经纪人的重要指标，尤其是在信息时代，各种传闻、道听途说、媒体新闻、知情人爆料……内容庞杂又真假难辨。许多看似毫无头绪的信息经过系统处理后往往能够发掘出巨大的商业价值，对文化信息的搜集、甄别、分类、挖掘和传递是经纪人工作能力和素质的一种体现。出版经纪人的高下往往也体现在其信息获取能力、信息反应能力的高低。那些优秀的出版经纪人都是信息获取能力、信息反应能力很强的人。所谓信息反应能力是指经纪人面对新的信息能够及时联系到自己的出版业务，利用这些信息服务自己代理的图书的销售或选题策划，比如利用新的信息制定新的图书营销方案，或者是策划新的图书选题，等等。互联网时代，面对海量的信息，那些优秀经纪人能够及时发现商机，策划优秀选题交给作者创作，出版后迅速占领市场。比如，当经纪人获知国家的某项政策有利于自己代理的图书，就会联合出版商策划新的营销活动。那些水平一般的经纪人往往是信息获取能力不高的人，对新的信息反应较为迟钝，有时候虽然获得信息，但是信息反应能力、开发能力不够，不能及时联系到自己的业务并做出举措，无疑要落后一步。

具体来讲，出版经纪人和出版商一样，也想要签约畅销书作者，也想拿到有畅销潜力的书稿版权。只有这样，出版经纪人拿到的佣金才会更丰厚，业绩才会更出色，在业内的地位才会有所保障。那么，如何判断书稿的市场潜力呢？这就要求出版经纪人具有较强的市场敏感度，能够敏锐地捕捉到出版市场的讯息，及时感知到出版市场的变化，掌握出版市场的动态，了解出版市场对书稿潜在的需求。如此，出版经纪人就可以预测和判断出版市场的发展走向和流行趋势，进而根据自己的判断，找到市场的需求空缺，选择符合潮流趋势、符合市场需求的书稿，而这样的书稿在当下就是有价值的、有畅销潜力的。或者，出版经纪人可以根据潮流和市场需求为旗下的相关作者策划选题，然后赶在热度上出版新书，往往能事半功倍。

反之，如果出版经纪人不具有这样的市场敏感度，挑选的书稿、策划的选题往往"跟不上潮流"，又不符合市场潜在的需求。结果就是书稿难以出版或是出版之后卖不出去，业绩自然大打折扣。长此以往，对出版经纪人的口碑自然会有消极的影响，作者对其的信任度也会降低，出版商和编辑更是会消极对待该经纪人的推荐。如此，市场灵敏度低的出版经纪人将逐渐被市场淘汰。

## 七、良好的外语水平

在众多外语中，英语是国际通用的语言，自然也是出版业界通用的语言。更何况，英国、美国等英语国家出版业发达，处于世界领先水平，称得上是世界出版业的中心，所以在出版业从事版权业务，英语好更是格外必要的。

熟练掌握英语是出版经纪人必备的技能，也可以说是他们的一张"通行证"。由于业务需要，出版经纪人经常要参加一些国际性的会议和活动，例如国际图书博览会等，在活动上会遇到来自各个国家的作者、编辑、出版商和出版经纪人同行，流利的英语口语和良好的听力能力能够保证与他们畅通地沟通交流，也是扫除与他国人士之间交流和理解障碍的基础。同时，为了获取最新的业内动态，出版经纪人需要日常性地浏览国外的相关网站，阅读大量的国外新闻、名录、行业杂志等，或是检索外文文献，能看懂英文是必需的，若是能看懂法语、德语等其他语言则更好。若是出版经纪人不能读懂外文文献，就很难第一时间获得国外的第一手资料，就算找人翻译，耗费大量金钱不说，也要浪费许多时间，不免错过良机。另一方面，在做版权的海外推广等工作时，出版经纪人也需要与海外经纪人、出版商有频繁的电话、邮件往来，对出版经纪人的英语听、说、读、写水平有很高的要求。如果出版经纪人不能应付，不仅给自己的工作增添很多负担和麻烦，国外的经纪人和出版商也很可能不愿继续合作，出版经纪人将丢掉许多机会。

对于那些服务特定区域的出版经纪人，比如法国、德国的出版经纪人，熟练掌握法语、德语等当地语言就成为必要条件。海格立斯贸易文化有限公司的总经理蔡鸿君、安德鲁版权代理公司北京中心主任黄家坤的德语水平都很高。法国黎赫版权代理公司的总经理田生悦的法语水平很高，听说读写样样精通，与法国出版人、作者可以实现无障碍交流。

因此，良好的外语水平对出版经纪人的业务开展也有重要的影响，出版经纪人想要顺利地开展、拓展业务，一定要把英语和其他涉及服务区域的语言变成自己的熟练技能。不了解服务区域的语言，就很难做到对当地民俗、文化的深度理解，和当地人的沟通就会存在障碍，仅仅靠翻译是很难做到充分交流的，必须自己熟练掌握当地语言，才能够实现沟通无障碍，对编辑、作者的一些细微动作都能知道背后的文化含义，就不会出现错误理解他人意思的问题，也就不会错过重要的机遇。

## 八、丰富的法律知识储备

出版经纪人不但需要具备良好的外语水平，以便沟通交流、拓展业务，还需要具有丰富的法律知识储备，以便代表作者处理出版合同及相关法律事宜。

出版经纪人掌握的法律知识不需要很全面，但对于出版、版权方面的法律知识一定要全面了解，事无巨细。这些相关的法律条文要求出版经纪人深入理解，并能够熟练运用。掌握了行业相关法律知识的出版经纪人有更强的法律意识，他们知法懂法，懂得在法律允许的范围内为作者争取权益，也懂得拿起法律武器维护作者的利益，不会被出版商钻了空子。懂得行业相关法律的出版经纪人在与出版商签订出版合同、协商利益分配方案的时候也会表现得更为优秀，往往会比普通的出版经纪人更为严谨，也更为注重审查合同中对双方权利、义务的约定，不会被出版商欺瞒，让自己的作者吃亏。他们拥有一双"火眼金睛"，能够觉察到出版合同中不公正的、偏向性的、不利于作者的条款，为作者争取到应得的权益，如果碰到不懂法律或不重视这方面问题的出版商，或许出版经纪人还能争取到偏向于作者的方案。而如果情况相反，出版经纪人不懂法律或者对此一知半解，那么就不会看出合同中存在的法律问题，让出版商占了便宜。若是这个弱点被狡诈的出版商抓住，故意在合同中"挖坑"，那么出版经纪人会吃更多的亏。

除此之外，懂法的出版经纪人在开发版权方面也更有优势。他们对版权的内涵和外延更为明晰，对版权的规划自然也就更为明确。这样的出版经纪人懂得在合同中严格约束授予出版商的版权权益，也就是说，他们可能会将作者作品的版权分为多个部分，每个部分卖给不同的出版商，赚取更多的利益，而不是笼统地授予出版商界限不明晰的权利，造成本不必要的利益争端。比如说，出版经纪人可能不会授予出版商作品的中文出版权，而是将"中文出版权"拆分为中文纸质书出版权、中文电子书出版权、中文数字音频版权等，甚至更细致的分类版权，授予不同的出版商；或者授予同一出版商，但按照版权内涵的丰富程度向其要求预付款。再比如说作品的影视改编权，出版经纪人也可以将这部分版权拆分为电影改编权、电视剧改编权、网络剧改编权等，分别卖给不同的影视公司。

掌握法律知识的出版经纪人在其他方面也拥有独有的优势，他们开展业务更为稳妥和可靠，这也给了作者信赖他们、选择他们的一个重要的理由。许多出版经纪人都是由律师转行而来，可见两个行业之间确有重合之处，而掌握法律知识对出版经纪人开展业务也是确有帮助。

出版业务涉及的方面很多，很多事情和法律、法规有关。出版经纪人除了精通著作权法以外，还需要对经济合同法、民商法、拍卖法、代理法、税法、经纪人管理的法律有相对精到的了解。

## 九、诚信和良知

诚信和良知是所有行业人士从业的必备素质，也是出版经纪人维护客户群、开拓业务的根本。我国的传统观点认为，做事先做人，如果一个人缺乏诚信和良知，做任何事情都难以成功。出版经纪行业也不例外。

如果出版经纪人想要在出版经纪行业长久地立足、想要把这项工作当做长久的营生，那么他就不得不重视自己的口碑和客户的信任，而建立良好的口碑、赢得客户的信任的根本就是讲诚信、有良知。如果出版经纪人缺乏职业道德，见利忘义，开展业务时做出不按行业规范操作、不为作者争取利益反而私收回扣、额外收费或者代作者领取稿酬后跑路、违约等违背诚信原则的行为，出版经纪人的信誉将遭受到严重的损害，不仅会使出版经纪人失去作者的信任，导致客户的流失，也会使其在业内的名声越来越坏，出版商为了避免麻烦，往往也不愿与他们合作。如此，这样的出版经纪人将难以开展业务，直至被行业淘汰。

出版经纪人是为作者提供服务的职业经纪人，以为作者谋取和维护权益为服务目标，是作者最信赖的、最依赖的工作伙伴，甚至可以成为作者亲密的朋友。事实上，出版经纪人与作者之间就是一种建立在互信互利基础上的合作关系。尽管双方会签订出版合同，但并没有确切的标准来衡量出版经纪人是否尽了应尽的义务，也没有办法明确出版经纪人为作者出了多少力。所以，在一定程度上，出版经纪人的工作动力主要源于其自主的意愿。通俗点说就是，出版经纪人主要受道德良知的制约。若出版经纪人认为面对作者的信任，自己也应坦诚相对、不负所托，那自然会尽力为作者谋划、为作者争取权益，那么双方就会达成平衡且健康的合作关系，有利于双赢；反之，若出版经纪人利用作者的信任，背着作者谋取私利，那迟早会导致合作关系的破裂，有损自身事业的发展。

按照出版经纪行业的行业准则，出版经纪人应怀揣诚信与良知，与作者建立互信双赢的合作关系：最大限度地保护作者的权益，及时向作者公开账目明细、工作进度等；同时要协调出版商和作者之间信息不对称的问题，及时向作者转达出版商的态度和意见，并详细向作者解释出版合同的具体条款等。此外，在与同行、出版商等其他业内人士打交道时，也要守诚信，不欺骗、不违约，按规范、照约定办事。良好的口碑和个人形象对出版经纪人的事业大有裨益，秉持着诚信与良知的出版经纪人发展事业将会更为顺利。

## 第二节　出版经纪人的养成路径

虽然出版经纪人入行简单，但想成为一名合格的或是出色的出版经纪人却并不容易。上述的出版经纪人需要具备的素质和技能并非与生俱来，而需要出版经纪人不断摸索、不断领悟、不断积累，自我养成。也并没有人一入行就能成为金牌经纪人，而是需要经过实践的磨炼，逐渐积累人脉、积累客户、积累经验，摸索适合自己的工作方法，成长为优秀的出版经纪人。

　　成为优秀的出版经纪人也有几条相对快捷的养成路径，试总结如下。

## 一、由相关行业转行而来

　　出版经纪人与编辑的很多职能是相同、相似的，所要求的能力和素质也大多相同，因此欧美国家有很多出版经纪人都是由编辑转业而来，或是曾担任过出版社的编辑。洛蕾塔•巴雷特（Loretta Barrett）就是这样的一个例子，洛蕾塔•巴雷特女士此前曾担任双日出版社的副总裁和编辑主管、兰登书屋 Anchor Books 的主编，还曾编辑过美国前总统杰拉尔德•鲁道夫•福特（Gerald Rudolph Ford）的夫人贝蒂•福特（Betty Ford）的自传。后来她转行做了出版经纪人，成立了自己的文学经纪公司洛蕾塔•巴雷特图书与文学经纪公司（Loretta Barrett Books Inc. & Literary Agency）。洛蕾塔•巴雷特女士是编辑出身，对出版社和编辑工作的门门道道了若指掌，有着良好的文学、艺术及专业素养，对市场有着敏锐洞察力，担当出版经纪人可谓"专业对口"（王泳波，2007）。英国出版经纪人贝姬•文特（Becky Vinter）在成为出版经纪人前也曾是企鹅的编辑，琼尼•埃文斯以出版经纪人身份加入威廉•莫里斯经纪公司前曾在兰登书屋、西蒙和舒斯特出版公司负责出版和编辑事务（董鼎山，2002）。由编辑转行而来的出版经纪人都具备较强的文字能力和良好的文学修养，对书稿有着较强的判断、鉴赏水平，他们慧眼如炬，在接收作者申请信的时候往往可以从中挑选到真正有出版价值的书稿，这对发展自身的事业十分有帮助。同时，他们熟练掌握编辑技巧，处理起稿件来游刃有余，可以帮助作者做些文案工作，在修改、完善书稿时也能够很快上手，成为作者的得力助手。而且，由于此前的工作经验，他们深谙出版之道，了解出版市场行情，在推销书稿、与出版商商定出版合同的时候，相比直接入行的出版经纪人更有经验，往往能表现得更好。由编辑转业而来的出版经纪人的人脉网更是广布出版业界，由于之前的工作，他们拥有别人不具备的"内部通道"，他们对出版社有着深入的了解，也与许多编辑熟识，知道哪家出版社更青睐什么样的书稿，手上还积累了大量的作者资源。总之，由编辑转业而来的出版经纪人具有很大的优势，而且这些优势也很容易被大众认识到。因此，有时候，经纪公司和出版经纪人自己会把"经纪人曾在出版社担任编辑"当成一块招牌来宣传，因为这在一定程度上能向作者证明经纪人的能力和专业性，很容易取得作者的信赖。我们可以在很多出版经纪人手册、作家手册、出版经纪人个人博客、出版经纪人协会网站上看到这样的信息。

由编辑转行做出版经纪人是一条培养出版经纪人的捷径，能够快速培养出适合行业要求的合格经纪人，入行即可开展业务。在谈到培养国内的出版经纪人时，我国台湾的著名出版经纪人谭光磊就曾提出，可以"从出版机构的编辑入手开始培养"。编辑们做出版经纪人上手极快，他们和其他出版经纪人相比从业起点更高。

还有很多出版经纪人是由律师转行而来的，例如超级出版经纪人莫顿·詹克罗。律师做出版经纪人也很有优势，他们对出版法规非常了解，擅长在法律许可的范围内最大限度地为作者争取权益，也懂得拿起法律的武器维护作者的权益，入行即具有法律基础上的优势；同时，他们往往还具有出众的口才，勤思善辩，谈判能力强，在游说出版商购买版权、与出版商谈判等工作中都能得心应手。

著名的出版经纪人罗伯特·巴奈特就是律师出身，而且是极负盛名的律师。他在"华盛顿最好的律师"名单上排名第一，是《华盛顿人》(Washingtonian)杂志评选出的"华府最佳律师"，还入选了《全美法律月刊》(The National Law Journal)的"全美100位最有影响力的律师"榜单。巴奈特主要负责威廉姆斯和康诺利律师事务所的诉讼事务、公司合同、危机管理、政府关系和媒体关系的工作，在他过去三十年的工作中，旗下的客户几乎遍布华盛顿的每一个行政部门与机构。巴奈特与政客、作家、政府官员、记者、前总统、未来的总统，甚至是外国领导人都有着非同一般的关系，他的客户包括奥巴马、克林顿、希拉里·克林顿、乔治·W.布什、布莱尔等众多世界著名政治人物。

律师生涯让巴奈特的人脉网广布政商界，他与许多政商界名流保持着密切甚至亲密的关系。这层关系帮助他在成为出版经纪人之后拿到了很多名流的书稿，包括克林顿的《我的生活：克林顿回忆录》、希拉里·克林顿的《亲历历史：希拉里回忆录》、奥巴马的《奥巴马回忆录：我父亲的梦想》和《无畏的希望：重申美国梦》(The Audacity of Hope: Thoughts on Reclaiming the American

*Dream*），以及英国前首相布莱尔、美联储前主席格林斯潘、《华盛顿邮报》的名记者鲍勃·伍德沃德、巴基斯坦前女总理、约旦王后等众多名人的书稿。这些名人往往能够成为社会的热点，一举一动都备受大众的关注，他们的书当然也会有众多的读者。出版商也明白，这些书出版后销量不愁，一定会成为热销书，能为出版社带来高额的利润。所以他们非常愿意接收这样的书稿，哪怕想要拿到版权还要和多家出版社竞争，他们也不愿意放弃。因此，巴奈特推销书稿十分顺利，手中有价值的书稿加之自身的法律和谈判才能，使他往往能在与出版商的博弈中处于强势地位，为作者争取到更多的权益。他为希拉里·克林顿拿到了 800 万美元的预付款，为格林斯潘拿到了 850 万美元的预付款，为克林顿拿到了 1000 万美元的预付款，而为奥巴马拿到的预付款则更多。这都是出版业内少见的高额预付款，巴奈特也因此扬名，以要价奇高且总能得手而闻名出版业界。由此，巴奈特更是成了名流们选择出版经纪人的首选之一，作为作者们背后的捞钱铁手，他的声名越来越响，他作为出版经纪人的身价也越来越高，成了美国顶级的出版经纪人。

巴奈特在出版经纪行业的成功离不开他的律师从业经历，这段经历为他积累了人脉，也锻炼了才能。由此可以看出，由律师行业转业而做出版经纪人，也是培养出版经纪人的一条捷径。

有些经纪人是由作者转化而来。文学家、翻译家等都有从事出版经纪工作，甚至开设出版经纪公司的案例。日本苹果籽经纪公司的创办人就是著名作家，从 2002 年至今，已经创作出版有《啊，经纪人》《红樱》《小 DJ 的恋爱物语》《四重奏》《花开花落》《恋文赞歌》《鬼塚冲头》《风之色》等多部小说，成了日本的新锐作家。

日本综合著作权代理公司的两位创始人矢野浩三郎、宫田昇，均为日本著名的翻译家、出版家，翻译、出版了很多著作。矢野浩三郎翻译出版有《怪奇遇幻想》《第 11 个小印第安人》《推理区》《苦难》《草根》在内的多部文学作品。宫田昇也著有《战后翻译出版史》《翻译权的战后史》《翻译出版实务》《论文作法》等作品（日本出版研究专家田雁先生提供资料）。正是在联系翻译的过程中，他们才了解到版权的重要性，所以开设了出版经纪公司，把日本的版权卖给国外的出版商，把其他国家的版权卖给日本的出版商。

## 二、跟老出版经纪人学艺

综上所述，一名合格的出版经纪人需要具备多方面的技能，如果新入行的经纪人完全靠自己摸索探求，将会花费漫长的时间，少不了要走很多弯路，很可能得不偿失。那么新入行的出版经纪人如何获得这些技能呢？欧美国家有一些出版经纪人培训机构，会开设一些出版经纪人培训类的课程，新经纪人可以通过参加培训，学习到一些技能。但是这些培训课程多为短期的，且流于理论，可以让学员了解业务内容、方式方法等，却通常并不能让新经纪人掌握能够直接应用于业务的实用技能。要想得到扎扎实实的、能有效应用于实践的技能，最可靠的方式还是跟着老出版经纪人学艺，在实践中锻炼、学习。

"老带新"、师徒制是行业传艺的常用方式，在出版经纪行业里，这同样也是最普遍、最行之有效的办法。跟着老出版经纪人学艺，新经纪人能够得以近距离地接近实践，得到专业的、有针对性的训练。通常情况下，新入行的出版经纪人会作为老经纪人的徒弟或助理，帮助老经纪人打理经纪事务，从中学习。在这个过程中，新经纪人会接触师傅的业务，并且通过观察、学习师傅处理业务的方式方法，以及帮助师傅处理事务，一点一点地增进对这个行业的了解，熟悉行业的习惯、规范以及潜在的规则，并逐渐从老经纪人身上习得处理事务的方式方法、开拓业务的途径以及相关的专业技能，吸取其经验教训，总结、体悟其中的诀窍。多接触，就能多了解、多熟悉，在学艺期间，新经纪人也能积累不少经验。通过一段时间的学艺，在工作中表现突出的助理会得到老经纪人的许可，自己可以开始寻找并代理客户，并且获得部分佣金；有时候老经纪人业务繁忙，也可能会转移部分业务给助理们。这类似于我们现在所说的"实习"，这样新出版经纪人就得到了实际的锻炼机会，能够切实地投入到工作中。同时，有老经纪人来监督把关，新经纪人在业务中不会出现大的纰漏，出现错误能够及时得到师傅的指点，更有利于进步；对于不理解的问题或不知道如何处理的事务，新经纪人也可以随时请教，更有针对性地向师傅学习。

有许许多多的出版经纪人都是从师傅的助理一步步成长起来的，最终独当一面，独立招揽客户。那么，从助理成长为一名合格的出版经纪人大约需要多长时间呢？一位资深的女出版经纪人说：从一名助理进门坐下的那一刻起，她认为其能完全自信地把自己称作代理人要花上五年的时间，无论当时是已经卖了五本书还是五十本书都并不重要，而是只有经过五年时间才能做到细致入微（汤普森，2016）。她本人就是从助理逐步成长起来的，而今又变成了师傅，已经培训出了很多新经纪人，这段话可谓是经验之谈。

## 三、经常参加业内会议、活动

除了学习相关的技能，要想真正地融入一个行业，还要多接触这个行业，增加对这个行业的了解和认识，丰富经验。出版经纪行业也是如此，更何况出版市场随时更新，热点、潮流永远在变动，出版经纪人需要及时掌握行业的动态信息，永远保持"新潮"，才能更好地适应市场，根据行业潮流和市场的需要规划版权业务。想要贴近行业，单靠学习理论知识或搜集阅读行业新闻是远远不够的，还要深入到行业内部。出版经纪人需要经常参加一些业内活动、会议，例如图书博览会、经纪人行业会议等，与业内人士相互交流经验、获取信息动态、建立人脉。出版经纪人要保持活跃的姿态，保持与行业的密切联系和互动。

图书博览会及行业会议都是出版经纪人最为活跃的舞台，它们有着一个共同的特点——都是出版商、编辑、出版经纪人以及作者聚集的公开且自由的场合。在这样的场合中，出版经纪人能够与众多业内人士会面，这对出版经纪人的事业发展大有帮助。第一，通过在展会活动或会议上的交流沟通，出版经纪人可以与这些业内人士建立联系，丰富自己的行业人脉网，扩展自己的朋友圈。出版经纪人日常的工作安排得通常很紧凑，但他们还是会积极参加这类活动，也正是因为这一点，当被问及这个问题时，佛里欧文学经纪公司的经纪人斯科特·霍夫曼（Scott Hoffman）称："有三个原因，人际关系，人际关系，人际关系。"（Sambuchino，2013）第二，出版经纪人可以通过交流，与业内人士交换信息，从而掌握更多方面的"行业情报"。出版经纪人个人精力有限，平时又有很多事务要处理，哪怕只是出版相关的动态都关注不过来，不可能掌握全面的信息，更何况出版行业并非单独存在，还与经济、政治、文化、社会等多方面有着紧密的联系，并受这些因素的限制和影响，因此，这些方面的信息出版经纪人也要有所了解。如此一来，出版经纪人的信息收集工作更是难上加难。所以，要想全面地看清出版业的形势，了解到多方面的信息，掌握更为全面、准确的行业动态和风向，出版经纪人必须要"借力"，从其他业内人士那里获取有用的信息。这些展会、会议为出版经纪人提供了绝佳的信息交换平台。参会的多是行业内的"有效人脉",基本上可以规避无效沟通,出版经纪人通过与参会人员的沟通得以快速地搜集到多个方面的有效信息。这有助于出版经纪人更全面地掌握市场动向,更准确地判断行业潮流和趋势、预测出版热点,以及时调整自己的战略规划。第三,与业内人士交流观点,有可能为出版经纪人带来新的灵感、新的思考。更为全面的信息能够修正出版经纪人原本产生的可能是偏颇的甚至是错误的看法,让经纪人对形势有了重新的思考和认识,也会让他产生新的想法。同时,交流会使思想得到融汇,通过与业内人士的交流,出版经纪人能够了解对方的想法,自己的想法和对方的想法可能也会碰撞出火花,给予经纪人新的灵感。正如萧伯纳曾经说过的:"倘若你有一个苹果,我也有一个苹果,而我们彼此交换这些苹果,那么你和我仍然是各有一个苹果。但是,倘若你有一种思想,我也有一种思想,而我们彼此交换这些思想,那么我们每人将有两种思想。"这样的交流有利于出版经纪人新思路的萌生,对其事业发展非常有帮助。第四,这类活动为出版经纪人出售版权提供了绝佳的平台和时机。出版经纪人可以带着自己代理的书稿或大纲参会,现场向出版商或编辑推销,很可能会遇到合适的出版商而得以成交,就算当场未能成交,也相当于为书稿打了广告。第五,出版经纪人有机会与同行建立合作伙伴关系。在活动中,出版经纪人有很多机会结交出版经纪人同行,碰到聊得来、业务上有合作机会的同行,他们可能会结成合作伙伴,在一些业务中合作。如果是国际性会议,出版经纪人还可以寻求与海外同行的合作,为日后向海外推销版权铺路。

# 第六章　出版经纪活动的标准化发展

## 第一节　出版经纪活动行业惯例的形成与发展

行业惯例是原始的服务标准化体系。标准化是工业化社会和市场经济的重要内涵，对提高生产效率至关重要。出版经纪活动是在出版产业实践中以经纪人和作者之间的代理合同为基础而建立的一种服务性活动。理论上讲，经纪人和作者双方都同意服务合同的目标和条件，只要不违反法律，都可以成为经纪服务的具体内容。在欧美国家，经纪服务在实践中逐渐发展成熟，形成了一些被广泛接受的经纪服务内容和具体要求，进而成为经纪行业普遍接受的行业惯例，甚至形成一些法律规范。这些被广泛接受的内容就是服务的标准化。当然，标准化不是绝对的标准化，而是在包含出版经纪服务的个性和独特性基础上的标准化。随着我国出版经纪活动的不断发展，服务标准化也应当成为提升经纪服务质量和促进经纪业务推广的重要问题。

在英国和美国，经纪人参与出版活动已经形成了比较稳定的行业惯例。特别是文学类图书出版，绝大多数情况下都有出版经纪人的参与。例如大家所熟悉的著名小说《哈利·波特》正是通过出版经纪人的帮助才成功出版，并且通过版权贸易从英国输出到美国，进而风行世界的。1995 年出版经纪人里特与《哈利·波特》的作者罗琳签订经纪合同时，罗琳还是一个名不见经传的作者。但是在《哈利·波特》风靡全球之后，罗琳终止了与里特的合作关系。对此，里特表示非常不满和震惊。实际上，出版罗琳的著作已经为里特的经纪公司赢得了上百万英镑的收入。随着著作开发的深入和广泛，需要进行网站宣传营销、开发电子书、影视作品以及工业产权等多种开发活动，这时擅长图书出版经纪服务的里特已经无法发挥更有效的作用。由此可以看出，惯例和由此而形成的标准在传统的范围内能够产生积极的效益。但是当出版相关经纪活动超过了传统范围，则需要回归法律规则和市场规律，在平等协商合作的基础上形成更贴近实践的经纪服务关系。

出版经纪活动非常强调出版经纪人的诚信和对作者的真诚，以及出版经纪人对行业惯例的尊重。早期的许多经纪人与作者之间甚至不需要签订书面协议，双方都努力地按照行业惯例履行自己的义务，争取实现双方获利的良好结果。

出版经纪活动的核心是帮助作者将他们将完成的作品以图书的形式出版，或者成为戏剧、电影电视或者其他表演形式的剧本。按照出版经纪的工作流程，经纪服务主要包含以下内容。

第一，出版经纪服务仅指出版经纪人与作者之间的代理关系。严格意义上讲，服务于出版机构的相关专业人士不是出版经纪人。

第二，出版经纪服务的主要内容是理解作者和作者的作品，并为作者的作品找到合适的出版社或者影视剧戏剧等开发公司。

第三，出版经纪的价值体现在出版经纪人代表作者与相关公司进行谈判，签订出版合同，监督合同的履行，保护和开发作者权益。

第四，经纪服务收费与作品的出版状况直接挂钩。收费标准是作者版税收入的 10%～15%。开发海外市场的经纪费可以达到 20%～30%。如果作品没有出版，出版经纪人则不能收取服务费。

在这些核心服务内容之外，经纪人和作者之间还可以通过谈判，达成其他服务内容，例如修改作品，作品的市场营销，处理作者创作相关的财务事项，作品海外版权开发，作品影视、游戏版权开发，等等。对于行业惯例不能规范协调的出版经纪活动，就需要经纪人与作者之间协商，并且签订合同以确定具体的出版经纪服务关系。

以行业惯例为基础的标准是出版经纪活动的主体框架。在这个框架中，经纪人和作者之间可以通过谈判和合作，乃至人际交流的情感，自然地形成带有特殊内容的合作关系。许多经纪人和作者在长时间的合作中形成了非常稳固的关系。经纪人也会为作者提供超出行业标准的服务和帮助。例如，西班牙著名的出版经纪人卡门·巴尔塞斯就非常善于辨别和培养作家。很多著名作家的发展成功都得到过巴尔塞斯的支持和帮助。2010 年诺贝尔文学奖得主马里奥·巴尔加斯·略萨在没成名的时候，生活比较困难。巴尔塞斯请他到西班牙，为他租房子，给他一笔钱，让他安心写作。正因为如此，略萨对巴尔塞斯非常敬重。

# 第二节 出版经纪服务协会标准的形成与发展

随着出版市场和出版经纪行业竞争的逐渐激烈，出版经纪人鱼龙混杂，服务水平参差不齐，经纪人偷工减料甚至欺骗作者的事件时有发生。行业惯例已经不足以约束出版经纪人的职业行为和职业道德，于是出现了行业协会制订的标准化服务规则。美国的作者代理人协会和英国的作者经纪人协会是英美出版业重要的协会组织。它们根据本国出版经纪活动的特点，制订了约束本会会员的执业规则，将行业惯例的规范性进一步提升，成为协会会员的服务标准。由于两家协会在各自国家出版经纪行业具有广泛的影响力，它们制订的标准，在行业内也产生了广泛的影响力。

## 一、美国作者代理人协会制订的服务标准[①]

美国作者代理人协会制订了内容比较具体的《道德规则》（*Canon of Ethics*），要求会员严格遵守。规则既维护了作者代理人严肃的职业形象，保证了代理服务质量，同时也起到规范行业秩序的作用，其内容如下。

第一，美国作者代理人协会会员保证在他们的职业活动中遵守最高行为标准。在保持必要与合理的个性和行动自由的基础上，协会成员保证为他们客户的商务和艺术需求提供忠实服务，并且避免影响服务的各种利益冲突。会员保证他们对协会的支持，并且保证在会员关系中坚持合作、真实、诚实原则。会员坚持不误导、欺诈、愚弄、欺骗或迫害他们的客户、其他协会会员、公众，或者以他们会员身份开展商业活动中的任何合作者。

第二，会员应该保证客户收入的安全和完整。会员必须将自己的账户与客户收入账户分开，以避免资金混合现象。

会员应该在代表客户收到版税后立刻存入账户，并应该立刻支付给客户。费用结算之后，在十个工作日之内支付给客户。如果客户每季度不止收到一次，或者应付版税不足 100 美元时，版税支付可以按季度进行。在客户收到的版税超过 100 美元或者客户特别提出支付要求时，应该在十个工作日内支付。

---

① 资料来源：美国的作者代理人协会官方网站（http://www.aaronline.org）。

在任何情况下，会员都应该认真地寻找与客户收入相关的信息。当客户收入形式是股权和类似权利时，会员应在接到权利转移文件后的一个月内，向客户提供相关报告、支付相关费用。每个账期的销售报告与版税支付应该包括上月 25 日前的一个月内收到的全部版税。对业余作者的版税支付应该不超过 6 个月进行一次。

会员的账簿必须向与其相关的客户始终开放。

当会员收到对某个客户资金的所有权表示异议的书面声明，应该立刻建议客户书面回复。当会员认为客户所持异议有一定根据，且声明所涉及的资金不宜转给客户，则该会员应该在 90 日内，可以将该笔有问题的资金存入另一个生息账户，以待争议的解决。90 日到期之前，如果争议还没有解决，且争议者没有就争议资金的处理达成一致意见，则会员应该将资金问题提交有关法律部门，并通知争议者，以保证争议者出席。会员对该笔资金的处理将被认为是履行了本职业道德规则要求的义务。

上述情况主要是在著作权发生争议的情况下，比如著作权人去世，著作权继承人之间出现争议，有些未被列入的继承人声称有继承权等。

第三，在会员与客户双方认可的经纪服务费用之外，会员可以在客户认可的基础上，增加以争取客户利益为目的而产生的费用，如版权费、手稿打印费、复印费、与权利开发有关的图书费、长途电话费、特殊邮寄费等。

第四，会员应该及时通知每一位客户授权事项的进展情况，并应该在客户要求时及时告知相关信息。

第五，会员不得在同一交易中代表买卖双方。会员代表客户开发其所有或者控制的权利，不得接受该权利购买方的任何服务费或其他费用，包括所谓的"包装费"。会员的服务费只能来自客户方。

除非以下例外：会员可以接受电视播放权获得者支付给拥有或者控制该权利的客户的所谓"包装费"；充分和尽早向客户告知，买方可能向会员提供"包装费"，而会员可能接受该费用；同时向客户提供本协会有关包装和包装费相关声明；并且同时向客户提供该项交易的其他代理选择；会员不得接受（或参与）与该交易相关的包装费和客户支付的服务费。美国编剧工会管辖范围内的交易，工会确定的规则优于本规则的要求。

这里明确规定，出版经纪人只能代表作者方，不能同时也是出版方的代理人，否则就有可能做出危及作者利益的事情。经纪人不能接受出版商、电视台等版权使用方额外的利益，这些利益的收取都有可能使经纪人的站位发生偏移。

第六，在与客户相关的所有交易中，会员都不能私自接受各种利益。已经接受的利益，应该立刻全额支付给客户。会员不能以向第三方介绍作者为由，要求或接受任何费用或财物。会员为其客户开发权利而与第三方建立联系的情况除外。

第七，会员应该保护客户财务的隐私和秘密。但是，在处理权利时向利益相关者告知情况，或者根据法律要求或客户同意，根据其他原因而向利益相关者告知情况除外。

协会认为文学代理人以阅读和评价文学作品（包括概要、计划、部分或全部文稿）为由，向客户和潜在客户收取费用，是严重违反文学代理人的职业原则的行为。因此，会员不能以阅读和评价文学作品为由，向客户和潜在客户收取费用，也不能直接或间接从其他人或者其他组织的此类收费服务中获益。

除非以下例外：会员参加阅读和评价作品并且开展有偿单独咨询服务的会议或类似场合时，可以提供有偿咨询。协会认为独立的作者会议环境可以抵消此类阅读收费行为违反原则的可能性。

会员有偿评价非客户作者的作品时，出现如下情况，将不视为违反本规则。

（1）评价费是提供给正规慈善机构或者正规教育机构；

（2）会员提供个人评价意见，且在一定时间内完成评价；

（3）会员没有获得任何形式的收益；

（4）会员以尊重本协会行为准则的名义开展此类活动。

以上例外情况条款不能违反美国的作者代理人协会所坚持的在日常工作中不能向作者和潜在作者收取阅读评价作品相关费用的基本原则。

作者代理人协会制定的行业规则非常具体，便于会员遵守和执行。从宏观的角度看，这种比较具体并且有一定行业影响力的规则将法律和政策规则与市场规则联系起来，共同构成一张规范作者代理人职业活动的规则网。其中重要的规则可以总结为以下几点。

第一，保护作者利益规则。经纪人本人账户与经纪人工作账户分开，保证作家可以明确地查询自己的收益，并且及时获得支付稿费。该规则还考虑到如果资金发生争议问题，即发生争议暂时不宜将资金转给作者时，必须在 90 日内将资金存入一个生息账户。90 日内争议不能通过协商解决，则必须通过法律渠道解决争议。

第二，合理收费规则。会员向作家收取正当代理费之外的费用之前应当征得作者的认可，且收费项目必须与经纪服务直接相关。

第三，禁止服务买卖双方规则。规则强调会员不能接受版权购买方的任何费用。特别是，当买方要求会员进行"包装"服务（指作品的加工或改编）并提供"包装费"时，会员应该事先向作者说明，并且在决定接受"包装费"开展"包装"服务时，要将经纪业务转移给其他经纪人，不得同时接受作者和版权购买方双方的服务费。

第四，禁止阅读评价收费规则。规则在原则上禁止阅读评价收费。也就是说会员只能在完成经纪业务，帮助作者出版或者发表了作品之后，才能收取经纪费用。但是，规则也根据实际情况提出了一些可以接受评价收费的例外情况。例如当会员参加公开举行的有偿阅读评价会议或类似场合，可以在该场合内提供收费的阅读评价服务。离开了该场合，就不能再提供这种收费服务。

## 二、英国作者经纪人协会制定的服务准则[①]

根据法律、行业惯例和行业发展动态，英国作者经纪人协会制订了《行为规则》（*Code of Practices*）和《新经纪业务良好行为指导》（*Good Practice Guidelines for New Agenting Services*，下文简称《新业务指导》）。

英国作者经纪人协会《行为规则》如下。

第一条：所有会员都应该在职业活动中保护和提升作者经纪人协会的名誉，遵守行为守则。会员还应该关注由作者经纪人协会委员会提出的其他非强制性标准和指导，以促进良好职业行为。

第二条：会员不应该故意代理其他经纪公司的客户，无论该公司是否为本协会会员。不认真了解客户与经纪公司关系将被视为违反本原则。

这是通过行业协会规则来规定经纪人不得挖角同行的客户。

第三条：会员不得限制客户离开其经纪公司。客户离开某会员经纪公司

① 资料来源：英国的作者经纪人协会官方网站（http://www.agentsassoc.co.uk/）。

时，该公司享有延续权，即根据已经协商达成的合同获得全部佣金的权利。除有其他协定，原签约公司应该将所有未出售的权利和被授权者返还的权利归还给作者。

该条是在规定出版经纪人不能限制作者跳槽，作者有自由选择经纪人的权利，并对作者离开后的权利做了规定。

第四条：除受到客户指示或者另有协议，所有会员应该将其银行账户中结算清楚的、属于客户的资金，在 21 日内，忠实地通过支票或银行转账向客户进行支付。

第五条：所有会员应该及时将相关的商务活动信息通知客户。会员应该允许其客户在任何合理的时间核实和认定与该客户相关的账户信息，还应该及时地和定期地将其处理的客户转账全部信息通知相关客户。

第六条：所有会员应该尊重其他会员根据已经协商好的合同获得佣金的延续权。

这是指在作者更换经纪人以后，以前经纪人应该继续享有获得已销售出的权利所应获得的佣金的权利，新的经纪人不得干预。

第七条：会员不应该在客户授权已经终止后继续进行相关活动。

第八条：会员不能被禁止在某一特殊领域继续开展职业活动，即使有客户的相关书面要求。

第九条：会员可以继续根据其以客户名义与第三方达成的协议获得佣金，可以根据其以客户名义进行协商，但是由客户或者新的经纪人最终达成的协议获得适当的佣金。

第十条：经纪人为了作者利益复印手稿或计划、购买样书、国际支付以及进行额外邮寄的相关费用，可以从第三方获得的作者版税中进行报销。但是，除获得客户或准客户事先的书面同意，会员不得收取阅读费或者其他向协会汇报的正常佣金之外的费用。

第十一条：没有事先书面通知客户的情况下，会员不得提供服务或版权。

第十二条：除有法律要求，会员应该为客户的相关信息保守秘密。

第十三条：会员应该为客户的资金建立独立的账户，与自己的通常商务账户和私人账户分开，应该在收到资金或者应客户要求后，立刻将客户的资金存入该账户。

第十四条：会员应该始终保持诚实，不误导客户和第三方。会员在获得相关信息和报价时应该立即通知客户。会员不得故意或者过失传播错误或者误导性信息。

第十五条：会员不得故意、过失或者恶意伤害其他会员的职业名誉或职业活动。

这是指经纪人不得在背后诋毁其他经纪人。

第十六条：所有会员应该促进和保护客户的权益，与客户保持沟通以代表他们开展工作。

第十七条：所有会员应该合法开展商业活动。

第十八条：所有会员应该以书面形式将他们的商业活动条款告知新客户。

第十九条：所有会员经纪组织应该至少保有与其商务活动相适应的最低限额的职业赔偿保险预备金。协会提供集体保险计划。

第二十条：独立工作者会员应该准备足够的准备金，在其退休、残疾或死亡时保证客户的资金。

第十九条和第二十条都是在保护作者的权益，防止经纪人收到出版方版税以后移作他用，而又无力支付作者的版税等情况的发生，无论是公司还是个人都要缴纳一定数额的保证金，以便在他们无力支付作者版税时从保证金中扣除。

第二十一条：所有针对会员违反本行为规范的批评和控诉都将由协会委员会进行审查。对于被证实严重违反行为规范的会员，委员会有权将其从本协会除名。除名决定需要由协会委员会全体委员一致决定。受批评和控诉的会员有权当面向协会委员会进行解释。当会员组织间由于职业活动产生争议时，经当事方要求，协会委员会将进行仲裁。

英国的作者经纪人协会在 2014 年还制定了《新业务指导》，主要是针对蓬勃发展的自出版及其他出版活动的经纪服务，其内容如下。

第一，《新业务指导》只是针对新出现的出版经纪业务，因此是辅助，而不是替代协会的《行为规则》。

第二，书面协议原则。所有新业务的约定条款都需要通过明确的内容，并且通过书面协议进行具体确认。

第三，超常规的佣金问题。超过行业标准的佣金至少需要双方合意制定的书面协议，而且确定协议前最好向作者经纪人协会进行咨询。

第四，向作者提示和解释重要问题。在自出版的经纪业务中，会员需要向作者提示出版合同中的重要问题，解释具体的利益关系，确保作者真正地理解他们与出版机构签订合同的内容。

第五，积极开发作者的权利。会员应该在自出版经纪活动中努力通过宣传、市场推广、制定价格策略和多个平台的销售策略等方法，积极帮助作者开发权利，并且向作者提供这些宣传开发活动的证据。

第六，及时通知销售情况和及时付款。在获得销售情况或者收到版税收入后，要在 21 天之内通知作者或者向作者支付。

第七，当作者希望结束经纪服务关系时，会员不得阻止或者设置障碍，并应及时归还相关文件，清理支付问题。

第八，会员在推荐作者作品时，不得从第三方获得财物。

综合分析两个规则，可以发现《行为规则》中的规则更细致和具体，而《新业务指导》更加强调方向性指导。传统经纪业务活动比较成熟，需要通过更细致的和标准化的规则来提高服务质量，增加会员的职业竞争力。自出版经纪等新业务本身还在探索磨合之中，因此通过指导性原则来保证基本职业道德和基本服务质量。《行为规则》和《新业务指导》是英国作者经纪人协会约束和规范会员职业活动、促进标准化服务的主要规则，不仅包括原则性的指导意见，如尊重作者、尊重同行等，也包含非常具体的规则要求。其中重要的具体规则可以总结为以下几条。

规则一：延续权规则。即经纪人结束了与某个作者的经纪关系，仍可以有就其开展的经纪活动获得佣金的权利。如果是成功签订了出版合同，则可以获得全部佣金，如果没有签订出版合同，但是其工作对后来成功的出版合同有所贡献，则可以获得相应的部分佣金。

规则二：及时和忠实支付作者版税规则。经纪人自己的账户必须与为作者收取版税的账户分开，与作者相关的账户信息必须向作者开放，必须在作者版税结算清楚后，立即将版税支付给作者。

规则三：严格限制额外费用规则。与作者版税相关的经纪服务费之外，经纪人向作者收取的其他费用必须与完成经纪活动直接相关，且需要事先获得作者同意的书面文件。除非事先获得作者的书面许可，会员不得提供收费的阅读评价、编辑加工及其他服务。

规则四：职业责任保险规则。经纪人必须购买职业责任保险，以确保在自己退休、残疾、死亡或者发生其他困难时保护作者的资金。协会会员还可以自愿参加协会提供的集体商业保险。

## 三、协会规则的意义

出版经纪人是在出版市场需求和市场机制基础上产生的职业，没有政府专门认定的经纪许可证或者从业资格，也没有资格考试、评审、从业人员最低学历等监管制度。合格的出版经纪人主要有三条成长路径。一是从编辑或者作者成长为作家经纪人。这类经纪人熟悉作品创作，了解作品的价值，并且在出版业有广泛的联系。英国许多优秀的作家经纪人都曾经在出版社工作，有比较好的编辑出版素质和出版业从业经验。二是在合格的出版经纪公司中，通过实习、培训和实际操作成长起来的经纪人。还有一类作家经纪人本身是律师。他们有深厚的法律知识，同时对文学作品和出版活动有比较多的了解。总之，英国的出版经纪人作为一个职业，入门的门槛低，但是素质要求高。

出版经纪服务基本上是一个代理合同关系，主要靠双方在自愿协商的基础上确定具体内容。一方面，出版业需要经纪人；另一方面，由于没有资格和规范等的约束，出版经纪人鱼龙混杂，服务质量难以保障。英国解决这一矛盾的主要方法就是由经纪人协会组织和制定行业标准、行业规范，来提高经纪活动的标准化和规范化。英国作者经纪人协会的成立原因正是 20 世纪 70 年代英国作家协会（Society of Authors）要求经纪人成立专业组织，以规范和管理经纪人的职业活动。

协会从实际出发制定业务规则，目的是规范会员的业务行为，帮助会员树立良好的职业形象，便于会员拓展新业务。协会这样做，也会提高该组织在会员中的影响力，获得更多的话语权和更大影响力。

## 第三节　出版经纪公司自己建立的服务标准和服务特色

经纪公司是目前欧美国家出版经纪领域的主体。它们将出版经纪标准化服务落实到具体实践之中，同时出版经纪公司还会在这些标准化服务的基础上，突出自己的理念和特色，形成既符合标准又有特色的服务体系。例如，美国三叉戟经纪公司，就根据自己的服务能力和服务特色，建立起超过和高出行业惯例的服务标准，其提供服务内容如下。①

第一，国际版权开发。三叉戟经纪公司是美国的文学作品国际版权开发领域规模最大、最成功的经纪公司。集团专门设有国际版权开发分部。该分部在2016 年总共向世界各地的出版市场出口了 500 余件作品的版权。集团海外版权开发分部的工作人员大都精通多种语言，并且有出版社工作经历。集团的总裁罗伯特·戈特利布（Robert Gottlieb）认为与外国出版商的直接交流能够更有效地帮助作家开发海外版权，而且海外版权开发应该尽可能全方位地开发，无论市场大小。集团一方面深刻地理解作家的作品，另一方面与全球许多出版公司的编辑长期保持紧密联系，因此知道如何推销作家的作品。集团海外版权开发分部致力于在全球领域发展作家的作品，为每一部作品寻找最佳的销售战略，帮助每一位作家创造长期的全球发展战略。集团每年参加伦敦、法兰克福、博洛尼亚等地的全球书展，积极地推销作家的作品。集团还在纽约设立出版办公室，接待全球到访的编辑。许多美国出版社也乐于将海外版权开发事项委托给三叉戟经纪公司。

第二，数字版权开发。三叉戟经纪公司将电子书市场作为经纪业务发展的重要方向之一，于 2011 年成立了数字媒体和出版分部，已经成功出版了几千种电子书。在数字出版方面，集团也坚持将企业发展、作家的利益以及经纪人的特长保持一致，坚持为作者服务，而不是为与作者利益相对的出版者。集团的数字媒体和出版分部努力减少作家的出版程序工作，让作家集中精力投入创作，为作家创造更多收益。集团非常注重为作家设计营销策略，通过作品编辑修改以及博客、广告等外部宣传，使得营销与作家的风格保持一致，从而产生品牌效应，提升市场效果。集团还提供电子书阅读消费数据的及时分析，以及相应的收益统计核算。对于愿意自出版的作者，集团提供全面服务，保证作家的作品在印刷和数字出版两方面都得到合理的开发。

第三，有声书版权。图书的有声书版权开发是作者的重要收益来源。近几年有声图书市场呈爆发态势，因其可伴随性特点，受到很多人的喜欢。美国亚马逊旗下的澳德博有声书平台成为全球最知名的有声书平台。相应地，有声书

---

① 资料来源：http://www.tridentmediagroup.com/。

版权也成了市场争抢的对象。根据华尔街日报，美国有声书市场规模已经达到了 12 亿美元。集团的有声书开发也非常成功，2016～2018 年的累计销售额已经达到几百万美元。有声书作为图书消费形态符合当代生活习惯，因此还有更广阔的发展前景。集团正在投入更多的精力用于开发有声书市场，同时也在积极地鼓励作家提高作品的阅读吸引力。

第四，电影娱乐领域的版权开发。集团开发图书在影视娱乐领域的版权，一方面是充分提升作品的版权收益，同时也积极地通过影视作品提升作者的知名度，促进图书销售，提升人们的阅读兴趣。在实际操作中，集团的经纪人直接与制作公司、工作室、网络公司、文化经纪人建立联系，合作将图书作品改编成娱乐作品。集团的专业化服务可以使作家更加专注于写作，不在娱乐开发方面过分地投入精力。

第五，会计和管理服务。在三叉戟经纪公司，会计和管理服务将所有业务整合在一起。对于客户服务来说，每一位作家的收入，从预付款、版税、许可费、数字版权，到影视娱乐版权，从国内到国外，都被准确及时地统计和管理起来。三叉戟经纪公司的各种营业收入累计达到几千万美元。集团还引入计算机管理系统，以进一步提升处理会计和管理问题的准确度和先进程度。集团还会帮助客户每年制作收入所得税申报单。

除了以上这些标准化服务，三叉戟经纪公司还提供特别针对不同客户的个性化咨询服务和组织活动服务。这些服务综合在一起，形成了一个完善的服务体系，使得每一个客户都可以在三叉戟经纪公司获得全面高效的经纪服务。[①]

## 第四节　出版经纪服务的竞争机制和舆论监督

出版经纪是一种市场化服务。市场机制是促进出版经纪服务标准化发展的根本动力。具体讲，出版经纪相关的市场机制包括出版经纪人之间的竞争、社会对出版经纪人的舆论监督以及作者的选择。据不完全统计，英国目前有 400 多家出版经纪公司，而美国有 1000 多家出版经纪公司，这些公司之间存在着激烈的竞争。有良好声誉的优秀的经纪公司和经纪人能够吸引更多的优秀作家。

---

① 资料来源：http://www.tridentmediagroup.com/。

在英国和美国，作家们组成的协会组织是监督出版经纪人的重要力量。英国作者经纪人协会成立的根本原因之一就是在 20 世纪 70 年代英国作家协会认为当时英国经纪人服务状态比较混乱，侵害作家的事件频繁发生，因此要求经纪人成立专业组织，以规范和管理经纪人的职业活动。在出版经纪比较发达的美国，作家协会也非常注重监督出版经纪人的活动，以保护作家的利益。例如美国科幻作家协会（Science Fiction and Fantasy Writers of America，SFWA）向会员作家介绍出版经纪人工作的同时，还深入分析了美国出版经纪行业内一些典型的错误行为，以提醒会员作家，避免自身权利受到侵害。SFWA 总结的不诚实的经纪行为包括以下几点。[①]

第一，向客户收取与经纪工作相关的阅读书稿费、差旅费、推荐费等。欧美国家的经纪服务收费标准是先服务后收费，而且收费标准以作者版税为基础。经纪人在开展经纪活动中的各种花费，都应该包括在这个统一收费之中。因此，在出版活动成功之前的任何收费，或者版税比例收入之外的任何收费，都属于不正常收费。

第二，向作者提供有偿编辑服务。书稿编辑加工应该主要是出版社的工作。但是，也有出版社要求经纪人帮助作者修改书稿，或者作者主动提出要经纪人帮助修改书稿的情况。这时，经纪人正常的做法不是自己提供有偿编辑服务，而应该是找一位修改相关书稿的专家，在自愿协商的基础上帮助作者与专家达成服务协议。如果出版经纪人为作者加工书稿，那么相关工作应该属于出版经纪服务的一部分，不应该另行收取费用。

第三，要求购买广告、参加收费讲座。作者宣传自己和自己创作的作品，或者参加写作相关的培训，应该出于作者的实际需求和自愿选择，而不应该是出版经纪人的营利手段。

第四，出版经纪人能力不足却夸大或者虚假宣传。出版经纪人的基本能力是理解和推荐作品，与出版社保持良好的合作关系。但是有些经纪人夸大自己的能力，诱使作家与其签订服务协议，然后再通过各种方法敷衍作家，获得利益。

第五，出版经纪人与出版社串通一气，降低作者收益，并从出版社收取

① 资料来源：https://www.sfwa.org/other-resources/for-authors/writer-beware/agents/。

回扣。出版经纪人应该为作者的利益服务，不应该从出版社获得任何收益，否则就会出现利益冲突。有些出版经纪人建立收费出版机构，然后诱使作家自费出版。①

对出版经纪的批评意见不仅事关个别出版经纪人的错误和不道德行为，也有针对整个出版经纪环节不能在实践中保护作家权利问题进行的批评。早在1963 年，英国作者詹姆斯·赫本（James Hepburn）就撰写了一本对出版经纪活动系统研究的专著《作者空空的钱袋与文学经纪人的崛起》（*The Authors' Empty Purse and the Rise of the Literary Agent*）。书中记录了经纪人的活动以及人们对经纪人这个新增加的出版环节的评论。出版经纪活动出现早期，出版商对于精明的出版经纪人帮助作者争夺利益表示担忧。随着出版经纪人帮助作者提升作品水平的功能逐渐发挥，出版商开始普遍接受和支持出版经纪人这个中间环节，反倒是作家对收费却不能提供有效服务的出版经纪活动的批评意见越来越多。

20 世纪七八十年代，随着出版领域的竞争逐渐加剧，出版商开始通过集团化和裁减人员的方法节约成本、提升效率。随着编辑人员的不断减少，出版机构的书稿处理能力下降，需要出版经纪人作为文稿审读这一把关环节。英语出版领域的大型出版机构如阿谢特（Hachette）、霍兹布林克（Holtzbrinck）、麦克米伦、企鹅、兰登书屋、哈珀·柯林斯、西蒙和舒斯特几乎不接受没有经过出版经纪人审读推荐的作品。这实际上就造成了出版经纪服务固定化的趋势。作者只能选择接受出版经纪服务，已经基本没有其他选择的余地。这对许多作者来说，也是一个难以接受的现象。再加上一些只有经纪服务收费而没有优质经纪服务的现象，作者对出版经纪行业的负面评价也开始增多。美国宾夕法尼亚州爱丁博罗大学教授吉米·费舍尔（Jim Fisher）就专门分析了出版经纪领域的负面案例，编写了《浪费了的 10%：出版经纪糟糕案例》（*Ten Percent of Nothing：The Case of the Literary Agent from Hell*）。书中揭露了假冒伪劣经纪人欺骗年轻作家的一系列案例。

出版经纪是一种市场化行为。经纪人的职业和道德水平各不相同。社会各方对出版经纪的批评意见实际上是促进经纪人的职业道德水平不断提升，促进

① 资料来源：http://www.sfwa.org/other-resources/for-authors/writer-beware/agents/。

行业发展前进的动力。出版协会的标准化服务的产生，在很大程度上就是针对这些批评的反映。出版经纪的标准化服务，不论是以行业惯例的形式，还是以协会规则的形式，其目的都是避免低劣的服务，提升出版经纪行业的整体水平。当然，不同国家或地区的出版环境不同，人们在具体出版实践中逐步形成的服务标准不同，因此不同国家或地区标准化服务的内容不尽相同。

## 第五节　我国出版经纪活动标准化的发展完善

标准化是工业社会的一个基本特征。标准化可以节约生产成本和协商缔约成本，还可以使产业链之间的衔接更加协调。出版经纪作为出版产业链中的一个环节，也需要在一定程度上实现标准化，使得出版产业运行效率更高，作家的版权得到很好的保护与开发。欧美国家的出版经纪活动发展时间较长，标准化程度较高，有许多经验可以为我国出版经纪人发展提供参考。

### 一、我国出版业的标准化发展概况

出版标准化是出版业健康发展的基础。我国出版业的标准化主要可以分为出版内容标准化、出版活动标准化管理还有出版企业和人员标准化管理等。具体的标准内容主要通过颁布标准和法规的形式展现出来。出版内容标准化主要包括语言文字与数字、图书编排、信息存储与检索，还有编辑、印刷、发行等各个方面。我国在 1949 年就针对量和单位、图书编排、印刷装帧三方面颁布了相关标准。改革开放之后，标准化建设加速发展，不仅完善了出版内容的标准化，还积极促进出版工作的标准化，极大地促进了中国特色出版业市场的健康发展。出版内容方面重要的标准包括《出版物上数字用法》《标点符号用法》《出版物汉字使用管理规定》《国际单位制及其应用》《中国标准书号》《图书在版编目数据》《校对符号及其用法》等。在图书出版工作领域，重要的标准包括《出版管理条例》《图书质量保障体系》《图书质量管理规定》《图书编辑工作基本规程》等。

为了进一步促进标准化发展，2013 年 12 月，国家新闻出版广电总局通过《新闻出版行业标准化管理办法》，加强新闻出版行业标准化工作的管理，促进新闻出版业技术创新与发展。办法明确了在我国新闻出版行业标准化工作全面落实国家标准化战略，以推动新闻出版技术进步，促进新闻出版业健康、有序发展。标准化发展的基本原则是贯彻协调统一、广泛参与、鼓励创新、国际接轨、支撑发展的标准化工作方针，坚持依法办事、科学公正、公开透明和协调推进的原则。出版业标准化的主要任务是在全行业开展标准的制定、修订、宣传、实施，运用标准化手段促进新闻出版行业的技术进步，提升新闻出版行业产品质量和服务质量。

针对出版机构和出版人员，我国也都有比较严格的标准化管理。书报刊出版机构需要有相应的出版许可证，由国家新闻出版署经过审核颁发许可，并且会对出版机构进行定期的审查，更新许可。对于出版人员，我国采用出版职称管理的方法。每年国家定期举行出版资格考试和职称评定，对获得相应水平的出版专业技术人才颁发相应的资格证书。我国在 1978 年开展了职称评定工作以后，实行编辑职称制度。1980 年由国家出版事业管理局、国家人事局制订经国务院颁布了《编辑干部业务职称暂行规定》，其中规定编辑职称分为编审、副编审、编辑、助理编辑四级，确定和晋升编辑人员的业务职称，以学识水平、业务能力和工作成就为主要依据，同时适当考虑学历和从事专业、编辑工作的经历。如编辑应具备的条件包括，具有本专业比较系统的基础理论和专业知识，熟悉本学科的发展动向；熟练地掌握编辑业务，有较高的文字水平、独立处理稿件的能力，在工作中取得一定成绩等。1986 年 3 月，国务院职称改革工作领导小组制定了《出版专业人员职务试行条例》，对编辑人员的任职条件、主要职责以及聘任和任命，均作了明确的规定。2001 年 8 月，国家人事部和新闻出版总署联合发布了《出版专业技术人员职业资格考试暂行规定》，宣布在我国正式建立出版专业职业资格制度，这标志着我国新闻出版行业准入制的确立，也标志着出版行业初、中级专业技术职务工作由评审制改为考试制。

总之，我国出版业已经形成了比较完善的标准化管理体系。这个体系既有政府主管部门的领导，也有行业协会、出版企业组织的参与，以及市场化机制和舆论监督机制的保障。出版经纪的标准化发展如何能融入这个出版业标准化体系是出版经纪活动健康发展的关键问题。

## 二、我国出版经纪服务标准化存在的问题

目前我国出版经纪工作基本上没有实现标准化发展。第一，经纪人并没有

被纳入政府对出版业管理的标准化体系。他们的职业定位本身还不明确,目前仅相当于作家的私人助理性质,没有与之对应的能力要求、职业资格和职业道德标准。第二,尽管业界学界认为我国出版业需要经纪人,而实际上在人数众多的作家群体中,有经纪人帮助出版业务的作家凤毛麟角。在实践中没有形成规模,在参与出版工作方面也没有形成被普遍遵守的行业惯例。第三,由于我国出版经纪人的数量少,实践也不普及,没有形成协会组织和协会制定的职业道德与职业行为规则。

由于我国还没有出版经纪人的实践标准,目前出版经纪活动只是参考国外经纪人的实践标准,再有就是参考我国文化经纪人的实践标准。原文化部曾委托韩立新、杜恩龙等人完成对文化经纪人职业评价体系的制定工作,可以参照。另外,国家演出经纪人的资格考试曾得到原人事部的认可,已经很成熟,也可以为出版经纪人的建设提供参照。我国出版经纪人目前没有形成规模,没有形成标准化的服务,对我国出版经纪人的发展是一个非常不利的因素,因为完全依靠协商形成的个性化服务成本很高,只适合少数收入高、作品经济效益好的作家,而无法吸引普通作家。与我国出版业已经形成的比较完善的标准化体系形成对比,出版经纪实践不够普遍和没有服务标准的问题更加突出。

我国出版经纪活动目前有两个比较活跃的领域,一个是海外版权代理,另一个是影视以及其他衍生版权开发。2019 年,我国版权引进 15 977 种,输出 14 816 种。[①]除了出版企业之间的直接合作,很多引进和输出版权都有经纪人的参与。但是在经纪人参与引进和输出版权领域都没有相关的标准化管理。例如,经纪人参与版权海外开发的服务费问题、翻译费问题,海外版权代理人的资格问题,等等。

文学的影视版权开发是我国出版业发展的重要趋势。近年来根据网络原创文学作品改编的影视剧已经形成热潮,例如电视剧《芈月传》《裸婚时代》《步步惊心》《盗墓笔记》等都是改编自网络文学。阅文集团是目前我国最重要的网络文学经营主体,2015 年由盛大文学和腾讯文学合并而成,主要运营起点中文网、创世中文网、潇湘书院、红袖添香、小说阅读网、云起书院、QQ 阅读、中智博文、华文天下等品牌。其中,起点中文网成立于 2002 年,是我国

---

① 数据来源:新闻出版署《2019 年全国新闻出版业基本情况》。

最早的网络文学网站之一。

全版权运营是阅文集团 2010 年前后创立的网络文学作品开发模式，包括印刷出版、影视剧改编、动漫游戏、手机阅读等形式。2018 年，阅文集团将传统的版权开发升级为"IP 全链服务"，以互联网思维建构全新模式的内容生态。为了鼓励原创版权和全版权开发，阅文集团综合设计网络原创文学与版权开发收益政策。一方面提高作者原创文学的收益比例关系，同时也根据版权销售成绩不同，设置了阶梯式分成比例，销售金额越高，作者可以得到的分成比例越高。尽管阅文集团是网络文学公司，不是出版经纪公司，它在全方位的版权运营策略中也建立起经纪人制度，通过专业化的经纪人团队，为作家提供个性化的服务，帮助作者进行衍生版权推广、粉丝维护管理、品牌包装等相关工作。在阅文集团的影响下，经营网络文学的公司也都建立起类似的专业版权开发队伍。

网络文学公司的版权经纪人，是目前我国特有的版权服务专业人士，不同于欧美的传统经纪人。推动这些人员和相关服务的标准化发展，应该被纳入经纪人发展体系之中。随着"一带一路"建设和"互联网+"的发展，我国出版业的海外版权引进输出合作以及衍生版权的开发，必将迎来更大规模的发展。根据海外版权和衍生版权开发这两个领域的经纪活动，推动相应的标准化发展，是符合我国出版产业实践、具有我国特色的出版经纪发展。

## 三、我国出版经纪服务标准化的发展前景

目前我国对出版经纪活动的理解不够统一，经纪服务内容主要靠经纪人与作家双方协商形成，比较灵活多样，缺乏相对统一的理解和标准化服务模式，导致出版业对经纪服务的支持程度较低。标准化方面的差距实际上是影响我国出版经纪活动发展成熟的重要原因之一。因此，促进我国出版经纪活动的发展的重要方法就是统一概念理解、提升服务标准化水平。当然，我国出版经纪活动的标准化不是照搬欧美国家的模式，而是要符合我国国情，在出版业内相关各方共同支持、积极参与的基础上建立标准化服务体系。

本书认为可以从以下几个方面促进我国出版经纪服务的标准化发展。

第一，出版经纪标准化发展需要协会组织的积极参与。出版经纪人可以在有关部门的指导下自己组建协会组织，建立出版经纪活动的行业标准，促进出

版经纪人和出版实践的标准化发展。更加可行的方法是在现有的出版业协会或者经纪人协会体系内，建立专门针对出版经纪人的分会，建立更加有针对性的职业道德和行业标准。

第二，吸收借鉴欧美国家出版经纪标准化发展的经验。欧美国家的出版经纪实践和出版经纪标准化发展都有长期的发展过程，形成了很多值得借鉴的经验。但是，必须要考虑到我国出版经纪活动与欧美国家的差别，因此我国出版经纪标准化发展应该以我国的出版产业实践为基础，学习欧美国家出版经纪服务的基本规则，例如禁止双方代理规则、禁止收费审读规则、保护作者权益规则，等等。

第三，组织出版经纪领域重要企业探讨标准化服务。我国目前经纪领域比较活跃的经营内容是海外版权代理和影视等衍生版权的开发。可以考虑有针对性地组织这两个领域中的领军企业，如海外版权代理领域的中华版权代理有限公司等，开展研讨会、交流会等形式的交流合作，共同探讨相关服务的标准化发展问题。

第四，政府主管部门应该对出版经纪标准化发展进行适当的引导和参与。出版经纪活动是我国出版业的一个新业态，它涉及整个出版产业的结构调整，因此是政府主管部门应该关注的内容。但是，出版经纪服务的标准化发展更多要依靠宏观的法制环境和市场机制。政府的参与和引导应该关注于重要的问题，如引进输出版权的社会效益、作家在全版权开发过程中的基本权益等。

第五，应该认真听取作家对出版经纪人发展的意见。可以考虑邀请著名作家、作家协会对出版经纪服务的标准化问题发表意见。还可以考虑邀请作家代表和经纪人代表举行交流活动，双方共同就促进经纪服务的标准化发表见解。当然，作家和经纪人都有各自交流的环境，例如微信群、博客等。他们在这些平台发表的意见也可以搜集起来，作为促进经纪活动标准化的参考意见。

# 第七章　出版经纪人的规范管理

## 第一节　出版经纪人规范管理的目标和机制

### 一、出版经纪人规范管理的目标

出版经纪人的规范管理主要有两个目标：一是保证出版经纪人具有一定的知识技能和职业道德，二是保证出版经纪人开展的活动符合法律法规，保护作家的基本权益。出版经纪人是出版业专业分工的产物，是现代欧美出版产业链的重要组成部分。保护出版产业的顺利运行，需要产业中的各个环节都遵守一系列规则。出版经纪人作为较晚产生的出版职业，其主要定位和功能是保护作家利益。出版产业中的出版企业相对于作家有明显的优势。企业会利用它们在资金、信息、品牌以及联系渠道等方面的优势，获得超额利益。出版经纪人的产生就是专门服务作者，为作者争得最大利益。对于专门为作者服务，美国著名作家代理人莫顿·詹克罗给出了一个很好的解释：我们将出版商从行业领导的座位上换下来，换成作者。出版商是可以替换的，而作者不行。詹克罗本来是一位律师，1972 年开始开展出版经纪人业务，由于他非常有效地保护和开发作者的权利，受到业界一致认可，很快就将自己的公司发展为美国规模较大的出版经纪公司之一。

出版经纪人的产生完全是市场机制的结果。19 世纪末，英国出版业已经非常发达，在保护作者权益的市场机制中产生了出版经纪人这种新的职业。在相当长的时间内，英国既没有政府专门制定的经纪许可证或者从业资格，也没有资格考试、评审、从业人员最低学历等监管制度。合格的出版经纪人主要有三条成长路径。一是从编辑或者作者成长为出版经纪人。这类经纪人熟悉作品创作，了解作品的价值，并且在出版业有广泛的关系。英国许多优秀的出版经纪人都曾经在出版社工作，有比较好的编辑出版素质和出版业从业经验。二是在合格的出版经纪公司中，通过实习、培训和实际经纪工作成长起来的经纪人。还有一类出版经纪人本身是律师。他们有深厚的法律知识，同时对文学作品和出版活动有比较多的了解。

## 二、出版经纪人的行业协会规范管理

行业协会是出版业的重要组织，对于规范管理出版业从业人员具有重要作用。出版经纪活动比较发达的英国和美国都有各自的出版经纪人协会组织。英国的作者经纪人协会是非常有代表性的出版经纪人协会组织，在促进英国出版经纪行业的标准化发展、制定和维护出版经纪人职业行为规则方面起到了重要的作用。该协会成立于 1974 年，协会的宗旨是建设和维护一个全体会员都遵守的职业行为准则，讨论经纪人共同职业利益相关的事项，以及在与其他职业团体、媒介和公众的交流中保护会员的共同利益。目前协会容纳了英国大部分成功的出版经纪人和经纪组织。在英国，从业者参加协会和遵守协会规则都以自愿为基本原则，不参加协会不影响个人或组织在出版经纪领域的职业活动。例如，英国的一家大型出版经纪公司柯蒂斯·布朗经纪公司就不是英国的作者经纪人协会的会员。

出版经纪人和作家之间基本上是一个代理合同关系，主要靠双方在自愿协商的基础上确定具体内容。传统的经纪服务甚至不需要签订书面合同，经纪关系的确立只是基于双方的口头协议和行业惯例。竞争日渐激烈的出版业对作家和经纪人产生越来越大的竞争压力，再加上没有许可、资格等的严格约束，不正规的经纪活动经常发生，而作者往往是受害者。对此，法律法规常常无法发挥有效的约束作用。但是出版经纪人协会却可以通过对会员的规范管理，提升协会会员的职业水平，进而通过协会会员的模范代表作用，提高整个行业出版经纪人的职业水平。例如，有的经纪人直接向作者要求有偿服务费，如阅读费、向出版社推荐费、推销费、签约费等，也有向作者推销其他有偿服务的，如阅读评价、编辑加工、网页设计、书目介绍、装帧设计、参加会展等。甚至还有的经纪人通过各种欺骗性的手段获得收益，如向作者推荐第三方提供的"专业"服务，其实就是自己的工作；或者建立虚拟出版社、收费出版社，收取作者的经纪费以及其他不合理的出版费用。这些不合理的行为都受到了英国的作者经纪人协会的明确禁止。如果协会会员从事了这些错误活动，就会被协会批评惩戒，严重违反协会规则的会员就会被协会开除。

协会制定的行业规范不仅对传统业务很重要，对于自出版经纪服务等新业务也很重要。作为一个新的出版方向，自出版的模式复杂，而且随着技术和市场的发展还在不断发生变化。一般来说，自出版是指在没有出版商参与的情况下，作家利用电子图书平台或者其他出版平台自主出版图书或多媒体产品。一方面，由于没有出版商的审改加工以及相应的收费过程，作家可以从自己的创作作品中获得更好的回报。另外，由于没有专业审改加工过程，作品质量难以保障，阅读量以及作家的收益也难以保障。而且在作家与出版平台之间的业务交往过程中，保护作家的权利不受到侵害也是一个需要非常重视的问题。因此，从保证作品质量和保护作家权益两个方面考虑，自出版的经纪业务都有存在和发展的可行性甚至必要性。

协会根据实际情况制定新业务的规则首先表明协会积极开放的态度。规范会员的新业务行为，就是帮助会员树立良好的职业形象，支持会员开展新业务。而且从协会本身角度出发，制定合理的经纪业务规范增加了协会在出版业的话语权和影响力，树立了协会在出版业的良好形象，可以说是一举多得的行动。

由于出版经纪业务强调服务性，因此更突出出版经纪人协会对经纪服务活动的规范化和标准化的约束作用。协会规则发挥作用没有司法或者行政权力的支持，主要依靠会员的自觉性和自愿性，以及协会的内部纪律。协会规则的行业规范作用可以从两个层面来理解。从协会内部管理来看，所有会员都需要自觉自愿地遵守协会制定的规范。这是会员的基本义务，否则就有被除名的风险。从出版经纪行业整体来看，协会规则是一个重要的行业服务标准，代表着高质量的服务，对非会员经纪人也有重要影响力。非会员经纪人在行业内生存就必须与会员经纪人进行竞争，服务质量是竞争基础。因此，非会员经纪人也必须学习和尊重协会规则，否则就是远离行业服务标准，无法在竞争中生存。综合两个层面的作用机制，可以发现尽管协会并不包含所有的从业者，也没有强制执行力，它所制定的规则仍然能够产生有效的行业规范效果。协会的规范事实上成为全行业的规范，对全行业从业者都具有约束力，是全行业管理的有效规则。

### 三、出版经纪人的规范管理体系

综合分析，出版经纪人的规范管理主要可以分为四个层面：一是基本法律规范，如民事代理法律、合同法、版权法等；二是市场竞争和舆论监督机制；三是专门法律和相应的政府规范管理；四是行业协会制定和实施的行业规则。在这四个层面中，基本法律规范还有市场竞争与舆论监督是普遍存在的规范管理机制，就是说只要存在出版经纪人和出版经纪活动，就要接受国家的基本法律规范的约束，都要接受市场竞争和舆论监督的约束。对于经纪行业的从业人员来说，市场竞争是一个非常有效的惩罚和激励机制，好的经纪人就会获得更多的业务。这种优胜劣汰的市场机制是提升出版经纪服务的整体水平的基本机制。当然，严格意义上讲，基本法律规范和市场机制不能算是针对出版经纪人的规范管理，而是出版经纪人规范管理的宏观环境。在不同的国家，基本法律环境和出版环境都有不同的特点。

针对出版经纪人专门制定的法律和政府规范管理以及出版经纪人协会所开展的规范管理，并不是普遍存在的管理机制，目前仅是英国、美国、加拿大等英语国家存在出版经纪人协会组织。专门立法和行政管理需要成本，一般是针对比较普遍存在的、具有广泛影响力的问题，例如著作权保护问题、出版物质量标准问题等。由于出版经纪活动的影响力相对较小，目前世界各国还没有专门针对出版经纪人制定法律法规或者行政法规的情况。但是出版经纪活动属于文化经纪活动，而文化经纪活动的影响比较广，许多西方国家都有针对文化经纪活动的法律法规。在这些国家，出版经纪活动需要在一定程度上遵守与文化经纪相关的法律规范。

综上所述，理解出版经纪人相关的规范管理需要有一个从宏观到微观的多层视角——从具有普遍意义的法律规范以及市场竞争和舆论监督机制，到有一定针对性的文化经纪法律规范和出版法律法规，再到出版经纪人协会制定的专门的职业道德和职业规则。

## 第二节　美国出版经纪人的规范管理体系

美国的出版经纪活动比较发达，而且已经形成了出版经纪协会和文化经纪相关法律等比较细致的规范管理体系，因此从宏观法律体系、文化经纪相关法律、出版经纪协会等几个层面进行分析，可以为我国文化经纪法律规范发展提供一些有益的参考。

## 一、美国出版经纪人规范管理的宏观法律环境

美国实行的法律体系宏观上被称为英美法系。它的重要特点就是以判例法为主要法律渊源，审判活动中产生的判决结果会对以后类似的审判产生约束力。正因为如此，法官对法律的发展所起的作用举足轻重。判例法是在法官的长期审判实践中逐渐创造出来的，法官的判决本身具有立法的意义，甚至有"法官造法"之称。英美法系非常依赖于诉讼活动来体现法律的约束作用，因此诉讼数量和诉讼范围超过大陆法系。在法律使用实践中，法官和律师通常会通过对存在于大量判例中的法律原则进行抽象概括、归纳比较，然后才能将其最适当地运用到具体案件中去，也就是采用归纳推理的思维方法。

当然，美国经过了两百多年法制发展，它的成文法也非常发达。美国的成文法宏观上分为两部分，一部分是联邦法律，另一部分是各个州自己制定的法律。相对来说，联邦法律从数量上大约只占30%，而各个州自己的法律大约要占70%。联邦法律的宏观影响力更强，影响范围更广。正因为如此，联邦法律大都针对更宏观的、更具有原则性的问题。各个州的法律则根据自己的实际情况、法律思想以及关注的具体问题来制定。

对于出版经纪人的规范管理来说，美国的法律体系是一个宏观环境。美国法律体系注重诉讼，注重专业法律人才，作者注重保护自己的权益，所以在美国，很多出版经纪人是由律师担任的。由于出版经纪活动的影响力相对较小，在美国没有相应的联邦法律，也没有相应的州法律。但是，在纽约州、加利福尼亚州等州，由于文化经纪活动非常发达，其制定了与之对应的州法律。由于出版经纪活动属于文化经纪活动，因此应该执行文化经纪主题的相关法律。

## 二、美国文化经纪法律规范的基本定位

在美国，文化经纪专门指帮助文化工作者找到相关工作的活动，属于职业介绍范畴。美国文化产业中的重要组成部分，是与文化工作者建立代理关系，帮助他们找到相关工作的专业化服务企业或个人。文化经纪活动与文化经纪法

律的地域性特点比较突出，主要集中在纽约州、加利福尼亚州等文化产业发达的地区。纽约市是美国最早形成的文化产业中心，文化经纪活动发达，与文化经纪活动相关的法律规范和执法活动也比较成熟。纽约的法律明确地将文化经纪定位在职业介绍范畴，体现尊重市场规律和维护市场秩序的特点，而且特别突出保护文化工作者的功能，对当地文化产业发展起到重要保护和促进作用。不仅如此，美国文化经纪活动的影响力大，收入也很高。例如，创新精英文化经纪公司是美国最大的文化经纪公司之一，拥有 100 多名经纪人，2000 多名雇员，2020 年营业收入 5 亿美元，业务主要分布在演艺经纪、体育经纪、音乐经纪以及主持人经纪等四个领域。

美国文化经纪和文化法律都有很强的地域性。根据"美国文化经纪人协会"（Association of Talent Agents）的统计，在美国共有 23 个州制定了文化经纪相关的法律规则。其中明确以"文化经纪"为主题制定法律规范的只是加利福尼亚州和佛罗里达州。其他 21 个州制定了与职业介绍相关的法律，然后明确指出或者实际上将文化经纪活动归属于职业介绍范畴。这种立法的原因大概是经纪人代理作者的稿件并推荐给出版社的合作方式，类似于出版经纪人给作者找了一份工作，所以被视为职业介绍的一部分，故将其相关法律纳入职业介绍的相关法律范畴之中。文化经纪法律都不是专门立法，而是以法律规则的形式存在于调整范围更宽的法律文件中，如劳动法、商法、文化法等。纽约市与文化经纪相关的法律规则主要存在于《纽约州普通商法》（New York General Business Law，也译作《纽约州普通商法汇编》）、《纽约州文化艺术法》（New York Art and Cultural Affairs Law）、《纽约市法规》（Rules of the City of New York）以及《纽约市行政规则》（New York City Administrative Code）之中。前两个法律是州议会制定的地方性法律，确定了文化经纪法律的主体内容。后两个法律是城市议会制定的地方性法规，确定了符合文化经纪实践和城市管理思想的具体规则。

各级法律所确定的文化经纪法律规则，都统一授权由地方政府的专职部门负责具体实施。文化经纪与劳动、文化产业以及商务活动相关，在美国不同地区，获得法律授权管理文化经纪活动的政府部门不尽相同，有的是劳动部门，如加利福尼亚州和纽约州，有的是商业部门，如佛罗里达州。纽约市是属于纽约州的一个城市，由于经济发达、人口众多，它的自我管理权限较多。

纽约市负责文化经纪管理的政府部门是消费者事务部（Department of Consumer Affairs）。

## 三、美国文化经纪法律规范中的许可证制度

美国文化经纪的相关法律内容大致可以分为两方面，从业许可管理和从业规范管理。早期开展文化经纪工作的主要是文化经纪人，随着文化产业的发展和文化市场的发展，文化经纪公司取代个人成为主要的从业主体。许可，也称营业执照，是文化经纪法律的起点，也是文化经纪公司从业活动的起点。美国各地与文化经纪相关的许可主要有两种形式，一种就是文化经纪许可，另一种是职业介绍许可，根据美国各地法律而定。

纽约市适用的职业介绍法律主要存在于《纽约州普通商法》中。该法律将职业介绍划分为家庭服务、商务、戏剧以及护理等四大类。其中"戏剧职业介绍"（theatrical employment agency）是一种特殊类型的职业介绍活动。根据该法，"戏剧职业介绍"活动所服务的艺术家包括舞台表演、广播影视、音乐及其他娱乐领域的演员、导演、作家、模特等相关人才。由此可以看出，这个定义实际上不限于戏剧行业，而是文化产业中的经纪活动，只是由于戏剧是纽约市的传统文化产业，因此相关法律用词比较突出传统风格和纽约风格，以下也统称为文化经纪。

《纽约州普通商法》规定，文化经纪公司申请职业介绍许可要向政府主管部门提供公司的名称和性质、办公条件、申请人等具体信息。法律还特别要求所有申请人和经纪公司的管理者都要提供自己的指纹，由主管部门通过司法系统进行犯罪历史记录检查。法律规定主管部门和负责人主要审查许可申请人和企业负责人的两个条件，一是良好的人品，二是至少 2 年职业介绍工作经历。法律没有规定经纪从业人员资格的问题。也就是说，开展文化经纪活动只有对从业企业的许可证要求，而没有对从业个人的职业资格要求。与律师、会计师、医师等专业知识要求较强的职业相比，文化经纪人的从业领域广泛、知识结构复杂，因此其职业水平主要是在市场中进行检验。

《纽约州普通商法》对文化经纪公司办公条件审查的要求标准也比较简单，只要求办公地点不能是个人居所，不能与酒类产品销售场所相连。法律还规定每一个办公地点对应着一个许可证，不能私自增设多个办公场所。而且许可证

颁发之后，许可证所确定的企业名称、负责人、地点等事项未经批准不能随便更改。

在纽约州申请职业介绍许可证需要缴纳 5000 美元的保证金，以及至少两个担保人或者一个担保公司。保证金的作用一是备用赔偿款，即经纪公司或者它的员工在职业活动中给他人造成伤害的赔偿；二是用于经纪公司不遵守相关法律规定时的惩罚性罚款。通过许可申请和审批过程，政府主管部门收集和整理经纪公司及其主要负责人的详细信息，建立起本地经纪行业的基本信息库，为进一步行业管理打下坚实基础。

## 四、美国文化经纪法律规范中有关经纪合同的相关规定

文化经纪活动的核心是经纪公司与文化工作者的代理合同。由于文化经纪活动涉及劳动者的基本权利和劳动者保护问题，法律对合同内容做出了一些具体的要求和限制性规定。《纽约州普通商法》对职业介绍合同的主要要求包括以下四点。第一，职业介绍公司必须与求职者签订书面合同，其中要明确地展现职业介绍公司的真实信息，以及双方的代理关系内容。所有收费项目都要办理打印或者书写的凭证。合同与收费凭证至少要保存 3 年。第二，职业介绍公司只能在帮助求职者找到工作之后，才能收取佣金。除特殊情况，不能向求职者收取预付金。第三，法律为 4 类职业介绍服务分别制定了普通收费标准和最高费率。对于文化经纪，法律规定服务费的总体费率不应高于文化工作者收入的 10%。但是在与交响乐、歌剧和音乐会相关的合同中，总体费率可以不高于20%。第四，经纪公司收取的任何超过合同规定或者法定数额的佣金必须及时还给求职者。劳动合同成立，但是在求职者没有去工作单位报到的情况下，实际收取的佣金不得超过原定佣金的 25%。求职者没有过错而被雇主解雇，实际收取的佣金不得超过求职者实际获得薪金的 10%。

此外，法律还规定了在签订合同之前，职业介绍公司开展经纪活动的一系列限制性规定。主要包括以下六点。第一，不得引诱工作者放弃原先的工作，然后通过职业介绍公司寻找新工作。第二，不得虚假宣传自己的服务，随意许诺，误导求职者。第三，不得随意地推荐求职者去雇主公司参加面试或参观。故意引导求职者去雇主公司的，应当支付或报销求职者的路费。第四，不得明知雇主公司涉嫌违法活动或者工作地点存在危险，而将求职者推荐到这个公司

或者地点。第五，不得从雇主公司或者与雇主公司相关的代理人、关系人等处收取任何财物。第六，不得向求职者推荐任何收费的出版物或咨询材料，或者参加任何培训、会议等收费项目。

纽约市消费者保护局在具体执行与文化经纪合同相关规范时，还提出了合同模板的管理规则，即推荐经纪公司使用官方批准的合同模板或者由文化经纪人协会制订的合同模板。合同模板（或者称标准合同）的主要功能是保证合同内容的完整，并且通过提示语、重要法律规范等内容提示文化工作者，保护他们的权益。例如纽约市消费者保护局推荐合同包括如下内容：职业介绍公司信息、求职者信息、工作类型和相应的佣金、佣金费率、重要的名词解释、求职者必读以及相关法律规范。其中，求职者必读主要是提示权利和风险，防止求职者受骗上当，如"职业申请者请注意：在您认真阅读此合同的内容，并且填满所有条款之前，不要签名。在签约后，职业介绍公司必须向您提供一份经过双方签名的合同"[①]。

## 五、美国作者代理人协会的管理规范

美国的作者代理人协会是全国性的协会组织，在促进行业惯例和交流、制定和维护行业规则方面有重要的作用。美国作者代理人协会成立于 1991 年，总部位于纽约，是由美国两大作者经纪组织——作者代理人学会（Society of Authors' Representatives，成立于 1928 年）及独立文学经纪人协会（Independent Literary Agents' Association，成立于 1977 年）合并而成的。目前协会拥有注册会员 400 多家。协会的宗旨是建立作者代理人的联系网络，向会员提供市场信息，并促进会员间的合作，利用集体影响力，让作者代理人在职业相关议题上拥有更大的发言权及影响力。协会还致力于制定规则，监督会员，向作者提供高质量的代理服务。

此外，由于协会总部所在地纽约的戏剧表演和剧本创作活动非常发达，许多会员是剧作家经纪人（dramatic agent），专门（或者同时）代理剧作家开发剧作版权。简单讲，剧作家经纪人帮助作家将他们创作的作品版权卖给戏剧或者其他舞台剧表演制作公司，最终形成戏剧或舞台剧表演，而不是卖给出版社，

---

① 资料来源：http://www.agentassociation.com/。

最终形成出版物。

美国作者代理人协会接纳新会员的程序和标准分为文学经纪人和戏剧经纪人两类。文学经纪人的会员申请要求是至少从事 2 年经纪工作，而且申请日之前的 18 个月内至少成功地完成 10 项文学经纪业务。戏剧经纪人的会员申请条件是至少从事 2 年经纪工作，而且申请日前的 2 年内至少成功地代理 5 项剧作在一流的剧院公开上演。除了正式会员外，协会也吸收暂时不符合会员条件的、在会员单位工作的助理经纪人（associate agent）成为准会员，待符合条件，转为正式会员。准会员可以参加协会的各项协会活动，只是没有相应的参与集体决策和发表意见的权利。

准会员制度实际上是协会培养合格作者代理人的途径和方法。在美国，协会组织的职业教育是出版业中的各类工作者的重要培养方法。作为一种专业的出版工作者，作者代理人的素质要求很高：既要理解作者创作的作品，评估作品的价值，还要了解与版权、合同等相关的法律规则，并且善于和出版社以及戏剧制作组织开展交流合作。但是，美国没有作者代理人相关的正规教育，也没有作者代理人资格考试，或者学历、能力等的官方评价体系。市场是检验作者代理人工作水平的最终标准，市场也是作者代理人学习成长的主要途径。作者代理人协会提供的准会员制以及相关的各种交流和培训活动，则是支持和培养新的合格的作者代理人的重要辅助方法。

美国作者代理人协会以"理事会"（Board of Directors）为最高管理机构，集体决策。理事会有大约 20 名成员，包括主席、秘书、财务、律师等核心人员，以及公关、合同、计划、国际、儿童书、剧本、会员管理等专门委员。指导委员会每月都会召开会议讨论业内重要事件，根据各方提议通过集体决策程序做出相关决策。

促进会员交流是协会在会员管理方面更重要的活动。会员交流服务工作可以分为线上、线下两部分。线上交流服务的形式有会刊、博客、内部资料库、官方网站。线下的交流服务主要是研讨会、交流会，以及庆典节日时举办的联谊会等。由于会员都是业内人士，协会交流的内容一般都比较注重专业化内容，注重实践作用。例如，协会 2016 年春季会刊的专题讨论内容包括版权的合理使用问题、版权的世界范围开发问题、作家经纪人的团结问题、最新的数字化出版报告，以及协会对成功经纪人的访谈等。①

## 第三节　我国出版经纪人规范管理的发展完善

### 一、我国出版经纪人规范管理的宏观法律环境分析

出版经纪人的产生发展与法律环境紧密相关。大陆法系与欧美法系在思维方式上侧重点的不同，可以从一个角度解释出版经纪人在英美等国出版业影响力较大，而在德法等国影响力却不明显的现象。大陆法系以德国、法国等欧洲国家为代表，强调制定的法典和法律规则。在司法、执法、守法等活动中，法官、律师以及相关主体首先要找到符合实际情况的法律条文，然后从法律条文出发，判断处理过程和处理结果的公正性。英美法系以英国、美国为代表，相对而言，更强调通过合法程序，特别是竞争乃至对抗式的法律过程，来维护公平正义，因此人们在经济、社会等各种活动中常常更需要专业人士，如律师或经纪人，帮助自己进行竞争和对抗，以更好地开发和保护自己的合法权益。

我国的法律体系受大陆法系的影响较多，注重树立法律和国家机关的权威。各类社会主体都重视成文法的具体规定以及获得法律授权的国家机构出台的政策措施。与此同时，为了提升法律体系的运行效率，我国法律体系也引入了包含适度对抗内涵的司法程序和维权机制，促使社会主体更加积极地使用专业服务来维护自己的合法权益。虽然英美法律体系中的讨价还价在我国并不流行，但辩论与协商机制却逐渐得到广泛应用。

作为出版活动的重要环节，出版经纪活动与国家在新闻出版以及更宏观的文化领域的法制建设息息相关。"国家发展、政府管理"是《中华人民共和国宪法》确立的新闻出版文化领域法制的基本原则。《中华人民共和国宪法》第二十二条规定："国家发展为人民服务、为社会主义服务的文学艺术事业、新闻广播电视事业、出版发行事业、图书馆博物馆文化馆和其他文化事业，开展群众性的文化活动。"《中华人民共和国宪法》第八十九条赋予国务院行使"领导和管理教育、科学、文化、卫生、体育和计划生育工作"的职权。地方人民代表大会和人民政府也被赋予了本地区文化领域的管理职权。

---

① 资料来源：http://www.aaronline.org/。

基于《中华人民共和国宪法》的原则性规定和授权，我国建立起了对出版业比较细致的行政管理体系，国务院制定了《出版管理条例》《印刷业管理条例》等法规，国家新闻出版署、国家互联网信息办公室以及相关机构也颁布了管理出版业的各类规章和规范性文件，并根据党和国家的政策法律法规，适时推出政策指导意见。出版机构的建立和运行、出版人员的资格与素质、出版物的质量标准、出版市场的秩序和风气都受到了较为严格的规范管理。

在出版市场主体方面，国有出版社是我国出版业绝对的主导力量，外国资本和民营资本进入出版业受到严格限制。20世纪末21世纪初的转企改制、集团化重组以及上市发展没有改变国有出版组织的主体地位，也没有允许非公资本直接进入编辑出版环节。在这种分工明确的宏观出版体系中，出版经纪人只能是以辅助作者的身份，基于和作者在平等自愿基础上达成的委托关系来参与出版活动。

出版经纪活动是一种民事委托代理关系，因此要遵守委托代理以及民事法律的相关规则与原则。2020年5月28日，第十三届全国人民代表大会第三次会议通过了《中华人民共和国民法典》，这是我国民事法制体系建设的一个重要的里程碑。《中华人民共和国民法典》不仅涵盖了原来《中华人民共和国民法通则》《中华人民共和国民法总则》中的基本民法原则内容，还包括了原《中华人民共和国合同法》《中华人民共和国物权法》《中华人民共和国担保法》《中华人民共和国侵权责任法》等法律所规定的民事活动具体法律规则。根据《中华人民共和国民法典》，委托代理法律关系主要有三个要点。一是有限定的范围：应当由本人亲自实施的民事法律行为，不得代理。二是获得授权并承担责任：委托代理人要按照被代理人的委托行使代理权；代理人不履行或者不完全履行职责，造成被代理人损害的，应当承担民事责任。三是特定代理行为受到法律限制，以保护被代理人的利益：自己代理、双方代理、越权代理、无权代理等行为都需要得到被代理人的认可或追认，否则行为无效或者可以被撤销。

这些综合分析表明，在出版市场有序竞争发展和全面依法治国的大背景下，我国出版经纪人的成长既有显著的发展空间，也有合适的宏观法律环境。

## 二、我国出版经纪人的专门法律规范分析

我国目前还没有针对出版经纪人的专项法律规范，政府主管部门针对出版

经纪人的管理思想也并不明确。本书认为相关法律法规以及政府管理规范的建立主要有两条思路:一是将出版经纪作为一种文化经纪活动,从而通过文化经纪法律规范对出版经纪进行规范管理;二是将出版经纪作为出版业结构调整的一个新业态,由出版业法律规范进行规范和管理。这两条思路之间并不矛盾,是相互配合的关系。

出版是文化产业的一种形态,出版经纪是文化经纪的一种形态。文化产业包括广播影视、出版、新媒体、时尚、艺术品以及体育等具体内容。与之相应的文化经纪就是在这些领域中的经纪活动,其所服务的对象包括作家、演员、导演、模特、音乐家、艺术家、运动员等。文化经纪还有一种比较狭义的理解,主要指演艺领域的经纪活动。自改革开放以来,我国文化产业一直在高速发展,但是相关的法律规范仍然属于薄弱环节。截至 2021 年,我国现行 270 余部法律中仅有 6 部文化法律,分别是《中华人民共和国文物保护法》《中华人民共和国著作权法》《中华人民共和国非物质文化遗产法》《中华人民共和国电影产业促进法》《中华人民共和国公共文化服务保障法》《中华人民共和国公共图书馆法》。目前,我国正在酝酿制定文化产业促进法,以及演出法等文化产业具体领域的专门法律。

在文化法律领域中,文化经纪是薄弱环节,没有专门的法律,政府制定的法规规章等规范性文件也很少。目前我国与文化经纪有一定相关性的法律法规主要是 2004 年国家工商总局制定,2016 年废止的《经纪人管理办法》,2005 年国务院颁布,2008、2013 和 2016 年修订的《营业性演出管理条例》以及 2009 年文化部制定的《营业性演出管理条例实施细则》。其中,《经纪人管理办法》所涉及的经纪活动范围比较宽,但是关注的重点主要是房地产、汽车等领域的交易商经纪。《营业性演出管理条例》和它的实施细则所关注的经纪活动范围较窄,仅是演出经纪。也就是说,到目前为止,我国急速发展的影视、音乐、时尚等多个领域的文化经纪活动基本上没有专门的法律法规。因此,对于出版经纪人来说,其只能参考目前的这些法律法规。

《营业性演出管理条例》规定以从事营业性演出的居间、代理活动为职业的个体演出经纪人,应当依法到工商行政管理部门办理注册登记,领取营业执照。营业性组台演出应当由演出经纪机构举办;演出经纪机构可以从事营业性演出的居间、代理、行纪活动;个体演出经纪人只能从事营业性演出的居间、代理活动。其中提到的居间与行纪活动实际上都是不符合出版经纪行业惯例的经营活动。居间，是指居间人向委托人报告订立合同的机会或者提供订立合同的媒介服务，委托人支付报酬的一种制度。所谓居间服务，就是居间人向委托人提供居间媒介的中间服务行为。所谓行纪则是指行纪人接受委托人的委托，以行纪人自己的名义卖出和买入物品，并收取相应报酬的营业行为。在英国、美国比较成熟的出版经纪活动和文化经纪活动中，经纪人只能是代理作家或者文化工作者，不能双方代理，也不能只是提供信息或者以自己的名义代理。具体分析出版经纪和演艺经纪可以发现，两种经纪的差别很大，因此《营业性演出管理条例》不能适用于出版经纪的规范管理。

我国政府从减少行政审批对市场干预的角度出发，取消了大量与执业资格和市场准入相关的管理规范。但同时，对于需要规范管理的行业，政府通过法律法规建立起规范管理体系。演艺经纪就属于文化产业中比较有影响力的，需要以专门的法律法规进行规范管理的活动。根据这种法制建设思路，由于出版经纪的影响较小，不大可能出现专门的法律法规。

出版经纪是我国出版产业结构调整的一个表现，因此它应该符合与出版产业结构变化相关的政策法规。在传统的出版产业结构中，作者直接与出版机构建立出版合同关系。从 20 世纪 90 年代开始，随着出版产业的发展变化出现了民营出版，并迅速发展起来。业内某些专家认为目前的畅销书几乎都有民营出版力量的参与。随着产业实践的发展变化，我国的出版政策规范也做出了相应的调整。2009 年国家新闻出版总署发布了《关于进一步推进新闻出版体制改革的指导意见》，其中第 14 条承认了非公有出版工作室是"新兴出版生产力"，民营出版正式取得合法地位。2012 年，国家新闻出版总署公布了《新闻出版总署关于支持民间资本参与出版经营活动的实施细则》，指出支持民间资本投资设立的文化企业，以选题策划、内容提供、项目合作、作为国有出版企业一个部门等方式，参与科技、财经、教辅、音乐艺术、少儿读物等专业图书出版的经营活动。

从宏观上看，出版经纪人与出版工作室一样是民营出版力量。因此它也应该遵守政府通过的有关民间资本参与出版经营活动的相关政策法规。但实际上，出版经纪人与出版工作室还是有着本质的区别的，出版经纪人与作家建立代理关系，保护作家的利益；而出版工作室与出版社建立合同关系，帮助出版社完成某项出版专业活动，是出版社工作的部分外化。有些民营出版工作室也从事作者版权的代理工作，具有一定的经纪人性质，但不是全部，大多数民营出版工作室都是纯做出版业务，没有版权代理的业务。尽管两者性质不同，在开放市场、企业形态、纳税管理等方面都需要遵守政府出台的相关规则。

### 三、我国出版经纪人的行业协会规范管理分析

出版经纪的影响范围相对较小，英美的经验表明，行业协会制定的道德和职业规则是出版经纪规范管理最重要的方法。与英国、美国相比，我国出版业中的协会组织数量少但是影响力大。我国出版业中重要的协会组织主要有中国出版协会、中国音像与数字出版协会、中国期刊协会、中国书刊发行业协会、中国大学出版社协会、中国作家协会等。由于我国演出经纪活动的规模和影响力都比较大，中国演出行业协会专门建立起了针对演出经纪人的一整套管理体系，包括资格考试、资格认定、职业道德建设、交流学习等。在这方面，我国出版经纪的发展可以从中国演出行业协会学习和借鉴宝贵的经验。

相对而言，欧美国家出版业中的协会数量非常多，例如英国出版业中有影响力的协会超过 30 家，包括作家协会、出版商协会、书商协会、印刷工业联合会、报业公会、期刊出版商协会、有声读物出版协会等。英国出版业的协会组织都是非营利组织，但通常以公司的方式运作，即经过公司身份注册，有公司名称、办公人员、办公经费等基本条件，并且对自己的活动承担责任。协会代表的行业不同，协会本身的功能设计也不同。作家协会更加突出保护作家权利的功能。印刷商协会或者是书商协会更加强调维护印刷、出版、图书销售行业标准、行业交流和维护行业发展的功能。例如，针对零售图书市场不景气的状态，英国书商协会一直积极地与政府沟通，争取政府给予更多的优惠政策以支持零售书店的生存和发展。

与英美出版业中的协会相比，我国这些协会参与管理的事项范畴较宽，协会的权威性也较高。例如，中国出版协会是我国出版行业规模最大、最具权威性的协会组织。它的会员单位包括经国家主管机关批准的出版发行单位，各省、自治区、直辖市的出版协会，全国性的出版教育、出版科研、出版印制、出版材料供应以及出版技术服务企业。中国出版协会的主要任务包括以下六条。第一，组织和推动出版工作者学习、贯彻执行中国共产党和中国政府的方针、政

策，坚持正确的政治方向，围绕大局，服务人民，改革创新，不断提高出版工作水平。第二，协助政府主管部门进行出版工作者的教育、培训工作，开展出版理论研究和业务交流活动。第三，参与制订行业标准和行业发展规划，开展专业资质认证等工作。第四，组织出版行业"韬奋出版奖"等评奖活动。第五，加强行业自律，组织制定和实施《中国出版工作者职业道德准则》，促进出版单位和出版工作者遵纪守法，恪守职业道德。第六，依法维护出版者的合法权益。此外，协会还开展国外交流与合作，以及出版相关图书期刊研究与交流等活动。

出版经纪人是一种新的出版工作角色，因此从宏观上讲他们应该属于出版协会负责协助管理。从另一个角度讲，作为出版工作者，出版经纪人也应该遵守中国出版协会制定的《中国出版工作者职业道德准则》。但是这个职业道德准则的原则性很强，对具体行为的规范约束作用并不明显。《中国出版工作者职业道德准则》的基本原则包括：为人民服务，为会主义服务；增强使命感和责任感，力求坚持两个效益的最佳结合；树立精品意识，提高出版质量；遵纪守法，廉洁自律；爱岗敬业、忠于职守；团结协作，诚实守信；艰苦奋斗，勤俭创业；遵守外事纪律，维护国家利益。

从实践的角度看，在政府主管部门指导下，无论是出版经纪人自己组成职业协会，还是中国出版协会承担起组织管理出版经纪人的职责，一个具有可执行性的、相对具体的职业规则都是促进出版经纪人健康发展的重要方法。本书认为，这个规则应该包括以下一些主要内容。

第一条：禁止双方代理规则。双方代理，也称同时代理，是指一个代理人同时代理民事双方当事人的情况。在出版业，经纪人不能既作为作者的代理人又作为版权购买方（出版社、影视公司、戏剧制作公司，等等）的代理人。因为在双方代理的情况下，代理人的责任不清晰，而且很容易偏向有影响力的一方，侵害影响力弱的一方的权益。

参考西方出版经纪人的定位，我国出版经纪规范管理规则应该要求出版经纪人与作者建立代理关系，忠实地保护作者的权益，帮助作者开发作品版权。

第二条：忠实保护作者权益规则。出版经纪人应该忠实地保护签约作者的权益，具体的规则应包括如下几条。

（1）建立完善的工作记录。例如与出版机构的谈判记录、进行宣传营销的记录、出版物进展情况的记录、出版物销售情况的记录、出版物版税收入的记录、版税收入与经纪服务费的详细计算、作者收益的汇总记录，等等。这些记录应该向作者公开。

（2）及时开展经济活动，并且及时向作者通报经纪活动的进展。经纪人不能拖延工作。如果影响了作者作品出版进程，或者实际影响了作品版权开发，给作者造成了损失，应该进行相应的赔偿。

（3）及时向作者支付报酬。自出版物投入市场以后，经纪人应该及时监督出版物的发行数量，监督出版社及时进行版税支付，在扣除经济服务费用之后，及时向作者支付。

第三条：签订代理合同与明确服务内容规则。经纪人应该与作者签订代理合同。合同中详细描述作者对经纪人的授权、经纪人服务内容、经纪收费方式和计算方法、双方违约责任、经纪合同的起始和终止等。经纪人不得在作者授权之外处理作者的出版事务。经纪人应该忠实地履行合同。对于超出合同服务内容的活动，又确有必要且有利于作者权益时，经纪人应该及时或者适时征得作者的书面许可。

第四条：合理收费规则。经纪人的服务收费与作者的版税直接相关。不得在作者没有获得版税的情况下，向作者收取服务费。经纪服务相关费用的比例关系和服务内容应该具体而明确。基本的审改、推销等服务应该包括在基本经纪服务费用之中。基本经纪服务之外的、与出版活动紧密相关的收费，如专家审改、市场营销等，应该向作家详细解释服务内容和服务效果，并经作家同意，才能收取费用。

第五条：公平竞争规则。经纪人之间应该互相尊重，公平竞争。不得对自己的经纪服务作虚假宣传，夸大经纪服务的效果，向作者做出无法确定的保证。不得诋毁贬低其他经纪人。作者提出更换经纪人时，应该尊重作者的意见，不得以扣留合同、向出版社贬低作者等方法，妨碍作者更换经纪人或者损害作者的权益。同一个经纪服务项目，在更换经纪人时，原经纪人应该向新经纪人转交基本的工作文件。

第六条：经纪人学习、培训和监督规则。经纪人应该认真学习出版经纪相关的法律法规、政策文件，以及经纪工作相关的知识和技能。经纪人应该定期地参加培训或者相当于培训的交流活动。协会负责对经纪人的执业行为进行监督。对于作者提出的批评意见、经纪人同行提出的批评意见，协会应该及时处理，对于查核属实的错误执业行为，协会应该做出相应的处理，包括批评、公开批评、责令经纪人改正错误、停止经纪人的会员资格等。

第七条：经纪公司负有管理责任规则。经纪公司应该承担经纪人的职业活动的管理责任。公司不得要求经纪人违反职业道德和职业规则。公司不履行管理责任，违反职业道德和职业规则，协会应该及时地处理，包括罚款、批评、公开批评、责令责任人改正错误、停止公司的会员资格等。

在以上一些规则之外，还有一些可以考虑采用的规则，包括以下几条。

第八条：职业责任保险规则。个体经纪人或者经纪人公司应该购买职业责任保险，对于过失或者意外给作者权益造成的损失进行赔偿。

第九条：职业资格规则。协会负责组织经纪人职业资格考试，或者职业资格评审，作为提升经纪人职业能力，促进经纪人学习提升的规则。

第十条：海外版权开发经纪服务规则。海外版权开发涉及海外通信、长途差旅、翻译、版权输入国的审批、海外出版机构以及经纪组织的谈判等特殊内容，因此版权代理合同不同于普通经纪合同，应该单独签署海外版权代理合同，或者在统一的合同中详细说明授权、服务内容，明确收费标准，明确权利义务关系。

第十一条：影视游戏等衍生版权开发经纪服务规则。作者作品的影视游戏等衍生版权开发，涉及影视游戏等产业的规则，因此应该单独签署版权经纪合同，或者在统一的合同内详细说明授权、服务内容，明确收费标准，明确权利义务关系。

第十二条：经纪公司向作者提供教育培训、报税、私人助理等服务与经纪服务分开规则。经纪公司向作者提供教育培训、报税、私人助理等活动与经纪服务没有本质的联系，所以应该与经纪服务分开，包括合同分开、服务事项安排分开、收费分开。

总之，上述出版经纪人管理规则都是根据欧美国家出版经纪人的管理实践提炼出来的，经过反复检验是行之有效的，对规范出版经纪人的行为有重要帮助，可以为我国的出版经纪人管理规则提供重要参考。

# 第八章 我国出版经纪人发展现状及面临的问题

自 20 世纪 80 年代以来，我国出版经纪人事业在摸索中前进，已经开始有了一些可喜的发展。但总体来讲发展缓慢，远远没有达到欧美国家的出版经纪人的发达程度，没有形成一套完整的出版经纪人制度，出版经纪行业的发展还面临很多问题。但是，中国的出版经纪人已有雏形，国内也有许多优秀的版权代理公司和版权代理人从事版权代理业务，致力于引进和推广图书版权。随着国内出版业的发展和图书"走出去"战略的实施，国内市场逐渐显现出了对出版经纪人的需求，也有越来越多的业内人士呼吁发展出版经纪人行业。未来，出版经纪人在国内可能会有更广阔的市场。

本章通过归纳总结国内出版经纪人的发展现状及面临的问题，讨论其发展滞后的原因，展望其未来的发展。

## 第一节 国内出版经纪人的发展现状

### 一、起步晚，发展缓慢

国内出版业的市场化、商业化运作起步较晚，机制尚不成熟，没有给出版经纪行业的萌生和发展提供养分充足的、适宜的土壤。改革开放以前，国内的经济制度是排斥中间人行业的，从制度层面扼杀了行业的萌芽，滞缓了出版经纪人行业的出现和发展。即便到了现在，国内对出版业也仍有着比较严格的管制，前些年版权代理公司都是由各地新闻出版部门专门成立的公司。这样的社会环境、市场环境十分不利于出版经纪人的成长，也不利于出版经纪制度的建立。同时，当年经济制度的封闭落后也在一定程度上阻滞了出版业的发展，国内出版业的市场化程度远远落后于西方国家。这导致国内的版权交易并不活跃，出版市场对出版经纪人的需求相对较小，没有为出版经纪人的出现和出版经纪制度的形成提供基础。

虽然国内出版经纪人制度尚未建立起来，但出版市场已经对专业的出版经纪人产生了需求。因此，"第一个吃螃蟹的人"进入了这个圈子，尝试着在国内市场开展出版经纪业务。

北京华德星际文化传媒有限公司于 2005 年成立，专门从事德语童书代理，是国内成立比较早的出版经纪公司之一，截至 2017 年累计签约图书项目 4000 多种。该公司的主要业务就是把德国作品的版权引进到中国。这些年来中国绘本市场呈爆发态势，德国绘本以其精细的制作、精彩的内容大受欢迎，相应地这些出版经纪公司业务增长很快。

对于国内出版经纪业务来讲，傅兴文就是一位先行者。之前一直从事编辑策划工作的傅兴文发现了国内出版经纪行业的空白，于 2012 年开始成为一位职业的出版经纪人。他的工作贯穿整个出版流程：市场调研、与作者商议选题、推销书稿、促成签约、宣传推广等，还要负责协调作者与出版社之间的关系、通达信息、与出版社谈判签约、为作者收取稿酬及整理账务等。傅兴文在著名作家汪兆骞忙于照料癌症晚期的女儿之时，出任了他的出版经纪人，帮助他处理《民国清流》的出版事宜。与这位名家合作之后，傅兴文取得了多位名家的信任，接连代理了叶辛的《蹉跎岁月》《孽债》等八部再版力作、张抗抗的《情爱画廊》《回忆找到我》等多部作品，以及袁伟时的随笔集，成功拓展了经纪业务。

但像傅兴文这样的职业出版经纪人少之又少，专门聘请出版经纪人的作者也是少数。大多数作者仍然会直接授权编辑代为处理自己书稿的出版事宜，海外推销的业务则授权给版权代理公司。

## 二、出版商代行出版经纪人职能

目前在国内，"一半经纪人，一半出版商"的模式十分常见，许多出版商、编辑逐渐开始行使出版经纪人的职能。人民文学出版社的责任编辑孔令燕就感觉到了近些年她的身份及工作内容上的变化：对她来说，作家和编辑的关系，就像演员和经纪人。随着出版业逐步市场化，编辑的经纪人色彩会越来越浓，这和以前的纯文字编辑是完全不同的（路艳霞，2013）。孔令燕与作家贾平凹相识已有十几年，相互之间建立起了很深的信任感。她发贾平凹的第一篇稿子是在 2002 年，是在《当代》发表的中篇小说《艺术家韩起祥》，后来贾平凹写的《高兴》《古炉》《定西笔记》《带灯》，她都是责编。对于创作，孔令燕和贾平凹也会进行交流，在写作过程中，贾平凹凡是到北京开会，都会带着稿子来，让她提意见。更为关键的是，孔令燕还接受贾平凹的委托，对其新作品的电子版权和影视版权进行对外洽谈（路艳霞，2013）。长期的相互信任的合作关系、对于作品创作的交流以及版权授权，都表明编辑与作者的关系已与出版经纪人与作者的关系相似，而编辑也已经在发挥一部分出版经纪人的作用和职能。作家王安忆也曾经表示，国内很多月刊、期刊和文学杂志的编辑会主动帮助作家发表处女作和最新作品，她不认为中国需要作家经纪人制度（姜妍和江楠，2013）。出版商、编辑主动约稿相当于代替出版经纪人行使了推销版权的职能，弱化了作者对经纪人的需求。当然，这种情况一般只会发生在知名作者或有潜力的作者身上，一般作者很难享受到这种待遇。华文天下的总编辑杨文轩偶然在网上发现了当时还默默无闻的作者白落梅，他认识到这是一位有才华、有潜力的作者，于是决定对白落梅进行整体写作规划和营销策划。作者在创作过程中，杨文轩不会去干预他的写作，但关于写作方向，会和他一起讨论（姜妍和江楠，2013）。很显然，杨文轩身上也已经有了出版经纪人的色彩。

不仅编辑们身上带有经纪人的色彩，许多出版公司也开始扮演起出版经纪机构的角色。杨文轩挖掘了白落梅之后，华文天下就和白落梅签订了七年的经纪合约，在合约期间，她的作品全部为华文天下买断，所有作品的版权也都交由华文天下代理，同时华文天下还负责为白落梅寻找定位、打造形象。截至 2013 年，华文天下就已经与十几位有潜质的年轻作者签订了类似的经纪合约。北京精典博维文化传媒有限公司也开展了名家经纪业务，目前已与莫言、阎连科、安妮宝贝、阿来、麦家、陈河、江南、颜歌等作家签约，获得了这些作者的代理权，同时也代理了欧阳中石、梁永和、何水法、马海方、李毅峰、赵准旺等艺术家。其经纪业务的具体内容包括：纸质图书出版；数字版权的系统管理和推广；文学作品影视版权的推介；名家艺术品的经纪；名家商业活动、社会活动的推介；艺术品交易平台的提供；衍生品的开发和销售；法律维权等。著名作家郭敬明建立的上海最世文化发展有限公司，宣称要做"作家经纪人"的文化公司，下设专门的作家经纪部，专做文学经纪业务，已经签约 80 余位作家，多为青春文学类的青年作家，如安东尼、笛安、落落等。北京点形文化传播有限责任公司（简称"点形文化公司"）也开展了类似的出版经纪业务，代理了朱德庸、萧言中、查小欣等作者的作品版权。2006 年朱德庸的最新漫画《绝对小孩》上市的时候，点形文化公司策划了一系列活动为之宣传，使得该书上市两个月就狂销 40 万册，与此同时，还制作了《绝对小孩》的动画片、舞台剧、电视剧。由于合作愉快，朱德庸把海外的版权代理也交给了点形文化公司（桂杰，2007）。后来，北京磨铁文化集团股份有限公司（简称"磨铁公司"）接手了朱德庸在大陆的经纪事务。二十一世纪出版社也在尝试开展版权代理业务，已经拿到了德国等海外国家几位作者的全部授权，其他出版社若是想要这些作者的版权必须要经过二十一世纪出版社。

　　上海九久读书人文化实业有限公司（简称"99 读书人"）也很重视版权经纪业务的开展，《达·芬奇密码》等很多国外的畅销图书版权都由他们代理，董事长黄育海是一位眼光独到的版权代理人。"99 读书人"在版权引进方面成果斐然。2014 年，新晋诺贝尔文学奖得主帕特里克·莫迪亚诺（Patrick Modiano）将刚在法国出版的新作《为了让你不在此迷路》中文版权给了他们，连带《青春咖啡馆》《暗店街》等 14 部作品，"99 读书人"已成为莫迪亚诺著作中文版的唯一出版方。除此之外，当代英语小说界最高奖布克奖得奖作品理查德·弗兰纳的《通往北方的小路》、2014 普利策奖小说类得主唐娜·塔特的《金翅雀》、美国国家图书奖得主菲尔·克雷的《重新部署》及法国龚古尔文学奖最新获奖作品《不要哭泣》的版权，也全部被收入囊中。黄育海称，之所以能够得到全球著名作家的版权，一个重要原因就是他和一些"书探"公司保持着密切联系。黄育海在接受《文汇报》记者陈熙涵采访时说：这些公司有别于一般的版权代理公司，它们与一些重要的出版社和作家本人保持着密切的联系。正是通过'书探'，他们及时获取了大量情报，了解了一些重要作家和重要出版社的动态，这对他们的判断是非常有帮助的。除了代理引进的国外版权，他还在做中国作家海外推广工作，也就是代理国内作家的作品并卖给海外的出版商。2013 年黄育海的公司成功卖出上海作家小白的作品《租界》的英、法、德、意、荷五种文字的国际版权，美国的购买方是著名的出版公司哈珀·柯林斯，支付了 6 万美金的预付金（陈熙涵，2015）。"99 读书人"已经与国内 20 余位著名作家签订了海外版权代理合同，如王安忆、迟子建、毕飞宇、苏童、张炜、韩少功、金宇澄、小白、范稳、薛忆沩、周云蓬、李西闽、沈石溪、郁雨君等。

易中天的图书很多是在上海文艺出版社出版的，他在《百家讲坛》主讲"易中天品三国"火爆后，也成为超级畅销书作家，而上海文艺出版社指定专人负责易中天的图书版权代理工作。

从选题策划到出售版权、从为作者设计形象定位到为作者的作品订制营销方案、从营销图书到开发版权附属权利，一系列的出版事宜出版社或出版公司都帮作者考虑并打理了，作者对出版经纪人的需求自然就降低了。路金波曾简明扼要地总结了这一现象：说白了，就是这件事儿太小，出版社都顺便做了，根本不需要作家经纪人（转引自李福莹，2013）。

出版商代行出版经纪人职能严格来说都是不规范的做法，在欧美出版经纪人不具体投资所代理的项目，否则就难以把作者利益放在第一位。国内这些民营出版公司本质上仍然是出版公司，而不是经纪公司或者代理公司。经纪公司或者代理公司之所以这么叫，就因为它们不投资实体经济，也不做出版业务，只给他人代理版权事宜。

## 三、专业出版经纪人已经涌现

也有不少有眼光、有胆魄的出版人直接成立了版权代理公司或出版经纪公司，专门从事版权经纪业务。

许礼平早在20世纪80年代就在香港开办问学社版权代理公司，代理大陆版权，授权我国台湾出版商出版。因为当时，两岸不能直接交流，必须通过第三方转授权。1989年他还曾专门带领台湾出版界的领军人物、远流出版公司的王荣文、詹宏志等北上上海联系版权。许礼平20世纪90年代开始做书画经纪工作，主要代理国内书画家的作品。

著名的台湾出版人谭光磊于2004年开始投入到版权经纪工作之中，4年后创立了光磊国际，主要业务为代理外文图书版权，包括把国外的版权引进到中国，把国内的版权推荐到国外。他在国际版权交易业务中打得一手好牌，用出色的业绩在版权代理业打响了名号。2009年法兰克福书展期间，英国《书商》（*The Bookseller*）杂志发行的《书商日报》（*The Bookseller Daily*）特刊中，特别介绍了谭光磊的版权公司，因其以117笔国际小说成交量在2009年出版经纪人中排名世界第一。2010 年 12 月，美国出版网站 the Gatekeepers Post 举办了年度出版界杰出人士票选活动，由美国出版界编辑、出版经纪人和行销人员推举年度杰出人选，并公开投票。结果，谭光磊成了获选者中的唯一非美籍人士，还击败了知名的经纪人拉尔夫·M. 威辛安扎（Ralph M. Wissianza）。谭光磊在版权代理行业的业绩的确斐然，也是国内最成功的版权代理人之一。他曾与海外经纪人合作，代理了《追风筝的人》《风之影》（*The Shadow of the Wind*）等图书的中文版权，卖给国内的出版社出版，为国内市场引进了多部超级畅销书。同时，谭光磊还致力于推动中国图书"走出去"。2009 年他谈下了张翎的《金山》的代理权，并以平均一天一国的惊人速度把版权卖给了七国的出版商。之后他代理了麦家的作品版权，并且经一位英国书探朋友的推荐，一口气将《暗算》和《解密》两本书的版权都卖给了企鹅，《解密》2014 年在美国和英国上市，得到了非常好的评价，最后卖出了 20 多个国家的版权。2011 年，谭光磊代理了吴明益的最新长篇小说《复眼人》，并将全球英语版权卖给了英国重量级出版社哈维尔·塞克（Harvill Secker），在几个月内，又陆续售出了美国及法国的版权，《复眼人》成为我国台湾第一本通过版权交易卖到英语世界主流出版社的小说。他还代理了艾米的《山楂树之恋》（*Under the Hawthorn Tree*）、迟子建的《额尔古纳河右岸》（*Right Side of the Argun*）等。谭光磊的工作有力地推动了国内外的版权交易，也在客观上推动了国内版权代理行业的发展。他是一个具备国际水平的大牌出版经纪人，是一位成功打入国际出版经纪人圈子的华人出版经纪人，这一点十分难得。

北京世图版权代理有限公司创办于 2003 年 1 月，是一家专门从事版权经纪、版权贸易，为作者提供出版服务的民营版权公司。该公司旗下拥有出书网、来播网等网络媒体，已通过这些媒体为数百位作者提供了出版代理服务，并与世界知识出版社、中国文联出版社、吉林出版集团、读者出版集团等 80 多家出版社（集团）密切合作。博达版权代理有限公司是我国台湾著名的版权代理公司，主要代理日本、欧美等国家和地区的作品。博达版权代理有限公司代理了《乔布斯传》（*Steve Jobs: A Biography*）、《窗边的小豆豆》（窓ぎわのトットちゃん）、《暮光之城》（*Twilight*）、《猜猜我有多爱你》（*Guess How Much I Love You*）、《我的名字叫红》（*My Name Is Red*）等知名作品，哈珀·柯林斯出版公司、企鹅出版集团、西蒙和舒斯特出版公司等许多国际大型出版机构都曾授予博达版权代理有限公司中文版权的代理权，它还代理过耶鲁大学出版社、普林斯顿大学出版社等大学出版社的学术图书。博达版权代理有限公司关于成人图书合作的机构有 118 家，关于儿童类图书的合作机构有 35 家。博达版权代理有限公司在出版经纪行业中已经是一家知名度非常高的公司，业界口碑很好。

曾经成功策划出版《致加西亚的信》（*A Message to Garcia: And Other Classic Success Writings*）、《三毛作品全集》、《张爱玲典藏全集》的杨文轩[①]认为，作家应该选择一个稳定的经纪人，而不是选择一个稳定的出版商。应该说，杨文轩对出版经纪工作驾轻就熟，他专门就安如意的写作风格和方向做了规划，规划了"漫漫古典情"系列，《人生若只如初见》、《当时只道是寻常》和《思无邪》推出后都成为畅销书，对安如意的市场知名度提升帮助巨大。杨文轩认为国内文学原创动力不足，很大程度上是因为缺少出版经纪人，日本、韩国每年都有大量的新作者涌现出来，主要是源于类似"星探"一样的出版经纪人的发现及打造，出版经纪人富有冒险精神。

榕树下文化信息咨询公司总经理路金波也曾建立过自己的出版经纪公司——"富豪作家俱乐部"，依托榕树下网站，先后签约了韩寒、安妮宝贝、饶雪漫、王朔、蔡骏、毕淑敏等作家。这是国内首家作家经纪公司，除了卖书，它还试图将作者们的演讲、海外版权、影视改编权、新媒体领域的推广等纳入代理范围之内（陈剑，2007）。在他看来，目前中国出版业目光大多还落在印书、卖书上，很少有人来好好做作家的品牌。作家经纪公司的主要功能是提供增值服务，如保存作家历史资料、建立专门的官方网站、作品版权授权、海外版权等项目，还会看重作家的自身经营。但是路金波也坦言，纯粹的作者经纪人很难存活，展望作家经纪人的前景，他目前还看不到出路，经纪人是出版业的一个小部分（转引自陈剑，2007）。

随着国内出版业的发展，也为了迎合出版市场的需求，国内有越来越多的版权代理公司或出版文化公司成立，开展版权代理业务。但国内的版权经纪人在本质上与出版经纪人并不完全相同。国内的版权代理人帮助作者出售版权，赚取差价或分成；或是买下作者版权、引入海外版权后自己公司出版发行，从

---

[①] 此处内容是笔者采访杨文轩后整理得到的。

中赢利。职业出版经纪人与作者持统一立场、站在同一阵营，为作者争取权益，从作者处赚取佣金，不会自己做图书出版工作。

# 第二节　国内出版经纪人发展滞后原因

中国的经纪人文化历史悠久，出版经纪人制度的发展却相对落后。目前，国外的出版经纪人制度已经步入专业化、规范化的轨道，但国内的出版经纪人制度尚未建立起来，出版经纪人队伍也不成规模。这样的差距背后并不是没有原因的，受到历史因素以及经济社会发展的影响和制约。

## 一、许多作者认为不需要出版经纪人

总体来看国内出版机构较少，而且大多由国家设立。20世纪80年代初，一些民营出版公司成立，出版业中的民营力量有所发展。但是，只有国有出版社才有权利申请书号出版新书，民营出版公司只能与国有出版社合作才能实现图书出版，并不具备独立出版图书的资格。国内只有580余家出版社，而且专业定位相对明确，因此，国内的作者很少面临类似于不知向哪投稿或者对比衡量多家出版社的出版方案却难以抉择等难题。美国有大大小小的出版社几万家，英国也有几千家出版社，令人眼花缭乱，对于作者来讲正确选择一家出版社往往十分困难。相对来讲，我国作者向出版社推销版权的任务量不大，很多作者自己就可以胜任，并未产生对出版经纪人很大的实际需求。同时和欧美国家相比，我国的版权输出较少，只有极少数的知名作者的作品版权会输出到海外，大多数作者的作品都只在国内出版发行，许多作者更是根本不考虑版权的海外销售问题。因此，在版权的海外推广方面，国内作者对出版经纪人的需求也不高。作者不需要经纪人，出版经纪人就没有客户，从根本上丧失了立足存活的基础。出版经纪行业没有市场，相关制度自然难以成形。

目前在国内，出版事务不会过于烦琐，且大多出版社和编辑帮助作者打理着版权事务，行使着出版经纪人的职能，也因此弱化了出版经纪人的功能，所以许多作者认为并没有雇用出版经纪人的必要。例如作家王安忆就明确表示，中国作家目前不需要出版经纪人；唐家三少也称不需要出版经纪人，他自己就可以打理好一切事务。另外一些人对待经纪人的态度是两可的态度，也就是不反对，也不刻意寻找。2019 年 4 月 21 日晚间著名作家韩少功先生在杭州西湖边上的纯真年代书吧举办《修改过程》新书分享会，笔者当面问他是否有经纪人，韩先生回答说："我的稿子都是很随意，撞上哪家算哪家。……我没有经纪人，曾经有一位美国的经纪人代理我的版权，给我赚了不少美金。"从言谈中可以看出，韩先生主观上对经纪人没有需求，对出版社的选择也很随意，哪家出版社追得急，正好撞上稿件杀青，就给哪一家，对出版条件似乎也不太在意。当然，他也承认美国的出版经纪人给他带来不少的收入。但是，他似乎没有想在中国复制美国的做法。持这种对经纪人较为随意的态度的人可能也不在少数。

还有一些作者没有正确认识出版经纪人，还对出版经纪人存在着偏见。有的人认为出版经纪人与作者争利，还会减少出版商的利润，是"出版界的寄生虫"；有些作者则称出版经纪人为"作家的吸血鬼"，认为出版经纪人从自己的收入中拿佣金，是在瓜分自己的劳动所得。国内有不少人认为，"中间人"是"投机倒把"的，或者"中间人"的存在是不合理的、病态的，人们大都希望和对方直接进行一手交易。这也就可以理解为什么国内许多作者和出版社编辑都还处于排斥出版经纪人存在的阶段，也可以理解为什么许多出版业内人士并不支持建立出版经纪制度。

事实上，大多数作者的行业分工协作意识还比较淡薄，没有认识到出版经纪人能为自己带来的便利和更丰厚的利益；而是固守着"肥水不流外人田"的观念，认为自己的稿酬收入本就不多，还要分一部分给经纪人，实在得不偿失。这种想法导致作者群体对出版经纪人的需求降低，出版经纪人赖以存活的本不成熟的市场变得更小，严重阻碍了国内出版经纪行业的发展，使得出版经纪人制度难以建立。

## 二、出版机构对出版经纪人的接受度还不高

国内出版单位大多排斥出版经纪人，部分编辑、民营出版社代行出版经纪人职责，淡化了专业出版经纪人的市场需求。

与欧美国家的出版业相比，国内的出版社与作者之间似乎仍处于不对等的地位。除了面对著名作家、畅销书作家，出版社通常在版权交易中处于明显优势的地位，而作者手中并没有掌握多少主动权。而且双方之间信息也是不对等的，作者没有办法、没有渠道了解出版社内部的信息，很多时候只能听从出版

社的安排，接受出版社的出版方案，而没有回击的能力。专业出版经纪人的出现，将在一定程度上扭转这一不对等的局面。出版经纪人可以为作者通达信息，并凭借自身对出版行情的了解以及推销版权的经验，增进作者对自己作品版权的价值认识。在出版经纪人的影响下，作者的版权意识将大大增强，这也会在客观上促进国内图书版权价值的提高。当出版经纪人势力增强的时候，也将打破出版社对稿源的垄断地位，强势参与到选题策划、组稿约稿的出版环节中，出版社的优势地位将被削弱。华文天下的总编辑杨文轩也认为：中国作家跟出版商在交流过程中一直处于一种被动的弱势状态，经纪人的出现，由于他的专业性和谈判能力，可以解决这个不对等的问题（转引自陈剑，2007）。可能是由于忌惮出版经纪人对自身地位的威胁，国内的出版社一直处在排斥专业出版经纪人的阶段。而且有许多出版社的编辑正尝试着做出版经纪人为作者服务的工作，履行出版经纪人的职能。如此，市场会淡化对专业出版经纪人的需求，进而阻滞出版经纪人制度的建立。

应该说，尽管经过了很多年的发展，加上媒体的呼吁与宣传，国内出版方包括出版社和民营出版公司对出版经纪人都有了一定的接受度。但是，总体来讲接受度还不高，甚至还有一些抵制情绪，仍有很多出版人还不愿意接受出版经纪人的存在，国内多数稿件仍然是出版方与作者直接谈判，很少有经纪人的参与。出版方认为出版经纪人就是从他们手中抢夺作者、提高作者稿件报价、减少了出版利润的人。在没有出版经纪人参与的时候，出版社与作者签约，因为作者不懂出版业务，出版社可以以相对较低的价格获得稿件，也可以获得更多的权利，比如影视改编权、海外版权、数字网络传播权等，作者很好对付。现在出版经纪人参与进来，一切都不好办了，出版经纪人对出版市场很精通，又处处精打细算，让出版方的好处大大减少。国内民营出版公司磨铁公司的创始人沈浩波的观点具有代表性，他明确说不喜欢出版经纪人在作者和出版方之间插一杠子。他讲过一个故事，一位曾在贝塔斯曼集团（Bertelsmann AG）工作过的经纪人曾向他推销作者稿件，这位经纪人手中有几个优秀作者，但沈浩波不愿接受他的推荐，原因就是认为出版经纪人提高了出版报价，损伤了出版方的利益。他认为尽管这个人手中有几位优秀作者的稿件，但是当经纪人跟他提合作的时候，他还是很不高兴，认为经纪人这是在跟他抢钱，本来这个作家自己跟他谈，说只能卖 12 万册，他 15 万册跟作者签下来，10% 的版权就可以拿下。如果有了一个经纪人，就变成 20 万册起印。经纪人手里的作者就是再有名，再能给他赚钱，他也觉得他的利润太薄了，有这个工夫还可以做别的作者，所以他觉得他本能地拒绝，可能主要还是有私心杂念（桂杰，2007）。持有沈浩波这样观点的出版人不是少数，而是大多数。

但是，国内一些大牌畅销书作者已经有自己的经纪人，出版方要出版他们的作品，必须与出版经纪人谈判、签订合同等。比如已经去世的季羡林先生，全部版权都归北京的王佩芬女士代理，任何一家出版机构要想出版季羡林的作品都需要与王佩芬谈判，才能签订授权合同。这在一定程度上也在逐步培养出版方对经纪人的接受习惯。

在对待海外作者版权方面，国内出版方也不得不接受出版经纪人存在的事实，购买版权大都是要通过出版经纪公司来完成。比如民营出版公司新经典文化股份有限公司引进诺贝尔文学奖得主马尔克斯的《百年孤独》就是通过西班牙大牌出版经纪人卡门·巴尔塞斯来完成的。克林顿、希拉里、奥巴马、格林斯潘等创作的欧美畅销书的引进也都需要经过出版经纪人之手。

同时，国内出版方很希望把自己的版权推广到国外，它们自己推广往往显得力不从心，大众类图书一般也是委托出版经纪人来完成，这在一定程度上提高了出版方对出版经纪人的接受度。

事实上，国内出版方也在逐步接受出版经纪人的存在，但是，在感情上很多出版人还是不愿接受出版经纪人。整体来讲，国内出版方对出版经纪人的接受度不高。要实现出版方对出版经纪人的普遍接受，还需要时间，还有很长的路要走，这是对出版经纪人制度形成的挑战。关于这一点，我们也没有必要特别地担心，在欧美出版经纪人刚刚出现的时候，出版方大多也是不愿接受他们，经过长时间的发展，才逐渐接受他们的存在，并成为一种出版习惯，但仍有一些小型出版商不愿接受这一习惯操作。我们对于国内出版方对经纪人的接纳也不可操之过急。

## 三、国内缺乏出版经纪人才

在前述章节中论述过，出版经纪行业对从业人员有着较高的素质要求，不符合要求的出版经纪人难以在竞争中立足。一位专业的出版经纪人不仅需要具备编辑出版的基本能力、掌握出版业相关的法律知识、具有良好的英语水平，还需要熟悉出版业，在业内具有广阔的人脉网、掌握出版社及作者资源，具有及时了解出版业动向并做出反应的能力。目前，国内符合这些要求且能够快速投入实践开展业务的人才寥寥无几，能够与国外出版商建立联系并达成合作、推动中国版权走出去的人才更是凤毛麟角。而且，出版经纪在国内尚未形成一个独立的职业，所以也没有为培养此类人才而专门设计完整的课程体系。大学、职业学院等学堂中很少开设相关的课程。政府没有设立相关的发展促进部门，或成立专门的培养项目，一些单薄的培养出版经纪人才的举措也难以输送大量的可用之才。市场中也没有自发地建立相应的培训机构。如此，国内的出版经纪人群体缺乏人才的输送，不成规模，建立出版经纪人制度在事实上缺失了内核。

目前国内能胜任出版经纪人职位的人才并不多，有些缺乏出版理论知识，有些没有出版工作经验，不懂得如何开展业务，有些又缺少业内人脉，等等。许多尝试涉足出版经纪行业的所谓的"出版经纪人"只是学到了皮毛，却没有掌握出版经纪人开展业务的精髓，他们的关注点更多地放在了卖书上，却忽视了作者和版权身上更多的价值，还不懂得经营作者、系统地开发版权。资深出版人季晟康就认为：目前国内的一些出版经纪人并不够专业，只是拿着稿子叫卖，而作品价值的最大化才是对作者最大的负责，而不只是卖一个好价钱（姜妍和江楠，2013）。

目前国内仍旧缺乏出版经纪人才的输出是这一问题最直接的原因。事实上，行业有一些培训出版经纪人才的尝试举措，但效果平平，仍不能解决出版经纪人队伍缺乏实用人才的问题。2010 年，中国版权保护中心联合北京东方雍和国际版权交易中心在北京共同举办了"首届全国版权经纪人/代理人专业实务培训班"，培训内容包括法律规范、市场运营、热点剖析、金融信贷、版权资产管理等版权贸易过程中各关键点的理论与实务知识。培训班一般一年开设两期，截至 2012 年，毕业的人数约为六七百人。培训班的负责人称，目前毕业的一部分学员已经开始以出版经纪人的职业谋生，主要是洽谈作品改编权如电影、动漫等和负责作品的其他商业运作（姜妍和江楠，2013）。但是事实上，这种培训没有独立、完整的课程体系，培训形式单一，也没有有效的实践训练，相当于"速成班"，对于出版经纪人内在素养的培养并不能产生太大的效果。在实践中，出版经纪人队伍仍然没有建立起来。

市场中缺少相关的培训课程，行业未出台系统的培训举措，高校也没有设计相关的培养方案、开设相关的专业课程，这样的现实情况导致尽管业内多方呼吁建立出版经纪人制度，却没有一支健康的、专业的、训练有素的出版经纪人队伍撑起这个行业。也因此，许多作者没有接触过出版经纪人，也完全不了解出版经纪人的相关情况。作家蒋子丹就曾发出疑问："作家还有经纪人？我没听说过。"有些作者想要雇用出版经纪人，却找不到合适的人选。于是不少作者选择签约海外的出版经纪人，将海外版权授权给他们。例如我国著名作家阿来就曾与美国的出版经纪人合作，通过其将自己的作品《尘埃落定》推荐给了美国著名的霍顿·米夫林·哈考特出版公司，以 15 万美元的价格将该书在美国、加拿大、马来西亚三国英语版精装书的版权转让（秦洪晶和周升起，2008），该书的海外版权在 10 年间卖到了 30 多个国家。上海作家孙未对欧美的文学圈了解较多，与国外的作者也有许多联系，受他们的影响，孙未也一直有找一位出版经纪人代为打理自己的出版事务的想法，但由于国内的行业现状，一直未能实现。后来，通过一位国外作者的"牵线"，孙未与一位海外出版经纪人建立了合作关系。

## 四、国内缺乏相关的法律、政策和机构对版权经纪行为加以管理和引导

虽然国内的出版经纪制度已经萌芽，市场中也出现了不少版权经纪机构和版权经纪行为，但整体来看仍然不成规模，呈现"一盘散沙"的状态。且国内目前尚未根据市场现状出台有针对性的法律、法规对出版经纪行业或版权代理业务进行约束和保护，导致行业开展业务"无法可依"，无规范可循，缺乏统一的从业标准，容易产生违法、失信等问题。虽然大多数西方国家也没有出台专门针对出版经纪行业的法律法规，但这些国家大多成立了自己的行业协会，例如英国的作者经纪人协会和美国的作者代理人协会，协会会订立行业规范和从业行为准则，建立在公共事务和媒体上的共同声音，并通过协会对出版经纪人、出版经纪机构进行规范和管理。然而，国内同时也缺乏类似这样的行业协会或部门来协调行业的内部事务，订立规范，对国内的出版经纪人、版权代理人或版权代理机构进行管理和引导。中国版权保护中心曾在 2012 年提交相关的职业立项申请，申请将"作家经纪人"或"版权经纪人"列入《国家职业分类大典》，但至今未有结果（曾师斯，2017）。这导致出版经纪人缺少行业的

认可，没有行业协会对他们进行管理和引导。没有团队和圈子，没有组织，国内的版权代理人们更多是各自为战，各自按照自己的行事习惯开展业务。他们只能自我探索，工作开展更为艰难；同时许多人缺乏"契约精神"，在这种没有法律和规范约束的情况下，容易产生出版经纪人不按合同办事、作者随意更换出版经纪人等问题，这不利于形成行业的从业规范，也不利于行业的统一管理，容易造成混乱；同时也不利于同行间的信息分享和交流学习，不利于凝聚力量、推动行业向前发展，严重阻碍了这个行业的发展进程。

## 五、国内的出版市场发展程度不足

目前，国内出版业算不上是一个发展强势的行业，与西方国家相比也不够发达，在国际版权贸易中处于相对劣势的地位。而且业内有诸多对出版主体、出版内容、出版操作规程、版权贸易等的管理和限制，市场化程度还远远不够，市场份额也很小。版权输出较少、版权开发不足、作者稿酬收入普遍偏低等都是国内出版市场发展程度不够的表现和产物。不够发达的出版市场不能为出版经纪这个新行业提供肥沃的土壤和充足的营养，阻滞了它的萌芽和发展。

而且，受到出版市场发展程度的影响，尽管光磊国际、博达版权代理有限公司等版权代理机构成功地代理了一些著名的作品版权，在国内和国际市场上打出了一定的知名度，但是整体来看，国内的版权代理机构影响力仍然很小，知名度也尚低，在国际版权贸易中并不占优势。在国内，仍然有很多作者还不了解出版经纪行业、不了解这些版权代理机构，更没有萌生雇用出版经纪人的想法，出版经纪人的生存空间相当狭窄。在国际上，同样受到国内出版市场发展程度不足的限制，国内的版权代理机构与海外出版商、出版经纪人同行、作者等业内人士之间缺乏交流、合作的机会，缺少感情和信任的积累，建立的联系网相对狭窄和脆弱，人脉远远不足，无法真正融入他们的出版圈，限制了合作的进一步扩大和加深。著名版权代理人姜汉忠先生感叹：国内版权代理人向西方国家推荐版权的最大困难是国内的代理人与国际出版经纪人没有感情积累。联系方式很好找，沟通渠道也很方便。这种感情的累积需要一笔一笔的业务积累，没有业务往来，难以产生彼此之间的信任。许多版权代理人甚至不能完全掌握西方国家的出版习惯、出版文化、出版规则等，与西方作者、出版商谈合作将会很难。谭光磊就曾指出这一问题：语言和文化都是障碍，你进入这个圈子，然后跟他们聊共同的生活，谈政治、影视、体育，聊各种出版掌故，有能力的华人没有几个。因为这些原因，目前国内的版权代理机构没有开拓出更广阔的市场来吸引更多的人才进入这个行业，而这个行业也无法给大批的出版经纪人提供施展才华的舞台和机会，直白地说就是养不活更庞大的出版经纪人队伍。这些原因出现的根本，是国内出版市场的发展程度不足，这也是国内出版经纪行业缺乏人才、出版经纪人制度难以建立的根本原因。

严峻的生存压力使出版经纪人受到排挤。前面说到了，出版经纪人在国内缺乏市场。一方面是作者认为没有必要请经纪人；另一方面，也是很重要的一个原因，就是许多作者请不起经纪人。国内出版业进入微利时代，图书出版越来越难，图书定价低，作者的稿酬整体来看也相对较低。对比欧美，兰登书屋在1995 年付给鲍威尔将军的预付版税就高达 650 万美元，通用电气总裁的回忆录仅北美地区的版税就达 728 万美元，而在国内，年收入过百万人民币的作者少之又少，整体收入水平与欧美国家的作者完全不属于同一等级。国内普通作者的稿酬尚不算高，更不用说让他们拿出 10%～15%的稿酬给出版经纪人了，因此许多作者并不想要雇用出版经纪人。著名作家阎连科就曾通过媒体表达观点，他的稿费养不起经纪人。著名畅销书行销人黎波也认为中国发行环节拿走太多的利润，作者收入的 10%～15%根本无法养活经纪人。而且，就算作者舍得支付佣金，这些佣金也不足以养活职业出版经纪人，这也给出版经纪人群体带来了生存危机。利薄自然人稀，出版经纪人群体难有规模，出版经纪人制度难以建立。

## 第三节　国内出版经纪人的现实需要

随着国内出版业的发展、出版市场的成熟，出版行业已经逐渐萌生了对专业出版经纪人的需求。

### 一、版权形式日益丰富，作者往往难以招架

互联网的普及和新科技的应用给国内出版行业带来了根本性的变革，"出版"的内涵越来越丰富。当今时代，图书出版发行的平台越来越多、越来越广阔，电子书、在线图书、音频书等应运而生。读者也在很大程度上接受并喜爱上了这些图书形式，社会阅读习惯悄然发生了变化，读者群也开始分化。纸质

书不再是图书版权的唯一出路，更不是唯一载体，电子版权、网络版权以及朗读权、录音制作权等附属权利成了出版业关注的一大新热点，也成了版权开发新的热门方向。版权的丰富化和复杂化带给了作者巨大的挑战，作者需要耗费大量的时间和精力来处理版权问题和授权事宜，而且由于事务烦琐，很可能"费力不讨好"。这种情况下，许多作者为版权事务所累，产生了对专业出版经纪人的需求，王朔、蔡骏等知名作家都曾大呼想要一个经纪人。版权的授权问题与作者的收入直接挂钩，处理不好这些事务可能会对作者的收益造成损失。有些出版社在出版合同中习惯泛化地约定双方交易的权利，包括的版权范围很广，如果作者不了解版权事务，没有发现漏洞而签订了合约，就会将很多项权利以一项权利的价格出售给出版社，损失定然不小。版权事务还很可能把不了解这些事务的作者搞糊涂，造成重复授权等问题，给自己惹上官司，或者因没有做好版权规划而产生重大损失。著名作家贾平凹就曾因版权问题闹过一次"乌龙"，贾平凹出席了某网站《古炉》电子版收费阅读的启动仪式，而人民文学出版社随后发出版权声明，称人民文学出版社早在 2008 年就和贾平凹签订了《古炉》的图书出版合同，引发了关于电子版权归属的争议（路艳霞，2013）。在上述这些情况中，作者如果有出版经纪人，经纪人自会帮他们打理好版权事务，可以避免这样的事情发生。

近几年 IP（influential property，影响力资产）成了国内出版业的热词，被影视圈炒热的 IP 对出版业也产生了重大的影响。许多网络文学迅速搭载 IP 热，改编成影视剧、网络游戏等，掀起了一阵风潮，也受到了广大民众的欢迎，《甄嬛传》《琅琊榜》《盗墓笔记》以及前几年大火的《三生三世十里桃花》都是成功的案例。这些大 IP 影视剧创造了巨大的经济财富，大大提升了版权的价值，为版权开发提供了新的借鉴思路。其实，传统文学中也有许多作品改编成了影视剧，但大多不如这些网络文学改编的影视剧火爆，自然也不如这些网络文学赚钱。作家石钟山就曾表示：他的作品被改编成影视剧，中篇小说价格是几十万元，长篇小说价格是 100 多万元，与网络文学上千万元的版权费相比相差甚远（任晓宁，2016）。事实上，并不是传统文学不如网络文学值钱，而是许多传统文学的作者并没有认清自己作品版权的价值，没有意识到版权开发的重要性，因而在谈判和利益分成中处于劣势。如果作者拥有自己的出版经纪人，这些问题就无须自己担心，出版经纪人会根据自己的经验和对市场行情的了解，正确评估版权的价值；同时积极为作者做版权规划，最大限度地开发作品的价值；在与出版商、影视发行商的谈判中，出版经纪人也会维护作者的权益，尽力争取为作者扩大利益。

这样的情况下，作为数字出版领军企业的中文在线意识到了出版经纪人对作者的重要性，推出了作家经纪人模式，致力于为作家提供编辑、运营、公关、法务等专业服务，让作家本人更多地理解 IP 的开发以及认识自身作品的价值。据了解，截至 2016 年 7 月，包括海岩、石钟山在内的二十多位知名作家都已经与中文在线签约，签约作品包括 50 余部独家重磅 IP。在此之前，中文在线已经把这种作家经纪人模式在网络作家中尝试推行，效果相当不错，推出了一批明星作家，还将他们的作品开发成了影视剧、游戏，点击量与下载量都很可观（任晓宁，2016）。中文在线的这种举措是一次十分有益的尝试，它能够让国内的作者认识到出版经纪人的"造星"能力和"吸金"能力，帮助作者了解、接受出版经纪人。但这种版权开发的操作并非中文在线首创，事实上，欧美的许多职业出版经纪人都会与影视公司保持联系或与剧本经纪人建立合作关系，会积极促成代理的作品改编成影视剧，这往往能为作者带来比出版图书更为丰厚的利益。在出版经纪人的运作下，作者作品的版权开发多出一项，作者的收益就多一项；同时不同的版权形式之间还能相互促进，例如影视剧的火热对图书的销售十分有帮助，这种互利效应有利于作品在市场中有更出色的表现。有些作者可能会认为，何必要出版经纪人呢，把影视改编权等附属权利授予出版社，让出版社帮忙运作也是一样的。事实并非如此，尽管出版经纪人与出版社的首要目的都是营利，但出版社在版权收益分配中与作者处于对立面，会在分成中更偏向自己，这势必会使作者的收益有所损失；而出版经纪人与作者属于同一利益方，会帮助作者扭转在谈判中的劣势地位，尽力保障作者的权益，所以，授权出版经纪人代理作品的附属版权比将这些权利授予出版社更有利于作者，出版经纪人在这方面有着存在的必要性。

## 二、海外版权推广需要出版经纪人

近年来我们国家积极推进版权"走出去"战略，致力于推动图书版权的海外推广。但是一直以来，由于文化方面的差异等因素，中国文学与他国文学的融合度不高，在世界上的影响力还有待提高；再加之国内出版界与海外出版界间的联络并不密切，国内图书对外贸易输出相对较少，在世界出版市场所占的份额也很小。随着国力的强大，无论是政府还是出版公司或是作者个人，都十分期待改变这种局面，将中国的文化推向世界。要实现这一目标，首先要做的就是让中国图书"走出去"，推动版权输出。但是，以目前的情况来看，相比欧美国家的版权输出量，中国版权的对外输出量仍然很低。除非是图书在国际上拿了大奖，打响了知名度，或是在国内市场超级畅销，海外出版公司会主动来要求购买版权，否则以作者的一己之力甚至出版社出动向海外推销版权都是很困难的事。国内传统出版社与海外出版商的交际颇少，联系不紧密，在海外市场缺乏人脉和推销渠道；出版社内部设立专门的海外推广部门的很少，没有人专门致力于推进这项工作，这自然导致版权的海外推广难以开展。这种情况下，出版经纪人的作用就凸显出来了。出版经纪人会时常关注海外出版行业的动向，对海外的出版商也有一定的了解，同时与海外的业内人士保持密切的联系，经营一个国际出版经纪人交际圈。出版经纪人会与海外的出版经纪人同行建立合作关系，请其帮助联系本土的出版商以推销版权。针对版权的海外推广业务，出版经纪人有自己可用的人脉网和推销通道，海外推销的成功率更高，同时也能为作者争取到更优的出版方案和权益。

综上所述，在帮助作者打理版权事务、开发版权以及版权的海外推广等方面，出版经纪人都有在国内存在、发展的必要性。资深出版人季晟康也认为：现在出一本书变得越来越容易，但如何选择合适的出版商、怎么经营一个作者，是出版经纪人的作用所在（姜妍和江楠，2013）。宏观地看，国内出版业的健康、有序发展也需要出版经纪人的参与，这已经在欧美国家出版发展历史上得到了证实。

## 三、打破出版社和作者地位不均衡需要出版经纪人

目前，在国内的出版行业内，作者群体整体力量相对薄弱，而出版社处于强势地位。出版社直接从作者手中拿到版权，把控着稿件的来源，在某种程度上也掌握着稿件能否出版的决定权，而大多数普通作者若想实现稿件出版，只能听从出版社的安排，有时甚至没有"讨价还价"的机会，这样的情况导致国内出版行业力量不均衡。长此以往，行业内部将由出版社主导建立起一些秩序和规则，而作者群体则在版权交易中处于弱势，这可能会导致版权价格降低、

作者收益降低等，将严重影响作者的创作积极性。同时也会扰乱市场秩序，不利于行业长期健康稳定的发展。出版经纪人的出现和壮大将在一定程度上把控出版社的稿件来源，打破出版社对稿件的垄断，使出版经纪人逐步参与到选题策划、组稿约稿、宣传推广等出版环节中去。出版经纪人的力量将与作者群体的力量汇集，有利于提高作者群体的行业地位，使出版社在版权交易中不再享有优势地位，从而促进行业内力量的均衡，促进行业稳定运行、平衡发展。

另外出版社出版图书受到自身出版方针的约束和出版偏好的影响，同时也会被作者资源和出版专长等因素左右。这可能会影响图书的多样性，不利于出版市场的多样化发展。出版经纪人势力壮大后，出版社选题策划的职能会出现部分外移，出版社出版图书的种类会受出版经纪人推荐的影响。各种各样的出版经纪人会挖掘各种各样的优秀书稿，并推荐给不同的出版社，具有出版价值的书稿出版社往往就予以出版，于是会有各种各样的图书面世，有利于丰富出版市场中的图书种类，推动图书市场的多样化发展，也有利于文化多样化。

因此，在一定意义上可以认为，中国出版业的成长和发展需要出版经纪人。

## 第四节　推动出版经纪人行业发展可做的努力

### 一、增强版权意识，提高作者群体整体收入

相比于西方国家，我国对图书版权的重视程度远远不够，版权也相对"廉价"。在国内，图书定价相对较低，作者能得到的版税也相对较少；加之盗版猖獗，正版书的销量受到极大影响，作者的收入也因此大打折扣。同时，由于版权意识较为薄弱，许多有价值的版权并没有开发充分，减少了作者的版权收入。国内作者与西方作者的版权收入完全不在同一等级，欧美国家的作者获得的预付款动辄十万、百万美元，而国内作者的一本书可能只能带来万元的版税收入。作者的收入不高，自然不愿意再拿出一部分来雇用出版经纪人，而这一小部分又怎么养得起出版经纪人呢？

因此，国内建立出版经纪人制度的前提是要增强版权意识。一方面，作者要增强版权意识，重视版权开发，意识到用专业方式打理版权事务的重要性。另一方面，出版行业整体要增强版权意识，保护著作权，抵制盗版，提高作者

的稿酬收入。同时，重视版权开发，提高版权价值，吸引更多的资金进入出版市场，推动国内出版业的转型，促进出版业的繁荣发展。随着版权意识的增强，作者会产生对于出版经纪人的需求，出版市场也会为出版经纪行业的产生和发展创造空间，为其提供资金、人才和市场的支持，推动出版经纪人制度的建立。

## 二、树立行业规范

国内应尽快建立健全出版经纪行业的法律法规，或是成立相关的管理部门或行业协会，制定统一的行业规范和准则，以此规范出版经纪人的从业行为，加强对出版经纪行业内部的监督和管理。这样既能凝聚行业力量，促进行业的成长、制度的建立，又能方便对行业进行约束和管理，有效引导行业走上健康的发展轨道。

国内人口众多，鱼龙混杂，且国家对出版业的限制较多、管理较严。所以像欧美国家那样对出版经纪人的从业资格不多加限制、"入行即合理"的方式在国内有可能是行不通的，会带来一定的风险，例如不合格的出版经纪人扰乱行业秩序、产生诚信或者经济问题等，也会给管理上带来压力和麻烦。国内可以实行出版经纪人资格认证制度，通过考试等方式选拔、筛选合格的人才进入行业，抬高入行门槛，提高从业人员的素质。

## 三、重视对出版经纪人才的培养

国内应重视对出版经纪人才的培养，从源头提高从业人员的专业素养，保证对从业队伍的人才输出。我们可以建立出版经纪行业相关的专业培训机构，或设立相应的培训项目，或在高校开设相关的专业。应设计针对出版经纪行业的完整的、全面的培养方案和课程体系，包括编辑出版、外语、法律、交际等课程，培养学员多方面的技能。当然也要适当地安排实践课程，培养能真正投入到实践工作中去的出版经纪人才。令人欣慰的是，现在北京印刷学院已经开设专门培养出版经纪人的课程，这是很好的开始。

当然，也可以从编辑中挑选合适的人才进行培养，无论在国内还是国外，这都是一条培养出版经纪人的"捷径"。国外不少出版经纪人都是由编辑转行而来的，谭光磊也曾提出：从出版机构的编辑入手开始培养，同时鼓励中国版权代理人与国际版权经纪人开展交流，建立联系，真正走进国外出版的圈子，打通国外出版渠道。此外，也可以从律师等相关行业中培养人才，进入出版经纪行业。编辑文字编辑能力强，对出版业、出版规范等足够了解；而律师精通出版相关的法律法规，勤思善变、善于谈判。培养编辑、律师成为建立国内出版经纪人队伍事半功倍的办法。

## 四、建立出版经纪人协会

本书在第六章"出版经纪活动的标准化发展"下面的"第五节　我国出版经纪活动标准化的发展完善"中的"三、我国出版经纪服务标准化的发展前景"及第七章"出版经纪人的规范管理"下面的"第三节　我国出版经纪人规范管理的发展完善"中的"三、我国出版经纪人的行业协会规范管理分析"中，都已经做了专门的详细论述，就我国出版经纪人协会建立的原则、出版经纪人协会的会员规则都提出了具体的意见。此处不再赘述。

通过前述章节的论述，我们知道欧美国家专门针对出版经纪人的法律法规也很少，它们对出版经纪人的管理主要是通过出版经纪人协会来管理的，在美国由美国作者代理人协会，在英国由作者经纪人协会来承担这一任务。这两家协会覆盖面很广，基本上两个国家的著名经纪人和经纪公司都是其会员。行业协会通过制定行业规范来达到对会员的约束，这些规则被广泛应用，成为出版经纪行业从业者普遍遵守的行规，而且那些非会员出版经纪人也要遵循，不然就难以在行业立足。行业协会实际上代行了政府的管理职能，因此，我们应该鼓励成立全国性的出版经纪人协会，让协会来发挥管理职能，提高行业从业者的业务水平，提高他们的职业道德水平，更好地服务于出版行业的发展。协会管理可以减少政府管理的负担，能够更好地维护行业秩序。

## 五、把出版经纪人纳入文化经纪人范畴进行管理

出版经纪人是文化经纪人的一个分支，文化经纪人还包括艺术品经纪人、演艺经纪人、文物经纪人、体育经纪人、模特经纪人等。现在国家已经有了关于文化经纪人的一些制度与规范，把出版经纪人纳入到文化经纪人的范畴进行管理，有益于出版经纪人管理的规范化发展。

## 六、加强国际交流

出版经纪人起源于西方，在西方发展比较成熟，我国出版经纪人应该积极

向西方国家的出版经纪人学习，学习他们的先进经验。政府部门、民间协会组织都可以通过开展国际交流达到学习目的。比如由政府部门、高校、出版协会等组织国内的出版经纪人到欧美国家的出版经纪人协会进行访问，建立经常性交往，比如和美国的作者代理人协会、英国的作者经纪人协会等建立经常性联系，开展全方位的合作。或者把这些著名经纪公司的经纪人请到中国来举办讲座、讲学等，或是支持学者们到欧美国家大学的相关专业做长期的访问学者，实地调查研究出版经纪人的相关问题，这样的研究可能更接地气、更接近实践现实。通过交流就可以迅速学习他们的先进经验，为国内出版经纪人的制度化发展提供帮助。

## 七、加强学术研究

近些年来，国内关于出版经纪人的研究有所增强，但是还远没有达到透彻的地步，很多研究还比较零散，很不系统，还有很多问题需要深入研究。国家相关部门应该加大对出版经纪人研究的支持力度，鼓励学者们研究出版经纪人的相关问题。学界的研究会给实业界的发展提供理论支持。

具体来看，从政策层面来讲，国家应该鼓励高校、民间团体举办关于出版经纪人的学术研讨会，加大对出版经纪人学术成果出版的支持力度。

事实上，尽管国内的出版经纪人制度尚未建立，国内的出版经纪行为也并非类似于欧美国家的、完全意义上的"出版经纪"，但这是国内出版业发展的正常阶段，也是国内出版经纪行业或者版权代理行业发展的正常阶段。也许现在国内的出版经纪行业还很不成熟，但其不走欧美国家的老路，与实际国情相结合，逐渐发展为有中国特色的出版经纪行业，通过有中国特色的出版经纪模式来推动版权交易也未尝不可。

# 第九章　中外著名出版经纪公司

## 第一节　出版经纪公司的重要价值和发展趋势

### 一、出版经纪公司的重要价值

以公司的形式开展业务是出版经纪活动走向成熟的主要趋势。与出版经纪人个人开展业务的形式相比，出版经纪公司具有很多优势。出版经纪人最早是以个人身份进入西方出版产业的，并且逐渐成为产业中重要的组成部分。随着出版产业的发展和出版经纪活动的逐渐成熟，目前出版经纪行业已经是以出版经纪公司为主要的经营主体，绝大多数出版经纪人都属于公司的工作人员。从以个体身份工作到以公司为主体，提升了经纪活动的效率和标准化，也有利于保护经纪人以及作家的权益。公司可以通过吸收投资人、公开发行股票、债券等方式聚集更多的资金和投资人，以便扩大企业规模。目前美国有些文化经纪公司就已经形成了巨大的规模，如威廉·莫里斯经纪公司就拥有上百名经纪人，代理上千位影视娱乐明星的经纪事务，年营业额上亿美元。大多数出版经纪公司规模相对较小，但是几十位、十几位经纪人共同组成的公司也已经比较普遍。由于经纪人都有各自的特长，因此在一家由多名经纪人组成的公司，作者可以更方便地找到相应合适的代理人。经纪公司的实力增强，也可以帮助其采用更新的技术、更好的办公条件。一些大型经纪公司有比较强的谈判能力，可以帮助作者获得更好的版权收益。公司内部也可以形成合理的专业分工，使得公司的管理效率提高，让公司的专业工作者，即经纪人可以更加专心地投入经纪工作。

出版经纪公司的另一个优势就是使得个人与公司相对独立，既保护了公司的财产和公司的可持续发展，也保护了公司股东和公司员工以及作者的权益。

作为个体化的经纪人，个人和经纪业务紧密相连，一旦出现意外，经纪人需要以个人财产进行赔偿，经纪人和被代理的作者都有可能受到无法修复的损失。公司化则可以很好地分担这种风险。公司通过新老员工的交替，还可以保持公司长期稳定发展。例如英国许多经纪公司已经有上百年的历史，如 A. P. 瓦特有限公司成立于 1875 年。正是一代一代新的经纪人的加入保证了这些经纪公司的长期发展。

## 二、出版经纪公司的业务趋势

欧美国家出版经纪活动的发展时间较长，出现了许多著名的出版经纪公司。它们的成长经验可以为我国经纪活动的发展、成熟提供有益的参考。综合分析英美著名出版经纪公司可以发现它们的一些主要发展趋势。

第一，出版经纪与文化经纪融合的趋势。出版与影视、音乐、演艺等活动都属于文化活动，彼此之间有紧密的联系。图书出版内容经常会被改编成为影视、音乐作品，反之亦然。但是在市场化职业分工体系中，出版又长期和影视、音乐等其他文化活动相对独立，自成体系。互联网蓬勃发展起来之后，各种文化活动以版权为纽带，建立起了更加紧密的联系。这也促进了出版经纪活动与文化经纪活动的紧密联系。一些英国和美国的重要出版经纪公司被更为强势的文化经纪公司收购或者合并，形成综合性、多元化的文化经纪公司。这从一个角度表明，出版业以及出版经纪业过分强调独立已经不适合网络融合时代的产业实践。作者的作品通过图书、影视等多种文化产品形态进行开发利用，可以充分地提升版权开发效益，这也正是综合性文化经纪公司日渐流行的重要原因。

在多元化的文化经纪公司中，出版经纪业务往往是比较小的一部分。这实际上与出版业在整体文化产业中的地位相符合。2018 年，美国出版产业的总收入达到约 260 亿美元[①]，而美国宏观文化产业的总收入达到约 8800 亿美元，其中表演产业达到约 2000 亿美元[②]。在更加深入地与其他种类的文化产业相融

[①] 参见 https://www.forbes.com/sites/adamrowe1/2019/06/25/6-facts-about-the-26-billion-that-us-publishers-earned-in-2018/#:~:text=The%20U.S.%20book%20publishing%20industry%20earned%20an%20estimated,%2425.82%20billion%20in%20net%20revenue%20in%202018.%20Getty。

[②] 参见 https://www.bea.gov/news/2021/arts-and-cultural-production-satellite-account-us-and-states。

合的格局中，出版业属于相对弱小的产业。这也体现在出版经纪与文化经纪的关系之中。

第二，出版经纪公司注重作品的国际版权开发。国际化是出版业发展的重要方向。英国图书产业 60%的销售额都是来自海外市场[①]，美国出版业也非常依赖海外市场开发，因此英美出版经纪活动也注重海外版权开发。出版经纪公司海外版权开发主要有两种模式，一是直接在海外建立分部。例如美国的威廉·莫里斯经纪公司就在英国、澳大利亚等重要的海外市场建立了分部。当然，采用海外建立分部的公司只是极少数规模非常大的文化经纪公司，而且主要是进行海外英语市场的开发。出版经纪公司另一种开发海外版权的经营模式是与海外出版机构或者出版经纪公司建立合作伙伴关系。这是中小规模的出版经纪公司普遍采用的经营方法。例如，英国的黑斯经纪公司就与十几个国家的出版机构或者经纪公司建立了稳定的合作关系。

第三，出版经纪公司都在积极地尝试开发电子书版权和网络传播。数字化发展是出版业的总体趋势。目前，很多大型数字出版企业已经形成了一些比较成熟的电子书模式，但是，出版经纪人开发电子书以及网络传播版权还没有成为成熟稳定的经营内容。电子书和网络传播内容都与自出版模式紧密相关，即作者在电子书和网络上的出版平台直接发表作品，不需要过多的内容审查和编辑修改。作者自动地与平台之间形成普遍适用的合同关系，很少有个性化的谈判。作者的收益也会与作品的阅读状况形成准确的对应关系。就是说，在完善的自出版模式中，作品开发的方方面面都有公开成熟的规则，对经纪人的推荐和保护自然也就没有紧迫的需求。但是，对于初试创作的作者和成名作者，出版经纪人开发电子书服务仍然有一定的价值。对于新锐作者，出版经纪人可以帮助他们提升写作水平，有效地进行市场开发。对于成名作者来说，电子书是作品全面开发的组成部分，也就是出版经纪人经纪服务的组成部分。

## 第二节　英国著名出版经纪公司

英国是世界出版领域最有影响力的国家之一。从 18 世纪中期开始，英国

---

① 参见 https://www.publishers.org.uk/。

的工业革命和殖民地扩张促进了它在世界范围内影响力的不断扩展，随着英语成为世界通用语言，英语出版也成为英国影响世界的重要文化产品。目前，英国出版业仍然有约 40% 的销售额来自海外市场。发达的出版产业促进了产业中的分工合作，因而世界上最早的出版经纪人就产生于 19 世纪末期的英国。目前英国有超过 400 家经纪公司，伦敦作为出版商和作家云集的出版中心，也是众多出版经纪公司聚集的地方。

## 一、A. P. 瓦特有限公司

A. P. 瓦特有限公司是世界上最早的出版经纪公司，成立于 1875 年，至今已有将近 150 年的历史。A. P. 瓦特有限公司是以其创始人的名字瓦特命名的。瓦特出生于 1834 年，他创立出版经纪公司的灵感来自一次偶然的事件。在 1875 年，有一位作家朋友请他帮忙和伦敦的出版公司协商出版合同的事，这件事情办得很顺利，也很成功。瓦特在想，有类似这样需求的作者可能有很多，为什么不专门为他们提供有偿服务呢？从此瓦特开始了帮助作家处理出版活动的工作，也就是出版经纪服务。在 1875 年，瓦特成立了一家公司，开始代理英国和爱尔兰的作家出版作品。在经营活动中，瓦特创立了出版经纪服务的基本模式，包括经纪人的佣金与作者版税收入挂钩、标准费率为 10% 等具体内容。瓦特还确立了出版经济服务的收费支付模式，即出版商将作者的所有稿酬支付给出版经纪人，出版经纪人查核属实之后，扣除自己应得的费用，将剩余的属于作者的收入支付给作者。由于版税收入是随着图书销售而不断进行的，因此这种收费流程是一个持续的过程。

经过几年的卓有成效的工作，瓦特在出版业和出版代理领域具有了良好的声誉，获得了许多著名作家的信任。A. P. 瓦特有限公司代理的著名作家包括切斯特顿、丘吉尔、约瑟夫·康拉德（Joseph Conrad）、狄更斯、哈代、鲁德亚德·吉卜林、威尔斯、伍德豪斯、叶芝等。自成立以来，A. P. 瓦特有限公司一直是英国出版经纪行业最重要的公司之一。目前 A. P. 瓦特有限公司仍然是英国规模较大的出版经纪公司之一。

瓦特是英国出版经纪行业的创立者，是英国出版经纪行业初步标准的制定者，一个人创立了一个行业，令人敬佩。实际上，瓦特的成功也是因为顺应了时代的发展需要，假如没有瓦特，可能也有另外的人来创立这个行业，因为高度发达的英国出版产业对这个行业已经提出了强烈的需求。

2012 年 A. P. 瓦特有限公司并入联合经纪公司（United Agents），该公司是英国最大的综合性出版经纪公司，成立于 2007 年，是由若干领域的经纪人组成的。其经营业务覆盖电影、电视、音乐、戏剧、商务等领域，为相关专业演艺人士提供经纪服务。A. P. 瓦特有限公司并入联合经纪公司实际上代表了一种文化传媒产业内各种子产业联系更加紧密的趋势。

## 二、柯蒂斯·布朗经纪公司①

柯蒂斯·布朗经纪公司是阿尔伯特·柯蒂斯·布朗（Albert Curtis Brown）于 1899 年创立的文学和人才代理机构。15 年以后的 1914 年，其在纽约开设了第一家柯蒂斯·布朗经纪公司国际办事处。在此期间，它为众多知名作者和知名人物，如 A. A. 米尔恩（A. A. Milne）和英国前首相丘吉尔等开展版权代理业务。经历一百多年的发展，柯蒂斯·布朗经纪公司现已成为英国最大、最多元化的版权代理机构。如今，柯蒂斯·布朗经纪公司共有五个代理部门，分别是演员代理部门、图书版权代理部门、翻译版权代理部门、戏剧电影和电视代理部门以及主持人代理部门。这五个部门各司其职，致力于为客户提供最周到的服务。除此之外，柯蒂斯·布朗经纪公司还建立了自己的创意写作学校，即柯蒂斯·布朗创意学校（Curtis Brown Creative），旨在培养有潜力的优秀作者。其旗下代理了许多知名作者，加拿大著名小说家玛格丽特·阿特伍德（Margaret · Atwood）便是柯蒂斯·布朗经纪公司代理的作者。她曾四次被提名英国布克奖，2000 年终于以小说《盲刺客》（*The Blind Assassin*）摘得这一桂冠。

柯蒂斯·布朗经纪公司通过其网站发布相关消息，以便作者和代理人使用。在其网站中提供其代理的全部作者的名单、简介及其代理人的联系方式，包括电话和邮箱，方便版权使用方联系。同时，网站也提供柯蒂斯·布朗经纪公司旗下全部代理人的名单、简介、代理方向及联系方式，为新作者寻找代理人提供了便利。而且，柯蒂斯·布朗经纪公司的网站还会发布实习信息，为希望踏进版权代理行业的人提供工作机会。

---

① 资料来源：柯蒂斯·布朗经纪公司官方网站（https://www.curtisbrown.co.uk/）。

## 三、黑斯经纪公司

黑斯经纪公司成立于 1919 年，是英国最老的出版经纪公司之一，同时也是英国最著名的出版经纪公司之一。目前黑斯经纪公司拥有 8 名职业出版经纪人，代理的作家超过 400 位，协助发表的相关作品涉及小说、新闻、历史、自传、儿童作品等。公司还代理了许多已故著名作家的作品版权，如著名的剧作家奥威尔的。

黑斯经纪公司的经纪业务除了代理作家发表作品之外，还包括作品其他版权的开发以及翻译版权的开发。其他版权包括作品部分章节内容的使用，戏剧、电影、电视等作品的改编权。对于作品部分章节内容的使用，可能是免费的合理使用，也可能需要按照使用的字数缴纳使用费。但不论结果如何，都要支付经纪公司审查费。这种程序一方面保证了作家的权利不受侵犯，同时也为经纪公司代理获得一种稳定的收入。

由于公司代理了许多国际知名的作家，因此国际翻译版权许可也是黑斯经纪公司着力开发的项目。该公司与世界各地著名的版权代理公司或者是翻译公司合作将作家的作品翻译成相关语言并且推广到相应的国家，其中包括中国、俄罗斯、日本、巴西等世界上主要的版权进口国。[①]

## 四、舍尔·兰德经纪公司

舍尔·兰德经纪公司成立于 1962 年，是一家综合版权开发的经纪公司，业务以文学图书出版为中心，同时包括戏剧和影视。公司开发的作品题材广泛，包括惊悚、罪案、政治、军事、休闲、浪漫、自传、旅行、幽默等多种风格的商业文学和非虚构文学。

公司的基本理念是自己保持低调，全力协助作家成为明星，忠诚地帮助他们开发作品版权。公司还开发女性文学、健身、科普、儿童文学、科幻小说、悬疑小说等方面的作品。在戏剧和影视领域，舍尔·兰德经纪公司主要代理动画片和儿童影视的剧作家，同时也为导演、纪录片制片人，以及电视主持人服务，帮助他们创作自己的专著并进行出版。公司在为成名作家服务的同时，也非常注重开发新锐作家，使企业的业务发展能够持续稳定。

---

① 资料来源：https://amheath.com/。

舍尔·兰德经纪公司注重开发电子出版业务,它与亚马逊等电子出版公司合作开发电子出版物。随着网络读物和电子出版的发展,出版社更加谨慎地选择作品,同时对印制作品数量也严格控制。只有当某个作品获得了奖项、进入了图书销售排行榜或者获得了影视版权开发,才会投入资金进行更大规模的开发。对于市场前景不够明确的作品,出版社常常采取拒稿的处理方法。面对这种情况,舍尔·兰德经纪公司积极帮助被出版社拒稿的作家在亚马逊平台发表作品,并且帮助作家提升作品在电子书平台的吸引力。公司将印刷出版和电子书出版相结合,帮助作家从两个渠道发表作品,以期获得更好的市场效果和更多的收益。通过这种联合开发实践,公司代理的许多作家从默默无闻到获得了公众和市场的接受,成为畅销书作家。①

## 五、阿特肯·亚历山大经纪公司

阿特肯·亚历山大经纪公司成立于 1976 年,位于伦敦市的诺丁山地区。公司成立时的创始人是吉尔顿·阿特肯(Gillon Aitken),当时公司以他的名字命名。1998 年克莱尔·亚历山大(Clare Alexander)加入公司,成为公司合伙人和主管。2005 年公司更名为阿特肯·亚历山大经纪公司。这是经纪人创业早期人与公司紧密相关的典型处理方法。此后,两位经纪人先后退休,新的经纪人不断加入,公司的主管也进行了更替。2017 年莱斯利·索恩(Lesley Thorne)成为公司新的主管。

阿特肯·亚历山大经纪公司在美国纽约和印度的德里设有办事处。公司非常注重全球化的业务发展,致力于将世界各地作家的作品在美国、英国出版。电影电视版权开发也是公司的重要经营内容。其"图书到银屏"(book to screen)的经营模式已经产生了很好的效果。在公司的帮助下,已经先后有 100 多本书被改编成影视戏剧作品,包括热播的电视剧《维多利亚》(*Victoria*),电影《淹没》(*Submergence*)和《赛马皮特》(*Lean on Pete*)等。为了进一步开发"图书到银屏"模式的经营,公司增加了投入,积极培育相关作家,并且与其他经纪公司合作开展更多图书的影视版权开发。②

---

① 资料来源:https://www.sheilland.com/。
② 资料来源:https://aitkenalexander.co.uk/。

## 六、彼得-弗拉瑟-登乐普经纪公司

彼得-弗拉瑟-登乐普经纪公司（PFD）是由 A. D. 彼得经纪公司（A. D. Peters Agency）与弗拉瑟-登乐普经纪公司（Fraser and Dunlop Agency）在 1989 年合并而成的，总部位于伦敦，是目前英国最大的经纪公司之一。彼得经纪公司是英国最著名的出版经纪公司，成立于 1924 年，一直专注于代理作家图书出版相关业务。弗拉瑟-登乐普经纪公司则是英国电影电视戏剧领域最著名的演艺经纪公司。两家公司合并，强强联手，成为非常有影响力的综合性的经纪公司，其客户包括理查德·柯蒂斯（Richard Curtis）、尼克·霍恩比（Nick Hornby）、凯特·温斯莱特（Kate Winslet）等国际知名的作家和演艺工作者。

1999 年 PFD 被一家英国的文化企业 CSS Stellar 收购。PFD 的许多经纪人反对这次收购，因而纷纷离开，并参与创办了联合经纪公司。他们与 PFD 就经纪业务、离职待遇等一系列问题产生的争议，导致 PFD 的经纪业务受到严重影响。2008 年，PFD 被 CSS Stellar 卖给了一家财团英国安德鲁·尼尔（Andrew Neil）。之后，经过各方努力，PFD 与联合经纪公司就它们之间的争议终于达成了一个解决方案，使得两家公司以及众多相关经纪人得以安下心来，各自开展业务。2010 年 PFD 又与另一家文化经纪公司合并组成了权利之屋（Right House），成为更加强大、业务更广泛的经纪公司。

尽管经过了数次公司所有者和结构变化，出版经纪服务仍然是 PFD 重要的经营业务，有大约 15 名出版经纪人。作为一家综合性经纪公司，其出版经纪业务与其他经纪业务相互配合，成了公司经营的重要特色。[①]

## 第三节　美国著名的出版经纪公司

美国最古老的出版经纪公司成立于 1893 年，此后出版经纪活动在美国不断增长，成为出版业重要的组成部分。目前美国各地有超过 1000 家出版经纪公司。纽约是美国的出版中心，因此也是大量出版经纪公司的集中地。洛杉矶、华盛顿、芝加哥等大城市也有一定数量的出版经纪公司。

---

① 资料来源：https://petersfraserdunlop.com/。

## 一、三叉戟经纪公司

三叉戟经纪公司，是目前美国最大的出版经纪公司，成立于 2000 年，总部位于纽约。创始人是罗伯特·戈特利布。自成立以来，集团非常注重突出积极进取的企业精神，吸收许多有创造力和影响力的经纪人，广泛开发作者客户，很快成为美国最大的出版经纪公司。集团不仅在美国市场具有领先地位，也注重开发国际市场，通过参加伦敦书展、法兰克福书展等活动与世界范围的作者和编辑开展交流合作，推广经纪服务。创始人戈特利布认为，经纪人的利益与作家的利益紧密相关，因此经纪人的重要职责就是积极地为作家争取利益，通过辛苦的工作赢得作家的信任以及出版商的尊敬。

三叉戟经纪公司代理的作家总数已经超过 1000 位，其中既有成名作家也有新锐作者。代表性的客户作家如弗兰克·赫伯特（Frank Herbert）是美国著名的科普作家，其作品曾经获得雨果奖等国际大奖。三叉戟经纪公司还代理了其他许多获奖作家。根据出版商市场网站①（Publishers Marketplace）的统计，三叉戟经纪公司已经连续 10 年在美国出版经纪服务营业额排行榜中名列榜首。不仅如此，三叉戟经纪公司还在英国出版市场占有重要地位。根据代理作品的市场销售额计算，它是英国出版市场排名前十位的出版经纪公司，同时也是在英国出版市场唯一一家能够排名前十位的外国出版经纪公司。

三叉戟经纪公司开展的出版经纪服务不仅是图书出版，还包括开发作品的海外市场、有声书、电子书以及其他衍生版权。通过多媒体综合版权开发来实现作者利益最大化。三叉戟经纪公司还非常注重通过社交媒体展现和宣传作者以及他们的作品。目前三叉戟经纪公司拥有 14 名出版经纪人和若干助理。为了积极开发增长迅速的数字出版市场，三叉戟经纪公司成立了一个数字媒体出版部门。除了核心出版经纪服务，三叉戟经纪公司还提供一系列与出版经纪相配套的商务服务，如会计、市场营销，以及电影电视衍生版权开发等。②

## 二、作者之家经纪公司

作者之家经纪公司成立于 1979 年，以纽约的一座建于 1881 年的历史性建

---

① 参见 https://www.publishersmarketplace.com/。
② 资料来源：https://www.publishersmarketplace.com/。

筑为办公地点。该办公楼至今保留着维多利亚式的传统风格。公司在经营活动中也非常注重培养和保持一种传统精神。许多经纪人都是已经在作者之家经纪公司工作了 20 多年。公司的创始人是阿尔·祖克曼（Al Zuckerman），曾经是一位小说家、电视编剧，并曾经在耶鲁大学教授剧本写作。

作者之家经纪公司分为四个分部，分别是海外版权、电影电视、版权代理、绘图艺术。公司为作家和艺术家提供全套的作家出版服务，包括图书出版代理、衍生版权代理、版税跟踪调查、会计服务、数字版权开发等。作者之家经纪公司经纪人的知识和经历具有多样化特点，既有专门学习出版经纪出身的经纪人，也有来自出版发行、作品创作等相关领域转型而成的出版经纪人。

由于它浓厚的传统文化风格和积极进取的服务精神，作者之家经纪公司获得了许多著名作家的青睐，其中包括获得诺贝尔文学奖和诺贝尔和平奖的作家海因里希·伯尔（Heinrich Böll）、埃利亚斯·卡内蒂（Elias Canetti）、马丁·路德·金（Martin Luther King）、加布里埃拉·米斯特拉尔（Gabriela Mistral）。该公司代理的获得美国国家图书奖、普利策奖的作家，雨果奖等重要图书出版奖的作家总共超过 100 人，这是其他许多出版经纪公司都羡慕的成就。大量的著名作家不仅为作者之家经纪公司带来了名誉和效益，也为它带来了更多新成长起来的作家的信任，支持了公司持续不断地向前发展。[①]

## 三、威廉·莫里斯·安多瓦经纪公司[②]

威廉·莫里斯·安多瓦经纪公司是美国历史最悠久、规模最大的经纪公司。它的业务遍及文学、艺术、表演、体育等多个领域，覆盖美国本土以及欧洲、亚洲等世界各地。威廉·莫里斯·安多瓦经纪公司的历史最早可以追溯到 1898 年成立于美国纽约市的威廉·莫里斯经纪公司。当时的威廉·莫里斯经纪公司（William Morris Agency，WMA）主要从事演员经纪活动，比如它曾经是国际影星查理·卓别林和玛丽莲·梦露的经纪公司。2009 年，WMA 和美国另一家著名经纪公司——奋进才艺经纪公司（Endeavor Talent Agency，1995 年成立于美国加州洛杉矶）合并，成为威廉·莫里斯·安多瓦经纪公司（WME），并逐渐成长为美国最大的经纪公司。合并之后，公司开始扩张发展。业务上扩展

---

① 资料来源：http://www.writershouse.com。
② 资料来源：威廉·莫里斯·安多瓦经纪公司官方网站（https://www.wmeagency.com/）。

到演艺活动之外的音乐、体育、电竞、选美等许多领域。2014 年 WME 成功签约美国著名女主持人奥普拉·温弗里（Oprah Winfrey）。2016 年 WME 收购了著名出版经纪公司拉比诺·沃切特·桑福德和吉列特文学代理公司（Rabineau Wachter Sanford & Gillett Literary Agency，RWSG），将经纪业务扩展到出版领域。《火车上的女孩》（The Girl on The Train）就是由该公司代理出版的畅销书。

除了业务领域的多样化，WME 还在世界各地建立分部或者合作伙伴，成为一个超级才艺经纪平台。相对而言，各种演艺活动仍然是 WME 的主要业务，而出版经纪只是一个较小的业务成分。但是由于公司业务广泛的覆盖面和在演艺界的影响力，从图书到影视成为 WME 出版经纪活动的一个特色和亮点。

## 四、创新精英文化经纪公司①

创新精英文化经纪公司（CAA）成立于 1975 年，总部在美国的洛杉矶。它是 5 位被 WMA 解雇的经纪人艰苦再创业的结果。由于这种历史起源，CAA 迅速成长为 WMA 最强大和最坚定的竞争对手。演艺和出版经纪是 CAA 的传统业务强项。CAA 特别善于利用它的作家和畅销书资源吸引演员，同时又利用演艺资源开发作家和畅销书。

进入 21 世纪，CAA 也开始了业务领域和地域的扩张。除了演艺和出版，CAA 还开展体育、音乐、电竞以及与数字媒体相关的经纪和投资活动。除了代理演员、作者、歌手、运动员等个人客户，CAA 还代理可口可乐和美泰（Mattel，玩具公司，以芭比娃娃等产品闻名于世）等公司，进行版权、品牌等知识产权开发咨询的相关业务。

2005 年，CAA 在中国设立了办公室，开展综合性娱乐业务，参与了几乎所有主要的中美合作电影，并为许多中文电影进行了组盘、销售或融资。2017 年，CAA 与华人文化产业投资基金合资创立 CAA 中国公司，由 CAA 控股。通过这种世界范围的投资与合作，CAA 已经成为世界级媒介与娱乐平台。

相对而言，CAA 的出版经纪业务主要限于美国本土，而且在 CAA 庞大的娱乐体系中目前处于辅助地位。它的作者客户既有童书作家，也有歌手、演员等娱乐界名人，以及政治人物。有影响力的作品包括著名主持人吉米·法伦

_____
① 资料来源：创新精英文化经纪公司官方网站（https://www.caa.com/）。

（Jimmy Fallon）编写的一本童书《你孩子说的第一个词是爸爸》（*Your Baby's First Word Will Be DADA*），影星安娜·肯德里克（Anna Kendrick）写的《奋进的无名之辈》（*Scrappy Little Nobody*）以及美国总统乔·拜登（Joe Biden）写的《答应我，父亲：充满希望、艰辛和使命感的一年》（*Promise Me，Dad: A Year of Hope，Hardship and Purpose*）。

## 五、国际创新管理经纪公司①

国际创新管理经纪公司（ICM）成立于 1975 年，总部位于洛杉矶，在纽约、华盛顿、伦敦都有分部。与专注于图书出版或者以图书出版服务为主的经纪公司不同，ICM 提供全方位的经纪服务，并且以电影电视、音乐经纪服务为主，还包括出版、舞台表演、娱乐以及新媒体等领域的经纪服务内容。公司基本构架形成于创新管理公司（Creative Management Associates）与国际名人经纪公司（International Famous Agency）的合并。2012 年，ICM 收购了布罗德·韦伯·车尔文·希尔波曼经纪公司（Broder Webb Chervin Silbermann）正式进入出版经纪领域。

ICM 代理帕特里夏·康威尔（Patricia Cornwell）、托马斯·弗里德曼（Thomas Friedman）、安娜·昆德兰（Anna Quindlen）、E. L. 多克托罗（E. L. Doctorow）、沃尔特·艾萨克森（Walter Isaacson）、卡尔·希尔森（Carl Hiaasen）等一大批著名的作家，并且帮助已故的著名作家如阿瑟·米勒（Arthur Miller）、田纳西·威廉斯（Tennessee Williams）等开发相关的版权资产。每年在纽约时报图书销售排行榜上都有超过 100 种图书是 ICM 代理的作品。ICM 的出版经纪服务范围较广，从小说家、励志作家到记者都有。公司纽约分部还通过与洛杉矶总部的紧密合作，积极开发某些作家和相关作品的影视版权。这种多个领域的专业化优势为公司赢得了许多作家客户。ICM 还通过与英国柯蒂斯·布朗经纪公司的合作开发英国以及世界其他英语文化市场。

## 六、威廉姆斯和康诺利律师事务所②

同其他专职从事出版经纪活动或者文化经纪活动的公司不同，威廉姆斯和

① 资料来源：国际创新管理经纪公司官方网站（http://icmproductionarts.com/）。
② 资料来源：威廉姆斯和康诺利律师事务所官方网站（https://www.wc.com/Firm）。

康诺利公司是一家律师事务所。罗伯特·巴奈特是威廉姆斯和康诺利律师事务所的一个合伙人。他 1975 年加入威廉姆斯和康诺利律师事务所，1978 年成为合伙人。作为律师，罗伯特·巴奈特起初只是提供各种法律服务。由于他精于演讲艺术，擅长与政界人物打交道，因此成为许多政治人物的法律顾问。1984年，他开始帮助总统竞选的参选人准备辩论，并取得了巨大的成功，从此成为许多政治辩论活动的导师和咨询顾问。1985 年，他开始帮助政治人物出版传记，也取得了巨大成功。2004 年，在他的帮助下，美国前总统克林顿出版传记《我的生活：克林顿回忆录》，最终获得了约 1500 万美元的稿酬收入。此后几届卸任的美国总统，如布什、奥巴马，还有许多副总统、国务卿等高级政客，都由他帮助出版自己的著作。巴奈特成为华盛顿的名人政治传记出版领域的领军人物。每年大约有上百位各界名流找上门来，要求巴奈特担任其传记或回忆录的出版经纪工作，但他只选择其中少数有潜力的项目。作为一名律师，巴奈特与传统出版经纪人的服务不尽相同。比如他的服务收费是按照律师的标准，即按小时收费。对于那些能够获得稿酬达到几百甚至上千万美元的业务来说，巴奈特作经纪人的收费要明显低于传统经纪人的收费。这也使许多市场前景看好的重磅级政治名人传记，纷纷找巴奈特来做经纪人。

威廉姆斯和康诺利律师事务所以及巴奈特是出版经纪活动中的"另类"。在二者的成功带动下，美国出现了越来越多的律师从事出版经纪活动。这说明出版经纪活动具有重要的社会价值，也说明出版经纪人的身份特征以及出版经纪活动的具体形态不是一成不变的，关键是要能够实现服务作者、促进出版活动健康有序发展的功能。

## 七、玛丽·鲁索夫联合经纪公司

玛丽·鲁索夫联合经纪公司成立于 2001 年，位于美国出版中心纽约。它的创始人是玛丽·鲁索夫。她在出版界工作过二十余年，并且曾经担任霍顿·米福林（Houghton Mifflin），双日出版社（Doubleday），威廉·梅洛（William Morrow）等多家美国著名出版公司的副总裁。鲁索夫在明尼苏达大学做学生的时候就已经开始了出版职业生涯。作为一家书店的图书销售员，她积极参与一个写作交流组织，开始了与许多著名作家的交流合作，并为他们策划图书的市场推广计划。作为一名优秀的图书营销专家，她开发出了"读者群体指南"，即一个大众图书市场分析工具，并通过团体交流提高图书的市场销售效果。在自己的出版职业生涯中，鲁索夫参与过几百种图书的营销推广活动，因此她对图书市场开发潜力具有非常准确的理解和预测。由于她在出版界非常丰富的工作经验，以及良好的声望，鲁索夫建立的出版经纪公司很快就成长为美国重要的出版经纪公司之一。

玛丽·鲁索夫联合经纪公司拥有一批具有出版市场、营销以及编辑经验的工作人员，为作家提供图书出版、市场推广以及作家职业发展的整体系统服务。公司服务的对象包括小说作家、记者、传记作家以及学术领域的专家，著名的有帕特·康罗伊（Pat Conroy）、亚瑟·菲利普斯（Arthur Phillips）、卡桑德拉·金（Cassandra King）、罗伯特·亚历山大（Robert Alexander）、丽莎·塔克（Lisa Tucker）。公司致力于维护一个相对较小但是集中的客户群体，为每一位作家提供个性化的服务，帮助他们提升职业创作的市场效果。除了图书出版，公司还有针对性地帮助相关作家开发作品的影视版权。①

## 八、佛里欧文学经纪公司

佛里欧文学经纪公司是美国最著名的出版经纪公司之一。公司致力于开发作者的版权，并且通过经纪活动影响作家、读者以及美国文学的发展。该公司与美国著名的出版社合作出版虚构和非虚构类的图书，覆盖所有主题和风格；代理成名作家和新锐作家，帮助作家们理解市场营销，包括开发网站、媒体宣传，从而保证每一本书都取得成功。除了图书出版，还帮助作家在更多的媒体平台开发作品，包括影视改编、电子书、手机阅读等。

在长期市场开发过程中，佛里欧文学经纪公司形成了自己的作品开发特色。在虚构文学方面，公司注重开发高端成人文学、创新风格的作品和能够塑造令人难忘角色的作品。在非虚构文学领域，公司不仅注重开发写作风格独特的伟大的作品，也追求作家、学者、记者经过深思熟虑的、令人激动的新观点、新作品。公司希望作者充分准备好通过多种媒体开发自己的作品。

佛里欧文学经纪公司最具特色的经营活动是儿童出版物的开发。"小佛里欧"是佛里欧文学经纪公司特别设立的部门，全方位地开发儿童出版物，包括图书、影视、戏剧等传统平台以及各种网络平台。该公司积极地开发令人爱不

---

① 资料来源：https://rusoffagency.com/。

释手的新作品、令人目不转睛的绘本，同时也引导功成名就的作家在写作和绘画方面更上一层楼。[①]

## 第四节　其他发达国家著名出版经纪公司

### 一、法国著名出版经纪公司

#### （一）苏珊娜·莉亚联合经纪公司

苏珊娜·莉亚联合经纪公司（Susanna Lea Associates）是法国最著名的版权代理公司之一，成立于 2000 年，在巴黎、伦敦和纽约设有办事处。它与作者、出版商合作密切，以最大限度地发挥每个项目在本土及其他语种出版的潜力，包括出版纸质版本、音频和数字媒体，以及电影改编等。他们代理的作者和项目通常具有超越法国市场的国际水平，如畅销作者马克·勒维（Marc Lévy）、英格丽·贝当古（Ingrid Betancourt）、哲学家茨维坦·托多罗夫（Tzvetan Todorov），大厨丹尼尔·德拉法莱斯（Daniel de la Falaise），以及瓦赫拉姆·穆拉泰安（Vahram Muratyan），萨布里·卢阿塔（Sabri Louatah）等名家、畅销作者。

#### （二）阿斯蒂尔–佩彻文学与电影经纪公司

阿斯蒂尔–佩彻文学与电影经纪公司代理世界各地的小说和非小说作家、版权持有者和出版商的版权。于 2006 年 2 月，由羽蛇出版社（Le Serpent à Plumes）的创始人兼总监（1988～2004 在职）阿斯蒂尔·佩彻，及世界古典酒店（Les Classiques du Monde）的合伙人、编辑劳尔·佩彻（Laure Pécher）共同创立。代理业务涵盖欧洲、美国等主要地区，在亚洲亦有办事处。

该公司代理埃里克·图桑（Éric Toussaint）、赫维·梅斯特隆（Hervé Mestron）、阿玛·阿塔·艾杜（Ama Ata Aidoo）、蒂特·阿列克谢耶夫（Tiit Aleksejev）等法国作家以及斯文·林德维斯特（Sven Lindqvist）等非法语区的知名作家。另外，该公司也独家或非独家代理法国出版社的海外版权销售业务。其代理的作品类型有文学、侦探小说、散文、文学评论等。

---

① 资料来源：http://www.foliolit.com/。

## 二、德国著名版权经纪公司

### 海格立斯贸易文化有限公司

1992 年蔡鸿君得知中国签署"保护文学艺术作品伯尔尼公约"和"世界版权公约"，就敏感地意识到版权代理大有可为。1995 年蔡鸿君和夫人任庆莉一起在德国朋友费舍尔（Fischer）女士的协助下成立国际媒体经纪公司（International Media Agency）的版权代理公司，费舍尔女士也是合伙人，其主要代理当代德语文学作品和德国儿童文学类图书，其代理作者有赫尔曼·黑塞（Hermann Hesse）、托马斯·曼（Thomas Mann）、亨利希·曼（Heinrich·Mann）、君特·格拉斯（Günter Grass）、贝尔托·布莱希特（Bertolt Brecht）、阿尔弗雷德·德布林（Alfred Doblin），以及获得过国际安徒生奖的埃里希·凯斯特纳（Erich Kästner）、詹姆斯·克吕斯（James Krüss）、克里斯蒂娜·涅斯特林格（Christine Nstlinger）。该公司第一批合同是与译林出版社、漓江出版社、上海译文出版社、明天出版社、江苏人民出版社签订的。1998 年改为现名"海格立斯贸易文化有限公司"。截至 2017 年，该公司已经成功代理 5500 种图书版权。包括《布登勃洛克一家》（*Buddenbrooks*）、《荒原狼》（*Steppenwolf*）、《铁皮鼓》（*The Tin Drum*）、《好女孩上天堂，坏女孩走四方》（*Good Girls Go To Heaven Bad Girls Go Everywhere*）、《孤独相伴：戈尔巴乔夫回忆录》（*Memoirs by Mikhail Gorbachev*）、《拉贝日记》（*The Diaries of John Rabe*）、《蓝熊船长的 13 条半命》（*The 13½ Lives of Captain Bluebear*）、《冒险小虎队》（*Tiger-Team*）等。其中奥地利儿童作家托马斯·布热齐纳（Thomas Brezina）的《冒险小虎队》可以说是创造了一个奇迹，该书经浙江少年出版社引进出版后销售了 3000 多万册。[①]这家公司虽然在德国成立，但是主要是把德国图书版权销往中国，是中国人在海外创办的较早的出版经纪公司。

## 三、西班牙著名出版经纪公司

### 卡门·巴尔塞斯文学经纪公司

卡门·巴尔塞斯文学经纪公司是以它创始人的名字命名的著名出版经纪公

---

① 参见德国图书信息中心采访《德中版权贸易的路越走越远——专访四大德中版权代理机构》中海格立斯贸易文化有限公司总经理蔡鸿君讲话，刊于《中国出版传媒商报》2017 年 8 月 22 日第 42 版。

司。卡门·巴尔塞斯生于 1930 年，她在 1956 年创办了自己的出版经纪公司。由于她对文学的敏感、高超的市场开发能力和过人的勤奋，在此后的 10 年中，她成功地代理了一大批西班牙语作家，其中包括了 6 位诺贝尔文学奖获得者：米格尔·安赫尔·阿斯图里亚斯（Miguel Ángel Asturias，危地马拉，1967 年获奖）、巴勃罗·聂鲁达（Pablo Neruda，智利，1971 年获奖）、加西亚·马尔克斯（哥伦比亚，1982 年获奖）、文森特·阿雷克桑德罗·梅洛（Vicente Aleixandre Merlo，西班牙，1977 年获奖）、卡米洛·何塞·塞拉（Camilo José Cela，西班牙，1989 年获奖）、马里奥·巴尔加斯·略萨（秘鲁，2010 年获奖）。除此之外的许多西班牙语著名作家，如伊莎贝尔·阿连德（Isabel Allende）、哈维尔·塞卡斯（Javier Cercas）、卡洛斯·富恩特斯·马西亚斯（Carlos Fuentes Macías）都是巴尔塞斯的客户。这样的成就在世界各地出版经纪行业中都是难以匹敌的。巴尔塞斯独具慧眼地将拉丁美洲"文学爆炸"前后的几乎所有重要西班牙语作家都收入囊中，并将他们推向世界，成为世界文坛的一股巨大洪流。

代理马尔克斯的《百年孤独》是巴尔塞斯最成功的出版经纪活动。自从 1962 年 11 月起，巴尔塞斯开始代理马尔克斯的图书出版。1965 年，马尔克斯正式授权卡门·巴尔塞斯作为其出版代理人，在其作品一切文本的出版事务中代表他本人行使权利，代理期为"150 年"。由于巴尔塞斯的推销，《百年孤独》1966 年 9 月在阿根廷出版，销售区域为整个南美洲；1967 年 4 月经由塞依出版公司在法国出版，为首家翻译版权；1967 年 10 月经由费尔特里内依出版社在意大利出版；1967 年 11 月经由哈珀与罗出版公司在美国出版；1967 年 11 月经由基彭霍伊尔出版公司在德国出版。1967～1970 年的 3 年时间中，该书又连续获得 16 份国际版权，分别为：英国、丹麦、芬兰、瑞士、挪威、荷兰、苏联、匈牙利、波兰、罗马尼亚、捷克、南斯拉夫、日本、葡萄牙、巴西。此后陆续至 2011 年，《百年孤独》被全球所有重要语言正式出版。可以说，马尔克斯以及他的名著《百年孤独》在全球范围内取得的声望都与巴尔塞斯有着密切的关系。

巴尔塞斯培养作家的能力也值得赞赏。很多著名作家的发展成功都得到过巴尔塞斯的支持和帮助。马里奥·巴尔加斯·略萨获得 2010 年诺贝尔文学奖。在略萨还没成名的时候，生活比较困难，巴尔塞斯请他到西班牙，为他租房子，给他一笔钱，让他安心写作。略萨在那时写出了他的发轫之作《绿房子》，被拉美出版界关注。因为这段机缘，略萨对巴尔塞斯非常敬重。另一位著名拉美作家伊莎贝尔·阿连德也在创作生涯的早期受到巴尔塞斯的帮助。1991 年，巴尔塞斯帮助阿连德出版了第一部小说《幽灵之家》（*La Casa de Los Espíritus*），也是阿连德的成名之作，某些出版商称阿连德是"穿裙子的加西亚·马尔克斯"。阿连德曾说："出版经纪人卡门·巴尔塞斯是我所有作品的教母。"巴尔塞斯在西班牙拿到《幽灵之家》的原稿时，就给身在委内瑞拉的阿连德打了个电话说：每个人的第一本书都不错，因为会把自己的过去、回忆、期望等一切东西全都倾注其中。不仅如此，巴尔塞斯还邀请阿连德到她巴塞罗那的家里举办宴会。"当时我来自委内瑞拉，看上去就像是一个乡下人。在那之前我对文学世界一无所知，我没读过一本书评，更没学过文学。"阿连德回忆说，"但她（巴尔塞斯）接受了我，就如我已经是著名作家一般。"

2014 年，巴尔塞斯与纽约文学经纪人安德鲁·怀利签订了合作意向书，希望成立巴尔塞斯-卫理文学经纪公司（Balcells-Wylie），联合管理巴尔塞斯旗下的作者队伍。不过直至巴尔塞斯去世，合并谈判仍未有结果。2015 年 9 月 21 日，巴尔塞斯在巴塞罗那去世，享年 85 岁。她去世后，她的儿子路易斯·巴尔塞斯（Luis Balcells）成为出版经纪公司的负责人，带领着约 20 名经纪人和工作人员继续在西班牙语出版领域发挥重要的影响力。

## 四、日本著名出版经纪公司

### （一）苹果籽经纪公司

苹果籽经纪公司是日本本土的著名出版经纪公司，主要业务是图书出版代理及作家培训。创办人鬼塚忠先是在版权贸易企业从事版权代理工作，随后于 2000 年创立苹果籽经纪公司。他本人在从事日本国内图书版权代理事宜的同时，也开始探索文学创作之路。

2002 年，鬼塚忠与陈昌铉、冈山彻合著小说《横渡海峡的小提琴师》经由河出书房新社出版，进而步入文学殿堂。其同名连续剧于 2004 年获日本文化厅艺术节优秀奖。从 2002 年至今，鬼塚忠已经创作出版了《啊，经纪人》（讲谈社，2005）、《红樱》（合著，讲谈社，2006）、《小 DJ 的恋爱物语》（ポプラ社，2007）、《四重奏》（河出书房新社，2011）、《花开花落》（角川书店，2011）、《恋文赞歌》（河出书房新社，2013）、《鬼塚冲头》（角川书店，2015）、《风之色》（讲谈社，2017）等多部小说，成了日本的新锐作家。其中，《小 DJ 的恋爱物语》已于 2010 年由涂愫芸翻译、中信出版社出版引进至中国。

苹果籽经纪公司自 2001 年起开始营运至今，与讲谈社、集英社、小学馆、宝岛社、角川书店等著名出版社在内的 200 余家日本出版社有着密切的合作关系。其公司更多侧重日本国内的图书版权代理事务，目前公司旗下拥有在籍作者 400 余人，每年推出各类新书 60 余种。在这十多年间，公司累计代理出版各类新书 900 余种，其中销量在 10 万册以上的作品有 18 种，并有 6 部作品被拍成电影及电视剧。

因为公司创办人鬼塚忠自身喜好文学，所以公司在经营上非常侧重对文学新人的培训与发掘。2008～2014 年，公司曾多次举办"作家养成讲座"，从中挑选并推荐文学新人，取得不菲的成绩。其间，每期"作家养成讲座"中都有若干学员的作品被多家出版社选用出版。此外，公司也十分注重对在日本的中国作者的发掘，旗下有多名中国作者，如《歌舞伎町案内人》的作者李小牧、《蛇头的故乡》《中国黑社会》《最新——中国经济的真正实力》的作者田雁、《目标——实现梦想的捷径》的作者马英华等。

## （二）日本综合著作权代理公司

日本综合著作权代理公司是日本最为著名的版权代理公司之一。其前身为创立于 1968 年的株式会社矢野著作权事务所，1970 年改为现名。公司创始人为矢野浩三郎、宫田昇，公司现任董事长是山内美穗子。

作为战后日本最早设立的版权代理公司之一，日本综合著作权代理公司可以说是日本战后翻译出版发展的见证人。目前，公司已与世界上的 200 余家出版社建立了紧密的版权合作关系，包括中国、美国、英国在内的 26 个国家与地区，每年经由公司之手的各类图书版权多达数百种。

日本综合著作权代理公司在经营方面非常具有特色。首先，在版权代理业务方面，其与所有图书版权代理公司一样，既负责外国图书的引进，也兼顾日本图书的输出，不过，该公司似乎更多侧重海外图书的日文版版权引进事务。此外，与其他图书版权代理公司不同的是，该公司有着安部公房（Kobo Abe）、津岛佑子（Yuko Tsushima）、古川日出男（Hideo Furukawa）、真山仁（Jin Mayama）、唯川惠（Kei Yuikawa）等日本作家作品的独家代理权。

其次，公司的两位创始人矢野浩三郎、宫田昇均为日本著名的翻译出版家。矢野浩三郎不仅著有《暗的展览会》（早川书房，1982）等作品，而且还翻译了包括《怪奇遇幻想》（角川书店，1977）、《第 11 个小印第安人》（集英社，1981）、《推理区》（文艺春秋，1983）、《苦难》（文艺春秋，1992）、《草根》（文艺春秋，1994）在内的多部文学作品，而宫田昇也著有《战后翻译出版史》、《翻译权的战后史》（みすず书房，1999）、《翻译出版实务》（日本编辑学校出版部、2000）、《论文作法》（东海大学出版社，2003）等作品。因此，该公司也极为重视图书翻译人才的培养，旗下设有包括宫胁孝雄翻译教室、三边律子翻译教室、加藤洋子翻译教室、田村义进翻译工作室在内的多家翻译培训机构，培养并发掘翻译新人。2018 年新出版的《世界最有意思国旗的书》（河出书房新社）就是田村义进翻译工作室的学员小林玲子的翻译作品。

在翻译工作室之外，该公司还另外设有铃木成一装订设计工作室以及职业实践绘本工作室，以培养发掘图书装帧设计师以及绘本画家等。[①]

（三）日本著作权输出中心

日本著作权输出中心是目前日本最负盛名的图书对外输出的版权代理公司，成立于 1984 年，公司创始人为栗田明子。

栗田明子，出生于兵库县，女子高中毕业后，被一家日本贸易公司的海外部所聘用。1963 年，她转投到了当时全球最大的出版社——时代生活公司（Time Life），开始做版权贸易的工作。当时的日本出版界一共只有三家版权代理公司，其业务主要是引进欧美版权的图书。

在纷繁的版权贸易的工作过程中，栗田明子受宫田昇《东是东，西是西，战后翻译出版的变迁》一书的启发，开始思考是否有可能进行反向操作，即将日本的图书介绍到欧美国家。为此，她毅然决然地从时代生活公司辞职，进入宫田昇所在的日本综合著作权代理公司工作。由此，她目睹了宫田昇和公司其

---

① 由日本出版研究专家田雁提供资料。

他的两位合作者为了将日本的图书介绍到海外，专门制作了宣传小册子——
*Japan Book News*，其中除了作品介绍外，还有出版社、作者和畅销书单以及
出版话题等内容，也深切体会到了在当时向欧美国家出版社推荐日本作品的
困难。

1970 年，栗田明子决定前往美国纽约，作为日本综合著作权代理公司的
员工，通过自己对欧美各国出版社的实地访问，通过与海外出版人的面对面的
交流，来寻找日本图书在海外出版的可行性路径。通过这样的访问交流，栗田
明子结交了相当一些海外出版业界的朋友，同时也了解到了向海外业者推荐日
本图书的技巧与方法。

1981 年，栗田明子与朋友合作成立了栗田·板东事务所有限公司，主要
向欧美的各大出版社推广日本的图书。1984 年，栗田·板东事务所改制为日
本著作权输出中心，栗田明子出任公司董事长。

自日本著作权输出中心成立后，栗田明子更加专注于日本的图书输出事
业。截至 2015 年底，公司与世界上 40 多个国家有过版权合作往来，经其手介
绍到海外出版的日本图书作品多达 14 000 余种。为此，日本图书馆联盟于 2014
年专门授予栗田明子"日本图书馆支持论坛奖"，授奖词中对栗田明子的工作
进行了高度评价：栗田氏的著作权输出工作，为（日本）图书出版业走向世界，
同时也为图书馆的馆藏更为广泛地从日本国内扩张到国外，做出了积极的贡
献。特授此奖，予以表彰。

日本著作权输出中心也非常注重中国图书市场的开拓，特别是近几年来，
中国已经成为其最大的版权销售市场。①

## 第五节　我国著名出版经纪公司

现在我国出版经纪活动仍处于不断发展的状态。与欧美国家出版经纪活动
服务于作者的基本模式不同，我国出版经纪活动既有服务于作者的模式，也有
服务于出版社的模式。而且相对来讲，服务于出版社开发海外作品版权的出版
经纪活动的影响力更大。这种服务也称作版权代理。我国大陆和台湾地区都有

① 由日本出版研究专家田雁提供资料。

一些形成规模的专门从事海外版权开发的出版经纪公司。

## 一、我国大陆著名出版经纪公司

1988 年，我国第一家著作权代理和著作权贸易专业机构——中华版权代理有限公司成立。截至 2002 年底，国家版权局已批准成立了 28 家著作权代理机构，其中 23 家以图书著作权代理业务为主，还有 3 家影视版权代理、2 家音像版权代理。2009 年，国家版权局取消了有关涉外版权代理机构需要审批设立的相关规定，现从事涉外代理业务已无审批要求。

### （一）早期批准成立的出版经纪公司

在我国产生过比较大影响力的版权代理公司是中华版权代理有限公司（简称中华版代）、北京版权代理有限责任公司（简称北京版代）、上海市版权代理公司（简称上海版代，现已注销）、广西万达版权代理公司（简称万达版代，现已注销）四家。其中中华版代是我国唯一一家国家级的版权代理机构，是享受国家财政差额补贴的事业单位。北京版代成立于 1998 年，是一家股份制公司，股东为北京版权保护协会、北京广播集团有限公司、北京电视产业发展集团有限公司和北京科文国略信息技术有限公司。上海版代 1993 年成立，是自负盈亏的独立法人单位。广西壮族自治区的万达版代 1993 年成立，2001 年 8 月改名万达版权代理公司。

这四家版权代理公司都与政府版权管理行政部门有紧密的联系。中华版代是中国版权保护中心的下属部门。保护中心除了版权代理，还有著作权登记、著作权使用报酬收转、著作权法律服务、著作权鉴定等众多职能。上海版代除了版权代理，还有著作权法定许可稿酬收转等职能，并定期组织一些讲座、研讨活动，一切以促进版权贸易为宗旨。万达版代则受到了广西新闻出版局在人力、物力、财力上的大力扶持。版权代理机构的工作人员较少，但代理作品数量较多。中华版代全国设有 10 个工作站，受委托管理运营 5 个版权登记大厅，全国设有上海中心、武汉中心、深圳中心、广州中心、成都分中心、烟台分中心，下设北京华代版权代理有限公司、北京华代版信科技有限公司、北京华代云网版权技术有限公司、华代云网投资有限公司等。

这四家公司代理的出版物，以英、日、法、俄、德、意等语言为主。北京版代还有韩语版权代理业务。港台也是各代理公司业务的重要内容。各公司均有自己的经营重点。例如，俄罗斯的图书版权 90% 是通过中华版代进入我国国内的，公司与俄罗斯著作权协会达成协议，代理其所有成员的图书版权。上海版代是美国企鹅在中国的独家代理人，曾经代理了海明威全部作品的全球中文版权开发活动。万达版代对我国台湾地区作品的代理最多。台湾作家刘墉的著作最早就是通过万达版代进入大陆的。北京版代早期则独家代理大苹果版权代理公司在大陆的版权。综合来看，这四家公司作为最早成立的版权代理机构，形成了一定的品牌效应。

版权代理的图书种类比较广泛，涉及社会科学、经济、少儿、科技、教育、文艺类等诸多领域。代理数量方面，中华版代一年合同有 200 多项，主要以国外图书版权开发为主。北京版代每年成功代理的项目有 400 种左右。万达一年曾有二三百项合同，保守估计有 300 多种图书。上海版代每年成交的图书曾有二三百种。各种代理的图书中，有的是国外的出版社来寻求代理，也有的是国内出版社版权代理委托。相对而言，国内来委托的代理成功率更高。

除了图书版权开发，各家代理公司也在积极开发影视、音像、软件等版权代理。但是图书代理仍然是经营主体内容。万达版代代理过一些电子图书，但并不多，软件更少，虽然也想涉足游戏软件的代理，但苦于一时人力不足，并未实施。上海版代也有过涉外杂志版权代理，图片、电子光盘的版权代理等。近来中华版代准备代理一些影视作品，由于影视作品标的更高，代理费也会水涨船高。北京版代近来也开始涉足音像、影视、电子出版物及游戏软件等产品的代理。

另外，我国在日本开设的汉和、向远版权代理公司成为日本海外版权代理的著名机构，影响不小，和韩国在日本开设的爱力阳版权代理公司齐名。

## （二）民营出版经纪公司

我国民营出版以图书工作室和文化公司的方式运作，许多民营出版机构都以开发欧美图书版权为主要工作内容，他们的这类工作内容与出版经纪工作类似。这些民营出版机构人员精干，决策灵活，发展迅速，有些已经达到年图书销售额上亿元的规模。除了联系版权，民营出版机构还会提供更多的服务，例如外语图书的翻译、编辑、设计、制作，及后端的宣传与发行。严格来说，这已经超出了版权代理活动范围。

在出版经营历史上，比较有代表性的引进国外图书版权的民营出版机构是梁晶工作室。梁晶本在中国人民大学出版社工作，有感于国内的经济学教材很落后，她决心把西方经济学教科书引入到国内来。1995 年，梁晶开始组织翻译和出版国外优秀的经济学著作，1998 年正式成立梁晶工作室，致力于引进国外一流的经济学教材。工作室每年引进 30 余种图书，主要是经济学教材，与中国人民大学出版社进行项目合作。工作室负责图书的选题、翻译、编辑和制作，直到印刷的前一环节，每一个环节都力求尽善尽美。印刷、发行和销售则由中国人民大学出版社负责。梁晶工作室开发经济类图书起步较早，形成了独特的品牌和较强的竞争实力。

梁晶工作室通过与海外经济学专家直接交流的方法开拓市场。不少经济学的泰斗人物，像《经济学》的作者约瑟夫·尤金·斯蒂格利茨（Joseph Eugene Stiglitz）、《经济学原理》的作者 N. 格雷戈里·曼昆（N. Gregory Mankiw）、《电信竞争》的作者让-雅克·拉丰 （Jean-Jacques Laffont），都被梁晶工作室请到中国做学术报告。这些活动很好地促进了图书的引进发行工作。例如，由于把美国经济学家曼昆请到国内各高校讲座，形成了很好的影响力，因此曼昆的《经济学原理》在开机之前订数就达到了 6 万册，累计销售达到十几万册。

## （三）国外出版社、出版经纪公司在国内设立的分部或办公室

由于近年来中国对国外原版图书与版权的贸易入超，加之看好中国未来出版市场，一些国际大型出版公司开始在中国物色代理人才，以促进公司图书在中国的原版销售与版权输出。由于中国出版并没有对外资完全放开，国外出版公司不能在国内成立出版社，它们于是采取迂回策略，在国内设立联络处。这种联络处在 20 世纪 90 年代中期就已经出现，近几年来更加活跃。

联络处并没有在国家新闻出版署注册，按规定不能涉及出版业务。所以，它们不能经手现金流，不能直接与国内出版社签订合同，主要进行版权联络与市场服务。但国外公司与中国进行的版权合作，很大部分是联络处铺好路，国外公司不过履行一道合同的手续。这些联络处不愿公开宣传自己，但在中外版权贸易中充当着活跃的角色，这已经是出版界公开的秘密。

有些联络处的规模已达近十人，并在当地工商局注册。它们的工作通常包

括三部分：原版教材的销售、版权的推介与联络、市场服务。联络处的目标市场比较明确，主要是与自己业务相关且实力较强的大中型出版社合作。像英国DK出版社（Dorling Kindersley Limited）与日本白杨出版社多与少儿、文艺类出版社联系，培生教育出版集团（Pearson Education Group）和圣智学习出版公司（Cengage Learning）则会更多与大学、教育类、专业类出版社合作。它们通常不会把版权交给国内的代理公司，但有时会交给一些富有成效的工作室来运作。也有的国外出版公司只与一家出版社合作，将自己所有版权交由一家出版，并负责这些引进版权图书的编辑与制作工作。

经过几年的努力，这些联络处已经与国内一些出版社建立了较为稳定的合作关系，并形成了自己的输出策略。例如，约翰·威利父子出版公司（John Wiley & Sons, Inc.）会把一些优秀的工程类图书握在手里，找一家好的出版社，形成捆绑优势进行出版。培生教育出版集团的版权开发则比较分散。培生教育出版集团的教材和专业图书是按学科分类的，集中与少数几家实力较强的出版社合作。它的大众图书则尽量扩大合作对象，它的每个优势出版领域，都会找若干家出版社作为合作伙伴。

这些联络处尽其所能地宣传推广自己的图书，除了日常联系版权与参加各种图书博览会，一些教育类出版公司的联络处还参加各高校举行的原版教材巡回展，并在大学举行各种专题讲座，向大学教授推荐书目、寄送样书，听取他们的需求与建议，然后向出版社推荐，进行版权转让或合作出版，并协助出版社做好选题、质量、营销、售前售后的教师支持服务。

## 二、我国台湾地区著名出版经纪公司

台湾地区的版权代理活动产生于20世纪八九十年代。随着台湾地区出版业的市场化发展，出版经纪活动也迅速产生并发展。20世纪80年代初的出版经纪公司主要业务是图书版权的跨国和跨地区开发。

### （一）大苹果版权代理公司

大苹果版权代理公司创建于1987年，是台湾地区最早成立的版权代理机构。在不断拓展业务的过程中，于1989年底与日本最大的版权代理公司塔特尔森经纪公司（Tuttle-Mori Agency）合作后，更名为大苹果塔特尔森经纪公司

（Big Apple Tuttle-Mori Agency），使得大苹果版权代理公司能在最短的时间里得到国际版权界最密切的关注。1989 年底，大苹果版权代理公司开始与大陆出版社接触，《斯佳丽》就是与上海译文出版社于 1990 年合作的第一本翻译书。大苹果版权代理公司在 2012 年正式更改其英文名称为 Big Apple Agency, Inc.。此后，大苹果版权代理公司又开始积极开发东南亚出版市场，开始代理马来西亚、印度尼西亚、越南以及泰国地区的出版作品。

大苹果版权代理公司成功代理了许多著名欧美作者的作品，包括诺贝尔文学奖获得者纳丁·戈迪默（Nadine Gordimer）的《我儿子的故事》《陌生人的世界》《贵宾》，维迪亚达·苏莱普拉萨德·奈保尔的《河湾》《比斯瓦斯先生有其屋》《米古埃尔街》《黑暗地区：印度亲历》《印度：受伤的文明》《到达之谜》，J. M. 柯慈的《屈辱》《等待野蛮人》《双面少年》。大苹果版权代理公司代理的名著和畅销书还有《斯佳丽》《马语者》《英国病人》《相约星期二》《谁动了我的奶酪》《亲历历史：希拉里回忆录》《万物简史》《魔戒》《兄弟连》《美德书》等。大苹果版权代理公司在大陆有很好的业绩，也有很好的口碑。[①]

## （二）博达版权代理有限公司

博达版权代理有限公司创立于 1987 年，是我国台湾较早成立的版权代理机构之一，主要代理欧洲、美国、日本等国家和地区的图书在台湾地区版权开发，此后又逐渐将业务开展到香港和大陆（内地）。在日本设有分支机构，成为日本海外版权代理的主要公司，口碑很好。

博达版权代理有限公司的总部在台北市，在北京设有办公室。博达版权代理有限公司处理的版权业务除了中文翻译权之外，也处理连载权、合作印刷、图片权利、音像、影视等相关版权业务。博达版权代理有限公司有版权协商、合约制作、版税结算、样书寄送等业务。

公司代理的国外出版机构包括美国的哈珀·柯林斯出版公司、矮脚鸡出版公司、戴尔出版社、双日出版社、克诺普夫书局、万神殿（Pantheon）、珀尔修斯图书集团（The Perseus Books Group）、企鹅出版集团，英国的乌斯本出

---

① 资料来源：http://www.bigapple-china.com/new/about.aspx。

版社（Usborne Publishing），还有法国、德国、日本等国家的著名出版机构。博达版权代理有限公司每年参加的书展，包括北京图书订货会（Beijing Book Fair）、台北国际书展（Taipei International Book Exhibition）、意大利博洛尼亚国际童书展、伦敦书展、美国图书展（Book Expo America，BEA）、东京国际书展（Tokyo International Book Fair）、北京国际图书博览会、德国法兰克福书展等。

博达版权代理有限公司代理了很多欧美名人的著作，包括沃伦·巴菲特（Warren Buffett）的《滚雪球》（The Snow Ball）、美联储前主席格林斯潘的《混乱年代》（The Age of Turbulence）、诺贝尔经济学奖得主保罗·R. 克鲁格曼（Paul R. Krugman）的《萧条经济学的回归》（The Return of Depression Economics）。除了这些名人作品，博达版权代理有限公司还代理了许多欧美畅销书，如《朗读者》（The Reader）、《暮光之城》、《蓝海战略》（Blue Ocean Strategy）等著名作品。[①]

### （三）光磊国际版权经纪公司

光磊国际版权经纪公司成立于 2004 年，其创始人是谭光磊。2004 年，谭光磊正在台湾大学攻读硕士学位，为了经纪工作，他果断终止攻读硕士学位。四年后他成立"光磊国际版权经纪公司"，主要代理外文书版权，他是近年我国台湾畅销翻译小说的幕后推手。《追风筝的孩子》《格雷的五十道阴影》《别相信任何人》等风靡全球的小说，都是由光磊国际引进台湾的。自 2009 年起，也开始涉足版权输出，积极地通过版权交易渠道，将台湾作者的著作卖到欧美国家。他的初衷就是："我要把台湾文学卖到全世界！"他是第一个大规模做华文作者版权输出的台湾经纪人。目前已将张翎《金山》、迟子建《额尔古纳河右岸》和艾米《山楂树之恋》等书卖到西方十余个国家的主流文学出版社。在欧美大众出版的市场，华语文学还有极大的发展空间。尽管发展时间较短，光磊国际的成长迅速，已经成为台湾地区最重要的版权代理商。2010 年之后开始涉足大陆作者代理业务。韩寒的《一九八八》、陈冠中的《盛世》、苏童的《河岸》，还有毕飞宇和阎连科的作品，都是经他的代理进入的海外市场。

---

① 资料来源：https://www.bardonchinese.com/。

谭光磊进入版权代理市场时，外文书籍的华文版权代理市场几乎都由大苹果版权代理公司、博达版权代理有限公司两大版权代理商分食。谭光磊就地毯式地搜寻国外市场的版权成交报告，查找每本书前面的谢词、作者网站，试图厘清各家出版社与版权代理商的合作关系。有台湾出版社想要买入《好个惹祸精》等书的国外版权，却迟迟找不到版权负责人。看准其他大型版权代理商无暇照顾这些小出版社，谭光磊主动协助台湾出版社联络作者及经纪人。面对谭光磊锲而不舍的联络，对方表明自家虽然已有合作的版权代理商，但只要谭光磊能在一个月找到买家，这笔生意就归他。已掌握买家信息的谭光磊，迅速为买卖双方谈定交易细节，谈下第一本由自己代理的作品。

谭光磊还积极为外文作品撰写中文书讯，把生硬的出版资料写成有趣的情节，介绍一本书幕前幕后的故事，如作者的创作历程、故事来源、国外版权交易的激烈争夺等等。书讯成了谭光磊销售版权的利器，因为它不但让握有购买决定权的出版社编辑更方便阅读，更形同替出版社想好未来可能的营销方式和卖点。许多出版社就是直接选用谭光磊在书讯中暂译的书名，如《灿烂千阳》《我在雨中，等你》等书。

谭光磊认为版权交易原是西方产物，英美国家有成熟的经纪人制度，如果没有出版经纪人，大出版社根本不接受个人投稿。在亚洲国家，海外版权开发同样需要专业人员的参与。跨国翻译和授权牵涉到的环节无数，远非本国出版社编辑所能胜任。出版经纪人会定期参加国际书展，建立国际人脉，准备妥善的外文简介或翻译样章，乃至于后续的合约拟定、追款和报税，要寻找合适的好作品、优秀的译者、适时的学术和政府补助，甚至安排国际的巡回宣传事宜。这一系列专业化的服务可以提高作品开发效率，提升作者权益，需要专业人士的协助。①

经过不断努力，谭光磊的光磊国际取得了骄人的业绩。根据美国出版网站 Publishers Marketplace 的统计数据，在 2013 年，谭光磊负责的光磊版权公司在美国和非英语系国家的国际小说类别以 117 笔成交量排名第一。这是华人出版经纪人中业绩最好的，他的很多做法值得借鉴。

---

① 资料来源：http://www.cheers.com.tw/article/article.action?id=5029597。

### 三、我国出版经纪公司的特点和发展趋势分析

理解我国的出版经纪活动，必须要与我国出版体系以及出版实践紧密结合，不能生搬硬套西方出版经纪理论。我国出版经纪公司与英美国家的出版经纪公司有很大的区别。我国的版权代理公司，包括台湾地区的版权代理公司，都不是西方意义里的出版经纪公司，因为它们主要经营国际版权代理业务，并不从事帮助作者发表作品这个出版经纪的核心业务。欧美国家的出版经纪公司大都以传统的代理作者出版图书为主要经营业务，海外版权开发以及电子书、影视等类型的版权开发都是由核心业务衍生出来的服务内容。

以海外版权代理作为出版经纪公司的主要服务业务不仅是我国特有的情况。台湾著名版权代理人谭光磊曾接受《南方日报》采访时介绍：整体来说，亚洲作者几乎都没有经纪人，都由作者自己进行打理。台湾作者同样如此，并没有严格意义上的经纪人，状况和大陆很相似。和大陆不同的是，台湾作者的书能改编成影视作品的机会更少，所以连这方面的业务也鲜少接触。相较之下，大陆作者改编影视的比例很高，还有改编网络游戏之类的。这类事情有时是作者自己打理，也可能通过出版社或网站（例如盛大文学）经手完成。在谈到海外版权代理工作时，谭光磊说：亚洲和欧美出版社的文化、作业习惯差距极大。亚洲作者的作品要被翻译成外文在欧美出版，基本上都要通过经纪人，而且常常是外国经纪人，靠他们的人脉和辅助工作才有机会进入外国市场。2019 年，我国版权引进 15 977 种，输出版权 14 816 种。从这个角度看，目前中国出版经纪人的一个重要发展方向，就是能够深入地参与到海外出版业，将我国出版的作品推荐到海外市场。

除了专门从事版权经纪的公司，我国许多版权经纪活动实际上是其他类型的出版机构承担的。例如，我国的民营出版机构非常注重海外版权引进，但是民营出版机构没有出版资格，需要与经过国家审批具有出版资格的出版社合作。民营出版机构如北京博集天卷图书发行有限公司、磨铁公司、北京白马时光文化发展有限公司等，按照我国出版管理的思想，属于辅助出版社完成专业出版活动的工作室，而实际上这些民营出版机构正在全方位地参与出版活动，从选题策划、版权引进、翻译、编辑加工、市场营销，一直到版税支付。其中，将国外作品版权引进中国，然后由出版机构出版，实际上具有一定的版权代理

性质。

网络文学公司也是目前我国从事版权经纪活动的重要主体。2015 年盛大文学和腾讯文学合并成立了阅文集团，成为全国最大的网络文学运营集团。截止到 2022 年 2 月，阅文集团旗下拥有 1450 万部作品，作者 940 万名，覆盖200 多种内容品类，《庆余年》《赘婿》《鬼吹灯》《琅琊榜》《全职高手》等超级 IP 大多由该集团旗下网络文学改编而成。

阅文集团除了会在公司内部现有资深网络文学编辑和运营人员中进行金牌经纪人的培养之外，还在企业外部邀请资深版权交易经纪人加盟。阅文集团的经纪人首先是积极地对集团的签约作家进行包装和运营开发网络作品的版权，此外，他们还向国内一线作家、新兴作家进行约稿，提升集团的内容原创能力，增加原创作品。

综上所述，我国有代表性的出版经纪公司的主要业务则是海外版权开发和影视版权开发这两大类。目前，从事海外版权开发经纪活动的代表性企业有中华版权代理有限公司、北京版权代理有限责任公司、上海市版权代理公司等。从事作品衍生版权开发的代表性企业有阅文集团、中文在线数字出版集团股份有限公司等。从出版产业发展看，版权的引进和输出以及影视游戏等衍生版权开发的重要性将不断提升。在这两个领域的经纪活动将会迎来更好的发展前景。

# 参 考 文 献

埃弗里特·E.丹尼斯,克雷格·L.拉美,爱德华·皮斯.2005.图书出版面面观.张志强等译.石家庄:河北教育出版社.

艾佛利·卡多佐.2004.成功出版完全指南.徐丽芳等译.石家庄:河北教育出版社.

艾莉森·贝弗斯托克.2004.图书营销.张美娟等译.石家庄:河北教育出版社.

艾伦·布林克利.2011.出版人:亨利·卢斯和他的美国世纪.朱向阳,丁昌建译.北京:法律出版社.

埃玛纽艾尔·艾曼.2010.阿尔班·米歇尔——一个出版人的传奇.胡小跃译.北京:人民文学出版社.

奥利维亚·戈德史密斯.2004.畅销书.韩卉译.北京:机械工业出版社.

安华.2002.美国出版合同及相关法律问题——兼谈出版社怎样与作者打交道(上).出版经济,(12):42-44.

毕吕贵.2002.世界出版观潮.沈阳:辽宁人民出版社.

巴尼·罗塞特.2019.我的出版人生.张晓意译.北京:东方出版社.

贝内特·瑟夫.2007.我与兰登书屋.彭伦译.北京:人民文学出版社.

布赖恩·希尔,迪伊·鲍尔.2006.打造畅销书.陈希林译.北京:中国人民大学出版社.

鲍红.2002.国内图书版权代理状况调查.出版参考,(10):18-20.

长冈义幸.2006.出版大冒险.甄西译.北京:国际文化出版公司.

陈剑.2012-09-18.中国作家经纪人生存现状观察:利润太少 甚至无法糊口.http://blog.sina.com.cn/s/blog_62f4bd19010170vk.html.

陈熙涵.2011-04-21.正版《百年孤独》终于来了.文汇报,9.

陈熙涵.2015-02-12.要把世界最优秀作品全拿下.文汇报,9.

陈熙涵.2016-09-02.让图书畅销的文学推手.文汇报,8.

陈小梅.2008.中国出版经纪人发展研究.上海:同济大学硕士学位论文.

陈颖青.2012.老猫学出版(第二版).杭州:浙江大学出版社.

大冢信一.2014.我与岩波书店:一个编辑的回忆.杨晶,马健全译.北京:生活·读书·新知三联书店.

多萝西·康明斯.1985.编者与作者之间——萨克斯·康明斯的编辑艺术.林楚平等译.北京:新华出版社.

戴云波, 马莉. 2012. 版权代理机构与出版经纪人制度: 出版业的两个命门. 中国版权, (4): 46-48.

董鼎山. 2001. 文学代理人、编辑及其他——专家谈论新书畅销秘诀. 作家, (9): 28-29.

董鼎山. 2002. 温馨上海 悲情纽约. 上海: 上海辞书出版社.

杜恩龙. 2002. 国外的出版经纪人. 出版广角, (8): 63-65.

杜恩龙. 2015. 欧美作者跳槽原因研究. 出版广角, (4): 18-21.

弗雷德里克·巴比耶. 2005. 书籍的历史. 刘阳等译. 桂林: 广西师范大学出版社.

葛琦, 杜恩龙. 2017. 试析英美出版经纪人推销书稿的方式. 中国编辑, (1): 71-74.

桂杰. 2007-12-11. 聚焦: 畅销明星背后的经纪人是谁. 中国青年报.

郭德才. 2007. 天才, 距精神病只差一步. 医药与保健, (9): 37-39.

韩立新, 杜恩龙等. 2018. 文化经纪人. 北京: 人民日报出版社.

汉斯-赫尔穆特·勒林. 1998. 现代图书出版导论. 邓西录, 王若海, 刘晓宏, 等译. 北京: 商务印书馆.

郝明义. 2007. 工作 DNA. 海口: 海南出版社.

胡文娅. 2011. 欧美文学经纪人研究. 武汉: 华中师范大学硕士学位论文.

吉尔·戴维斯. 2004. 我是编辑高手. 宋伟航译. 石家庄: 河北教育出版社.

贾森·爱泼斯坦. 2006. 图书业. 杨贵山译. 北京: 中国人民大学出版社.

见成彻. 2012. 编辑这种病. 邱振瑞译. 杭州: 浙江大学出版社.

姜汉忠. 2010. 版权贸易十一讲. 北京: 外文出版社.

姜妍, 江楠. 2013-03-05. 中国作家需要经纪人吗?. 新京报, C15.

杰夫·赫曼, 德博拉·利文·赫曼. 2005. 选题策划. 崔人元, 宋健译. 石家庄: 河北教育出版社.

杰拉尔德·格罗斯. 2014. 编辑人的世界. 齐若兰译. 北京: 新星出版社.

杰里米·刘易斯. 2015. 特立独行的企鹅. 陈菊, 张宏译. 北京: 人民文学出版社出版.

鹫尾贤也. 2007. 编辑力——从创意、策划到人际关系. 陈宝莲译. 北京: 中国人民大学出版社.

克拉克, 菲利普斯. 2016. 透视图书出版(第四版). 李武译. 北京: 中国书籍出版社.

克里斯托弗·戴维斯. 2011. 我在 DK 的出版岁月. 宋伟航译. 杭州: 浙江大学出版社.

寇德江. 2008. 出版经纪人对出版业的影响. 新闻前哨, (9): 89-91.

寇德江. 2009. 出版经纪人之现状及其前景展望. 社科纵横(新理论版), 24(4): 156-157.

劳滕贝格, 约克. 2009. 汉译德国出版词典. 曹纬中等译. 北京: 中国书籍出版社.

里查德·约瑟夫. 1999. 英美畅销书内幕. 谢识, 盖博译. 深圳: 海天出版社.

李康. 2008. 我国出版经纪人法律问题研究. 上海: 华东政法大学硕士学位论文.

李慧翔. 2012. 美国的代笔产业. 现代青年(细节版), (3): 35.

刘丹. 2016. 版权代理人与"中国文学走出去"——以《解密》英译本版权输出为例. 中国版权, (6): 48-52.

路艳霞. 2013-03-14. 作家不需要经纪人吗？. 北京日报, 17.

玛丽莲·罗斯, 汤姆·罗斯. 2005. 售书攻略. 张静译. 石家庄: 河北教育出版社.

迈克尔·科达. 2005. 因缘际会. 陈皓译. 北京: 机械工业出版社.

迈克尔·科达. 2006. 畅销书的故事. 卓妙容译. 北京: 中国人民大学出版社.

彭伦. 2015-08-02. 专访《天才的编辑》作者: 没什么能比一本书更重要的了. http://www.thepaper. cn/newsDetail_forward_1359079.

皮埃尔·阿苏里. 2010. 加斯东·伽利玛: 半个世纪的法国出版史. 胡小跃译. 北京: 人民文 学出版社.

乔迪·布兰科. 2005. 图书宣传. 张志强等译. 石家庄: 河北教育出版社.

乔纳·莱勒著. 2014. 想象: 创造力的艺术与科学. 简学, 邓雷群译. 杭州: 浙江人民出版社.

秦洪晶, 周升起. 2008. 我国图书版权输出贸易现状与存在的问题. 科技信息: 科学·教研, (14): 621, 640.

任晓宁. 2016-07-28. IP来了, 传统出版业如何分一杯羹给作家找经纪人. 中国新闻出版广电 报, 8.

日本出版学会. 2015. 日本出版产业. 王萍等译. 南京: 译林出版社.

沈仁干. 1985. 文学代理人. 出版工作, (7): 51-52.

史晓芳. 2011-04-25. 出版经纪人: 没有身份的尴尬. 中华工商时报, 8.

斯科特·伯格. 1987. 天才的编辑. 孙致礼, 尹礼荣, 郑启五等译. 西安: 陕西人民出版社.

苏拾平. 2008. 文化创意产业的思考技术: 我的120道出版经营练习题. 上海: 上海人民出版社.

孙万军. 2013. 西方出版经纪人模式的发展与变迁. 出版科学, 2013, (1): 5-7.

汤姆·麦奇勒. 2008. 出版人: 汤姆·麦奇勒回忆录. 章祖德等译. 北京: 人民文学出版社.

汤普森. 2016. 文化商人: 21世纪的出版业. 张志强, 何平, 姚小菲译. 南京: 译林出版社.

田雁. 2014. 图书出版产业之中日比较. 南京: 南京大学出版社.

王坤宁. 2010-12-06. 正在改写出版业版图——第五届"香山论坛·重庆峰会"诠释出版产 业发展新机遇. 中国新闻出版报, 5.

王泳波. 2007-12-14. 美国文学代理人推动大众出版繁荣. 中国图书商报, 8.

王栋. 2008. 卓越媒体的成功之道——对话美国顶尖杂志总编. 北京: 作家出版社.

魏龙泉. 2001. 美国著作经纪人忙碌的一天. 出版参考, (12): 23-24.

吴伟, 潘世勋. 2012. 书业十记. 北京: 外语教学与研究出版社.

西尔弗曼. 2010. 黄金时代: 美国书业风云录. 叶新等译. 北京: 机械工业出版社.

谢正宜. 2011-04-21. 大师终于回首! 《百年孤独》中文版首次正式授权. 新闻晨报.

许欢. 2003. 欧美出版经纪业的特点与经纪人. 出版发行研究, (8): 77-80.

夏红军. 2005. 出版经纪人发展研究. 武汉: 武汉大学硕士学位论文.

夏红军. 2006. 西方出版经纪人发展现状初探. 出版科学, (3): 21-24.

夏目房之介. 2012. 日本漫画为什么有趣. 潘郁红译. 北京: 新星出版社.

小赫伯特·贝利. 2004. 图书出版的艺术与科学. 王益译. 石家庄: 河北教育出版社.

小林一博. 2004. 出版大崩溃. 甄西译. 上海: 上海三联书店.

姚倩. 2010. 出版经纪人与中国出版业的发展. 长沙: 湖南大学硕士学位论文.

叶新, 李雪艳. 2012. 文学代理人的五大作用. 科技与出版, (2): 23-24.

袁舒捷. 2017-03-27. 2017 年伦敦书展弥漫乐观气氛. 中国新闻出版广电报, 7.

曾师斯. 2017-03-16. 誉为"天才捕手"国内作家经纪人为何火不起来. 北京青年报, 19.

张宏. 2011. 出版散论. 合肥: 安徽大学出版社.

赵杏. 2010-07-14. 暮光之城: 吸血鬼的畅销魔法. 中国民航报, 7.

植田康夫. 2011. 出版大畅销. 甄西译. 北京: 国际文化出版公司.

周玉波, 焦健. 2013. 出版经纪人的价值与发展. 出版发行研究, (1): 31-33.

Dionne, K. 2011-10-27. When Books Sell at Auction. https://www.aol.com/2011/02/19/bidding-for-authors-when-books-sell-at-auction/.

Gillies, M. A. 2007. *The Professional Literary Agent in Britain*. Toronto: University of Toronto Press.

Hepburn, J. 1968. *The Author's Empty Purse and the Rise of the Literary Agent*. New York: Oxford University Press.

Mariotti, R. & Fife, B. 1995. *How to Be a Literary Agent: An Introductory Guide to Literary Representation* . Colorado Springs: Piccadilly Books.

Sambuchino, C. 2013-11-03. Literary Agents Explain Why They Attend Conferences（and It's not what you think）. https://www.writersdigest.com/editor-blogs/guide-to-literary-agents/literary-agents-explain-why-they-attend-conferences-and-its-not-what-you-think, [2013-11-03].

Strawser, J. 2013. What an Agent Can Really Do for You. In Chuck Sambuchino. *Guide to Literary Agents*（p.31）. Unites States of America: Phil Sexton.

Strawser, J. What an Agent Can Really Do for You. In Chuck Sambuchino. Guide to Literary Agents（p.8）. London: Penguin, 2012.

Woodroof, M. 2014-03-13. First Novels: Under The Gavel Of A Book Auction. http://www.npr.org/sections/monkeysee/2014/03/13/289774573/first-novels-under-the-gavel-of-a-book-auction.